新能源汽车检测与维修岗课赛证融通系列教材

新能源汽车车身与电气系统检修

组　　编　北京新能源汽车营销有限公司
主　　编　悦中原　高　燕
副 主 编　冯　涛　高尚安　周　娜　刘国强　宫英伟
参　　编　周　明　胡　浩　张新敏　钟彦雄　易　娇
　　　　　旷文兵　黄志勇　王红伟　宇正鑫　霍志毅
　　　　　王　鹏　王　彪　郭志勇　管伟雄　王娜娜
　　　　　侯　非

机械工业出版社

《新能源汽车车身与电气系统检修》是面向高职高专及技工院校的理实一体化教材，包括理论学习模块、实训任务模块、考核评分模块；还设置了案例解析内容，通过汽车制造、维修企业的真实技术案例，使读者对所学内容有更进一步的理解。全书分为新能源汽车电气基础，新能源汽车车身与低压供电系统检修，新能源汽车灯光系统故障检修，新能源汽车舒适、便利与安全系统故障检修，新能源汽车空调系统检修5个项目，共17个任务。

为方便教学，本书配套操作视频，扫描二维码即可观看学习；还配备了习题库，亦可扫描二维码进行线上答题练习。订购本教材的教师可以登录www.cmpedu.com注册后免费下载配套课件、习题和习题答案。

本书可作为中高职院校新能源汽车、汽车维修等专业的教学用书，也可作为新能源汽车售后服务人员的参考学习读物。

图书在版编目（CIP）数据

新能源汽车车身与电气系统检修/北京新能源汽车营销有限公司组编；悦中原，高燕主编．—北京：机械工业出版社，2024.1
新能源汽车检测与维修岗课赛证融通系列教材
ISBN 978-7-111-74610-2

Ⅰ.①新… Ⅱ.①北… ②悦… ③高… Ⅲ.①新能源-汽车-车体-电气系统-车辆检修-职业教育-教材 Ⅳ.①U469.707

中国国家版本馆CIP数据核字（2024）第015255号

机械工业出版社（北京市百万庄大街22号 邮政编码100037）
策划编辑：母云红　　　　　责任编辑：母云红
责任校对：杨　霞　梁　静　　封面设计：张　静
责任印制：单爱军
北京虎彩文化传播有限公司印刷
2024年3月第1版第1次印刷
184mm×260mm·14.75印张·348千字
标准书号：ISBN 978-7-111-74610-2
定价：49.90元

电话服务　　　　　　　　　网络服务
客服电话：010-88361066　　机　工　官　网：www.cmpbook.com
　　　　　010-88379833　　机　工　官　博：weibo.com/cmp1952
　　　　　010-68326294　　金　书　网：www.golden-book.com
封底无防伪标均为盗版　机工教育服务网：www.cmpedu.com

新能源汽车检测与维修岗课赛证融通系列教材
编 委 会

顾　问　彭　钢　北京汽车蓝谷营销服务有限公司党委书记、总经理
　　　　　曹之明　北京中车行高新技术有限公司董事长
主　任　王春风　北京汽车蓝谷营销服务有限公司副总经理
副主任　冯　涛　北京汽车蓝谷营销服务有限公司首席专家
　　　　　王忠雷　北京汽车蓝谷营销服务有限公司客户服务部部长
　　　　　虞星汉　北京德和顺天科技有限公司总经理
　　　　　高窦平　云南交通运输职业学院副校长
　　　　　赵暨羊　杭州汽车高级技工学校副校长
　　　　　刘国军　山东理工职业学院汽车学院院长
　　　　　王洪广　柳州铁道职业技术学院装备制造学院院长
　　　　　肖　健　四川工程职业技术学院交通工程系主任
　　　　　叶升强　云南交通职业技术学院汽车与机电工程学院专业教师
　　　　　罗轶虎　云南红河技师学院交通运输系副主任
　　　　　黄春海　青岛市技师学院院长
　　　　　彭　勇　重庆城市管理职业学院院长
委　员　李　辉　于跃恒　曾　斌　陶钰宏　吴可新　张永星　张　催
　　　　　尹　洁　李佳音　高　阳　王怀国　廖　明　孙潇韵　字全旺
　　　　　张　丽　张小兴　李宪义　李　润　贺利涛　赵昌涛　彭　华
　　　　　周　鳌　谢占锦

前言　PREFACE

2020年9月22日，在第七十五届联合国大会一般性辩论上，国家主席习近平向全世界郑重宣布：中国二氧化碳排放力争于2030年前达到峰值，努力争取2060年前实现碳中和。这就是"3060"目标，即"双碳"目标。随后，《2030年前碳达峰行动方案》等顶层文件出台，促使汽车产业加快绿色转型。2021年10月26日，国务院发布《2030年前碳达峰行动方案》，明确提出大力推广新能源汽车，逐步降低传统燃油汽车在新车产销量和汽车保有量中的占比。公安部发布数据显示，2022年全国新能源汽车保有量达1310万辆，占汽车总量的4.10%，扣除报废注销量，比2021年增加526万辆，增长67.13%，其中，纯电动汽车保有量1045万辆，占新能源汽车总量的79.78%；新注册登记新能源汽车数量从2018年的107万辆到2022年的535万辆，呈高速增长态势。新能源汽车发展已是大势所趋。

目前，在我国市场销售的新能源车型有纯电动、混合动力、燃料电池电动汽车等几类，总体来说，纯电动汽车占比最大。我国汽车市场自主品牌、合资品牌、进口品牌均有新能源车型上市销售，且从2022年上半年的销售数据来看，新能源汽车销量排名前十的品牌除特斯拉外都是自主品牌。

随着新能源汽车市场占有率的增加，新能源汽车在客户使用、售后维护与修理等方面的问题也会逐步增加，这就要求广大汽车售后服务人员对新能源汽车的结构、原理、使用、维护和修理方法有进一步的了解和掌握，也对职业院校及技工院校人才培养提出了新的方向和要求。

为培养紧跟行业发展、贴合企业需要的新能源汽车售后服务人才，北京新能源汽车营销有限公司组织多所汽车职业和技工院校以及教育部公布的"汽车运用与维修、智能新能源汽车1+X"证书制度试点职业教育培训评价组织单位共同编写了这套"新能源汽车检测与维修岗课赛证融通系列教材"。本套教材融合多年校企合作经验与成果、全国职业大赛参赛经验，紧跟行业技术发展现状，着力满足企业工作岗位需求，同时紧密契合院校课程体系建设，包括《新能源汽车构造与检修》《新能源汽车使用与安全防护》《新能源汽车维护》《新能源汽车底盘系统检修》《新能源汽车车身与电气系统检修》《新能源汽车动力蓄电池与管理系统检修》《新能源汽车车载网络控制系统检修》；主要参编院校包括云南交通运输职业学院、湖南汽车工程职业学院、河北科技工程职业技术大学、北京交通运输职业学院、河南职业技术学院、云南机电职业技术学院、广州市交通技师学院、杭州汽车高级技工学校、山东工程技师学院、山西工程科技职业大学、四川工程职业技术学院、云南红河技师学院、保山技师学院等（排名不分先后顺序）。

本套教材是面向中高职及技工院校的理实一体化教材，包括理论学习模块、实训任务模块、考核评分模块；设置了案例解析内容，通过汽车制造企业和汽车维修企业的真实技术案例、实际工作流程，使读者对所学内容有更进一步的理解，力图使所学内容更贴近生产一线的工作实际情况。为方便教学，本教材配套实操视频，扫描二维码即可观看学习；还配备了习题库，亦可扫描二维码进行线上答题练习。全书数字资源总码和线上习题总码见下，扫描即可查看。订购本教材的教师可以登录 www.cmpedu.com 注册后免费下载配套课件、习题和习题答案。

《新能源汽车车身与电气系统检修》分为新能源汽车电气基础，新能源汽车车身与低压供电系统检修，新能源汽车灯光系统故障检修，新能源汽车舒适、便利与安全系统故障检修，新能源汽车空调系统检修 5 个项目，共 17 个任务，可作为职业院校和技工院校新能源汽车课程的教学用书，也可以作为新能源汽车售后服务人员学习使用的参考书。

在教材编写过程中得到北京中车行高新技术有限公司、北京德和顺天科技有限公司的大力支持，在此表示感谢！

由于编者水平有限，书中不足之处在所难免，欢迎广大读者批评指正。

编　者

二维码目录

素材名称	二维码	所在页码	素材名称	二维码	所在页码
认知与查找新能源汽车高低压部件		7	远光灯不亮故障诊断与排除		64
汽车电路图识读		17	转向及危险警告灯故障诊断与排除		73
项目一习题		19	制动灯不亮的故障诊断与排除		79
车身结构识别		30	项目三习题		79
辅助蓄电池性能检测与更换		35	电动门窗、电动天窗、电动后视镜功能操作		96
低压供电（电源）系统故障诊断与排除（无法充电及供电）		42	电动门窗故障诊断与排除		102
项目二习题		46	电动后视镜故障诊断与排除		112
灯光系统电路识读与基本测试		57	电动天窗故障诊断与排除		117

二维码目录

（续）

素材名称	二维码	所在页码	素材名称	二维码	所在页码
刮水器电路识读		129	新能源汽车空调系统操作与认知		166
刮水器故障诊断与排除		133	汽车空调系统部件检查与性能检查		176
洗涤器故障诊断与排除		138	汽车空调制冷系统制冷剂回收与加注		180
无钥匙进入与门锁系统功能操作		151	汽车空调采暖系统检查与故障诊断		199
无钥匙进入系统故障诊断与排除		155	去除空调系统异味		206
智能门锁系统故障诊断与排除		159	汽车空调控制系统故障检修		216
项目四习题		163	项目五习题		220

目录 CONTENTS

前言

项目一
新能源汽车电气基础
001

任务一　汽车电气元件认知 …001
【实训任务一】　认知与查找新能源汽车高低压部件 …007
任务二　汽车电路图识读基础 …013
【实训任务二】　汽车电路图识读与典型电路绘制 …017

项目二
新能源汽车车身与低压供电系统检修
021

任务一　新能源汽车车身结构 …021
【实训任务三】　车身结构识别 …029
任务二　辅助蓄电池检测与更换 …033
【实训任务四】　辅助蓄电池性能检测与更换 …035
任务三　低压电源系统故障诊断与排除 …040
【实训任务五】　低压电源系统故障诊断与排除（无法充电及供电）…042

项目三
新能源汽车灯光系统故障检修
048

任务一　远近光灯系统故障诊断与排除 …048
【实训任务六】　灯光系统电路识读与基本测试 …057
【实训任务七】　远近光灯不亮故障诊断与排除 …064
任务二　转向及危险警告灯系统故障诊断与排除 …067
【实训任务八】　转向及危险警告灯故障诊断与排除 …073
任务三　制动灯不亮故障诊断与排除 …076
【实训任务九】　制动灯不亮的故障诊断与排除 …079

项目四
新能源汽车舒适、便利与安全系统故障检修
082

任务一　电动门窗、电动座椅、电动后视镜和
　　　　电动天窗故障诊断与排除　　　...082

【实训任务十】　电动门窗、电动座椅、电动后视镜
　　　　　　　　和电动天窗故障诊断与排除...096

任务二　刮水器与洗涤器故障诊断与排除　...122

【实训任务十一】　刮水器与洗涤器故障诊断与排除
　　　　　　　　　　　　　　　　　　　...129

任务三　智能门锁与防盗系统故障诊断与排除...142

【实训任务十二】　智能门锁与防盗系统故障
　　　　　　　　　诊断与排除　　　...151

项目五
新能源汽车空调系统检修
164

任务一　汽车空调系统认知与使用操作　...164

【实训任务十三】　新能源汽车空调系统认知与操作
　　　　　　　　　　　　　　　　　　　...166

任务二　新能源汽车空调制冷系统维护与检修...169

【实训任务十四】　新能源汽车空调制冷系统
　　　　　　　　　维护与检修　　　...175

任务三　新能源汽车空调采暖系统维护与检修...195

【实训任务十五】　汽车空调采暖系统检查与
　　　　　　　　　故障诊断　　　　...199

任务四　新能源汽车空调通风与空气净化系统检修
　　　　　　　　　　　　　　　　　　　...203

【实训任务十六】　新能源汽车去除空调系统异味
　　　　　　　　　　　　　　　　　　　...206

任务五　新能源汽车空调控制系统电路及检修...210

【实训任务十七】　汽车空调控制系统故障检修
　　　　　　　　　　　　　　　　　　　...216

参考文献
223

活页式教材使用注意事项

01 根据需要，从教材中选择需要夹入活页夹的页面。

02 小心地沿页面根部的虚线将页面撕下。为了保证沿虚线撕开，可以先沿虚线折叠一下。注意：一次不要同时撕太多页。

03 选购孔距为80mm的双孔活页文件夹，文件夹要求选择竖版，不小于B5幅面即可。将撕下的活页式教材装订到活页夹中。

04 也可将课堂笔记和随堂测验等学习资料，经过标准的孔距为80mm的双孔打孔器打孔后，和教材装订在同一个文件夹中，以方便学习。

温馨提示：在第一次取出教材正文页面之前，可以先尝试撕下本页，作为练习。

项目一
新能源汽车电气基础

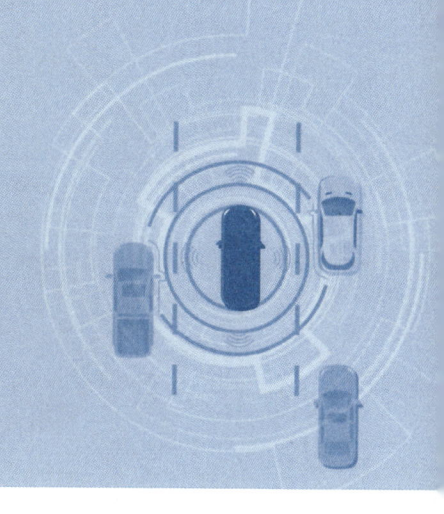

任务一　汽车电气元件认知

【学习目标】

知识目标：
1）能够描述新能源汽车低压电路基础元件的位置、功用和类型。
2）能够描述新能源汽车高压电路基础元件的位置、功用和类型。

技能目标：
1）能够识别新能源汽车低压电路基础元件。
2）能够识别新能源汽车高压电路基础元件。

素质目标：
1）操作过程中互相学习，提高团队协作能力。
2）通过对汽车电气元件认知的探索，培养自身严谨规范的作业能力。

【任务描述】

一辆新能源汽车，事故修复后需要检查全车的电气元件，你的主管让你去检查，并提醒你注意高压电，你能完成这个任务吗？

【相关知识】

要进行新能源汽车电路的检修，首先要能够对基础电气元件进行识别。新能源汽车电气分为低压电气和高压电气两部分，下面以北汽 EU5 新能源汽车为例，介绍新能源汽车电路元件的识别。

一、低压电气元件的识别

1. 低压电气元件分布图

新能源汽车低压电气元件分布如图 1-1 所示。其中，区域①代表前机舱部分，区域②代表驾驶舱部分，区域③代表车顶部分，区域④代表车后部分。

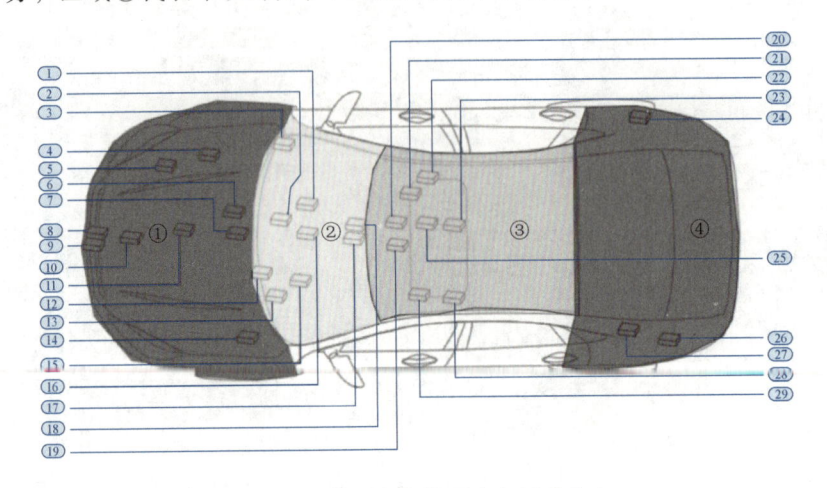

图 1-1 新能源汽车低压电气元件分布

1—空调控制器 2—网关 3—车身控制器 4—空调水泵控制器 5—压缩机控制器 6—水暖加热控制器 7—电池水泵控制器 8—毫米波雷达 9—快充口 10—电机水泵控制器 11—高压集成单元 12—组合仪表 13—电子助力转向控制器 14—电子稳定控制器 15—电子转向柱锁控制器 16—中控信息娱乐控制器 17—前摄像头 18—行车记录仪 19—动力蓄电池管理系统 20—胎压监测控制器 21—氛围灯控制器 22—智能远程控制终端 23—安全气囊控制器 24—无钥匙进入及起动控制器 25—P 位控制器 26—充电管理控制器（慢充） 27—后泊车雷达控制器 28—全景影像系统控制器 29—座椅加热控制器

2. 12V 电源系统元件识别

新能源汽车的低压系统供电由两个电源共同提供，分别为 12V 蓄电池和 DC/DC 变换器。其中 12V 直流电源系统主要零部件位置及识别如下。

（1）前舱电器盒Ⅰ　前舱电器盒Ⅰ如图 1-2 所示，安装在前舱内蓄电池侧面（箭头位置）。

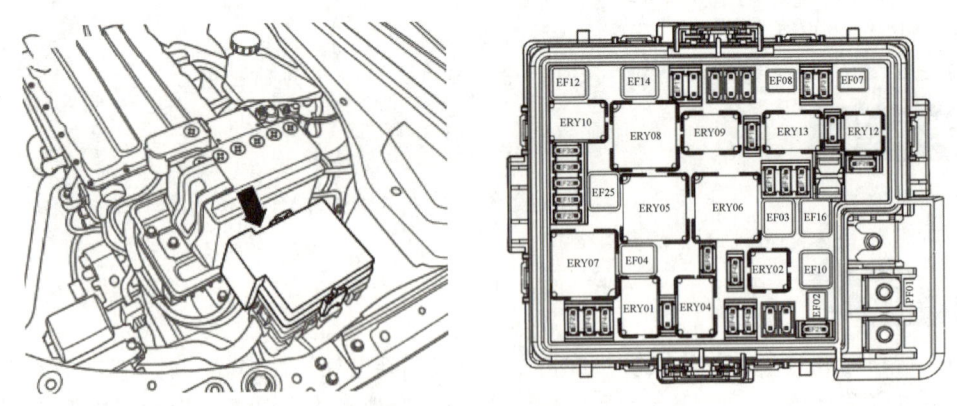

图 1-2 前舱电器盒Ⅰ

（2）前舱电器盒Ⅱ　前舱电器盒Ⅱ如图 1-3 所示，安装在前舱内蓄电池前端（箭头位置）。

（3）12V 低压蓄电池　12V 低压蓄电池如图 1-4 所示。低压蓄电池的作用是把产生的电能转换成化学能储存起来，在需要时，再把化学能转化为电能使用。

项目一　新能源汽车电气基础

图 1-3　前舱电器盒 Ⅱ

图 1-4　12V 低压蓄电池

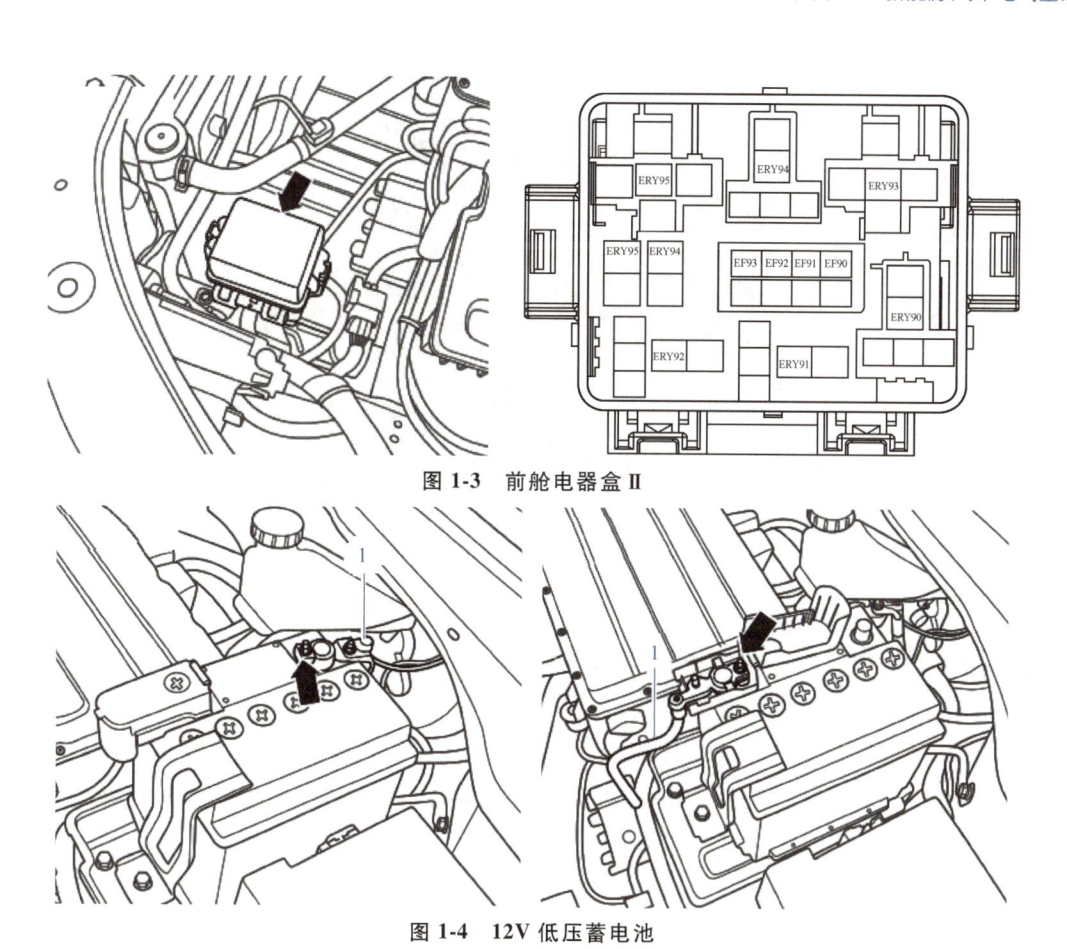

（4）智能钥匙系统元件识别　无钥匙进入及无钥匙起动（Passive Entry and Passive Start，PEPS）系统，使用户在进入和起动车辆时都不用掏拧钥匙，把钥匙放在包内或口袋里，拉动车门即可上车，按下车内按键即可上电（ready）。车上共有两个天线，室内前天线用于感应钥匙位置，室内后天线用于识别钥匙密匙，如图 1-5 所示；除此之外，系统还包括电子转向柱锁及起动/停止按键，如图 1-6 所示。

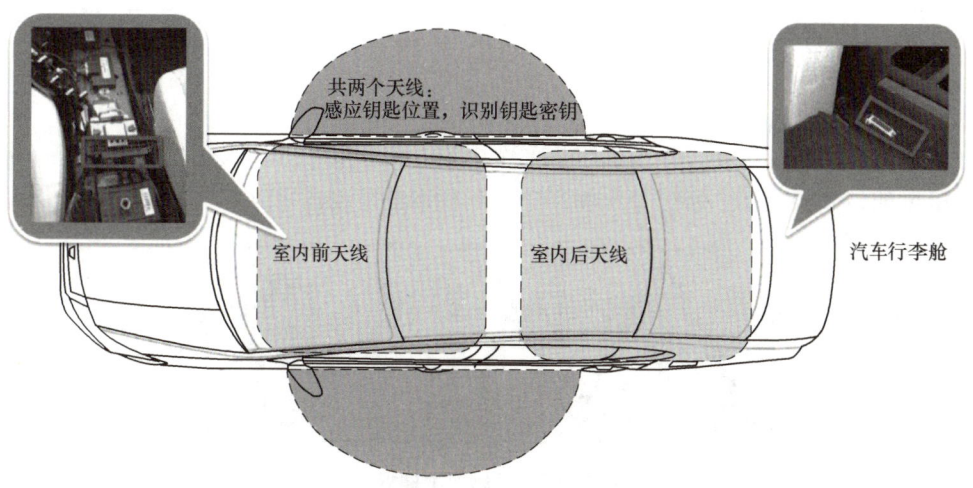

图 1-5　天线分布

003

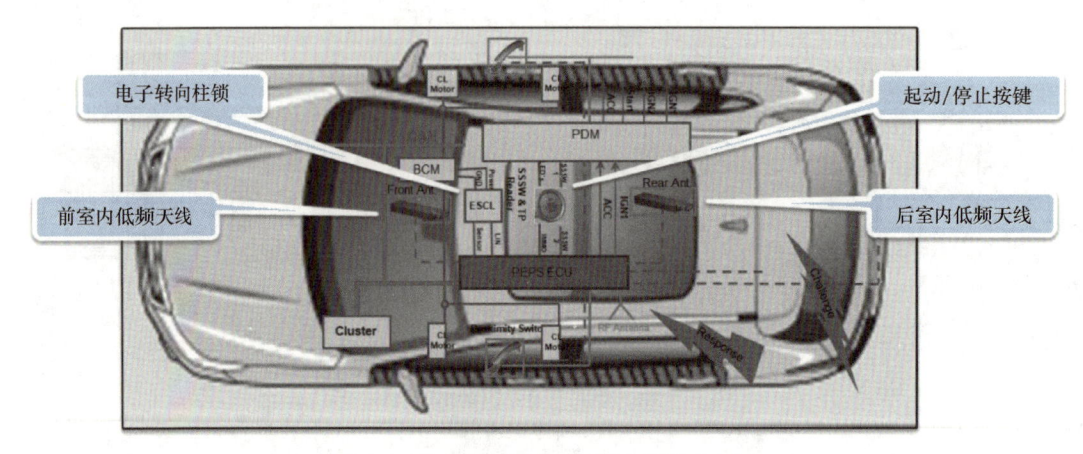

图 1-6　转向柱锁及起动/停止按键分布图

（5）停车距离控制系统

1）倒车雷达系统。倒车雷达采用超声波检测技术，当驾驶汽车倒车时，通过声音和图像的方式提示车后是否有不明障碍物及障碍物距离，可以辅助驾驶人安全停车，避免碰撞。倒车雷达系统特点：

① 收发一体式传感器，结构紧凑、侦测灵敏、防水、防尘、抗振。

② 控制模块采用微处理器（Microcontroller Unit，MCU）控制技术，优化电路设计，性能稳定，经久耐用。

③ 声音报警让驾驶人轻松了解车后障碍物大概距离及方位，方便泊车。

④ 开机自检功能。

⑤ 在车辆倒车时由车尾3个探头监测车尾的障碍物并报警。

2）全景影像系统（Around View Monitor，AVM）。全景影像系统是一种舒适性系统，由安装于车身四周的四个广角摄像头和一个全景系统控制器构成。全景影像系统可以辅助驾驶人在倒车、驻车或转弯时对车辆周围环境一目了然，从而起到扩大驾驶人视野范围、辅助驾驶人驾车的作用。该系统不但可以显示全景图，还可同时显示任意方向的单视图。AVM包含以下几个主要功能：360°全景影像、盲区辅助移动、物体识别。

二、高压电气元件的识别

1. 高压警示标识

纯电动汽车的高压组件壳体上都带有一个标记，售后服务人员或车主均可通过标记直观看出高压可能带来的危险，所用警示牌基于国际标准危险电压警示标志。如图1-7所示，高

图 1-7　高压警示标识

压警示标识采用黄色底色或红色底色，图形上布置有高压触电国家标准符号。

2. 高压警示颜色

由于高压导线可能有几米长，因此在一处或两处通过警示牌标记意义不大。售后服务人员可能会忽视这些标牌。目前，车企用橙色警示色标记出所有高压导线，高压导线的某些插接器以及高压安全插接器也采用橙色设计，如图1-8所示。

3. 高压线束

新能源汽车高压线束由导体、绝缘层、屏蔽层和护套等组成，其中屏蔽层由编织层铝箔和包带层组成，其与普通线束的主要区别在于线束的绝缘性、耐压性以及自屏蔽性等方面，具体结构如图1-9所示。

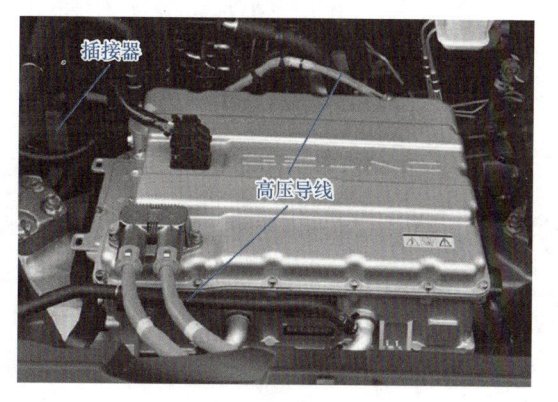

图1-8 高压警示颜色（橙色）

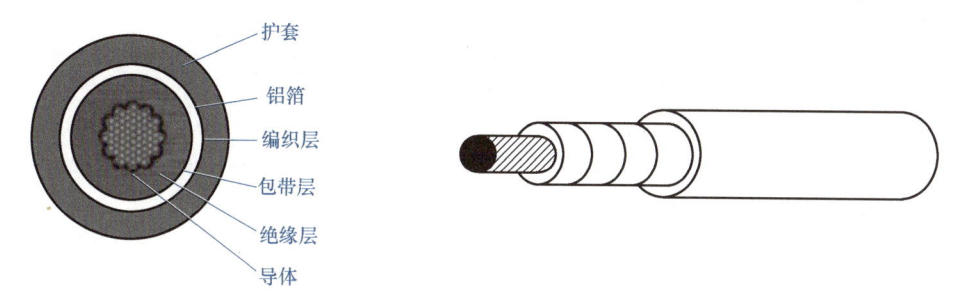

图1-9 高压线束的结构

北汽EU5高压线束分布如图1-10所示。

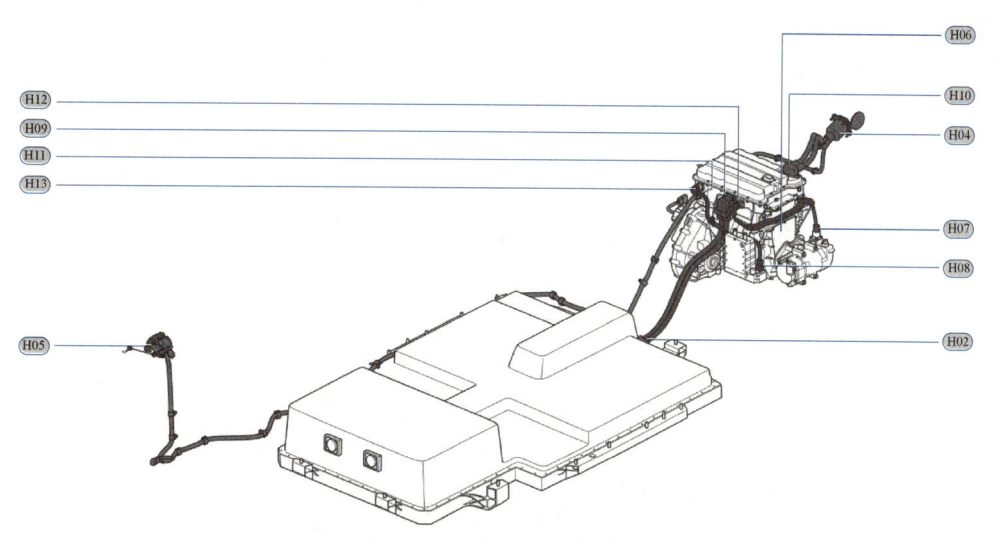

图1-10 北汽EU5高压线束分布

H02—动力蓄电池端子　H04—快充接口端子　H05—慢充接口端子　H06—电机　H07—电动压缩机EAS端子　H08—WTC端子　H09—PEU-动力蓄电池对接插头　H10—PEU-快充接口对接插头　H11—PEU-慢充接口对接插头　H12—PEU-EAS对接插头　H13—PEU-WTC对接插头

4. 高压插接器

高压插接器的作用是保证线缆与用电设备能够便捷可靠地连接与拆卸，具有耐压性、安全性以及不低于 IP67 的防护等级。具体插拔方法：将锁舌轻轻向后拉出，然后按压锁舌上部卡扣均匀左右用力向后拉出，如图 1-11 所示。

图 1-11 插接器插拔方法

➡ 小知识：

> 高压插接器具有耐压性、安全性以及 IP67 以上的防护等级，其作用是保证线缆与用电设备能够便捷可靠地连接与拆卸。作为新时代的青年大学生，要苦练内功，勤学本领，提高自身竞争力，才能更好地传承和弘扬中华技能，为全面建设社会主义现代化国家提供有力技能支撑。

5. 高压部件位置

北汽 EU5 高压部件主要分布在车辆底部和前舱，主要包括电机控制器、高压配电箱、车载充电机、高压导线、充电插头、动力蓄电池、驱动电机、充电插座、电动压缩机和 PTC 加热器等，如图 1-12 所示。

动力系统

动力蓄电池

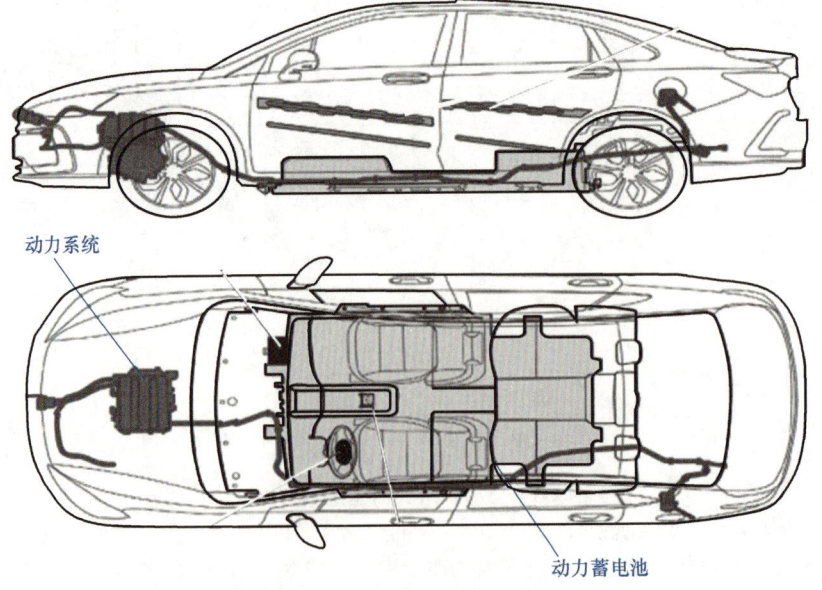

图 1-12 北汽 EU5 高压部件分布

【实训任务一】 认知与查找新能源汽车高低压部件

实训场地与器材

新能源汽车作业工位、举升机、新能源整车（以北汽 EU5 为例）、工作灯、安全防护装备（车内外三件套、车轮挡块、警示隔离带、安全手套、安全帽及护目镜等）。

作业准备

1）检查举升机，如图 1-13 所示。

图 1-13　举升机实物

2）新能源整车和车外防护三件套等 5S 操作准备。

操作步骤

1）停车入位，检查车身，安装车轮挡块，打开机舱盖，如图 1-14～图 1-17 所示。

图 1-14　安装车轮挡块

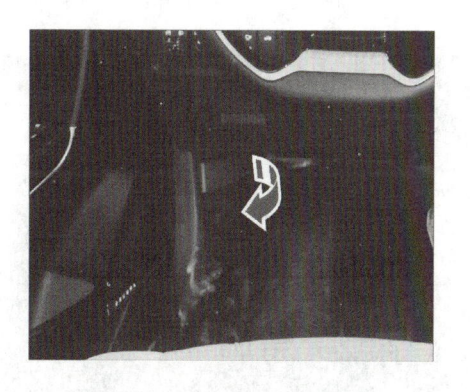

图 1-15　前机舱盖锁开启手柄

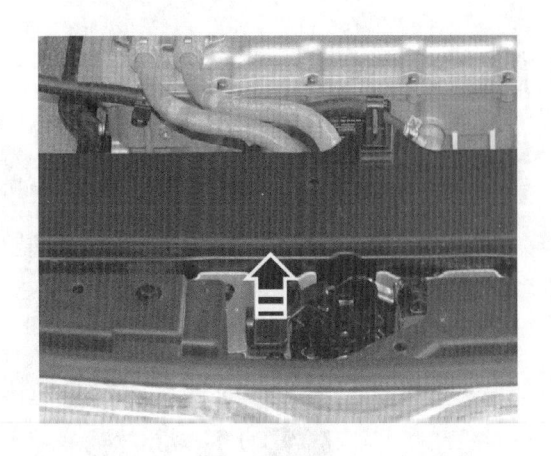

图 1-16　前机舱盖二级锁开启手柄

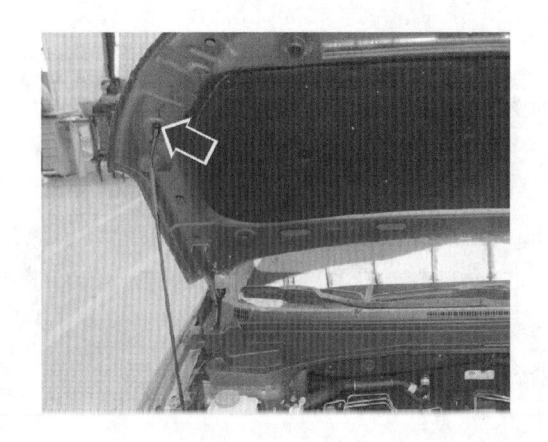

图 1-17　前机舱盖支撑杆

2）铺设车外三件套，防止车辆磕碰，如图 1-18 所示。
3）查找并确认 12V 低压蓄电池位置，如图 1-19 所示。

图 1-18　三件套铺设

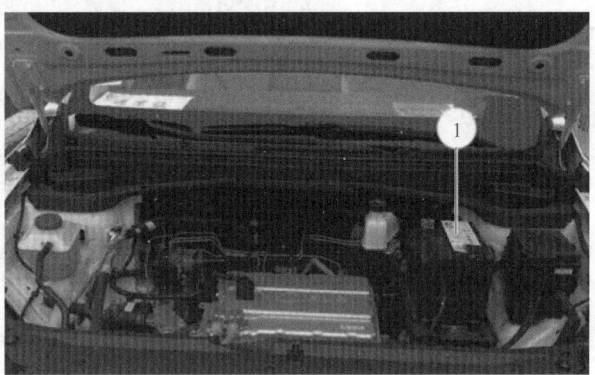

图 1-19　低压蓄电池位置

4）查找并确认熔丝盒 I 位置，如图 1-20 所示。
5）查找并确认熔丝盒 II 位置，如图 1-21 所示。

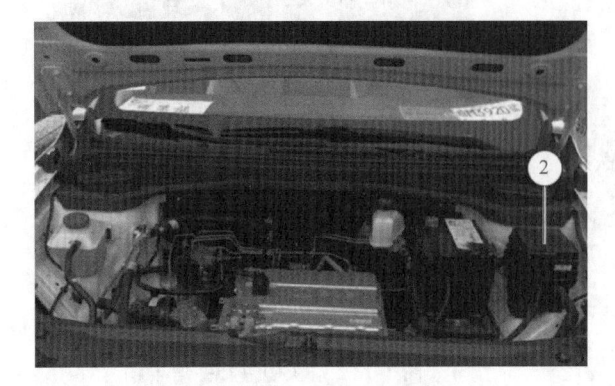

图 1-20　熔丝盒 I 位置

图 1-21　熔丝盒 II 位置

项目一　新能源汽车电气基础

6）查找并确认高压驱动集成单元（Power Electronic Unit，PEU）位置，如图1-22所示。

7）查找高压安全警示标识及确定高压导线颜色，如图1-23所示。

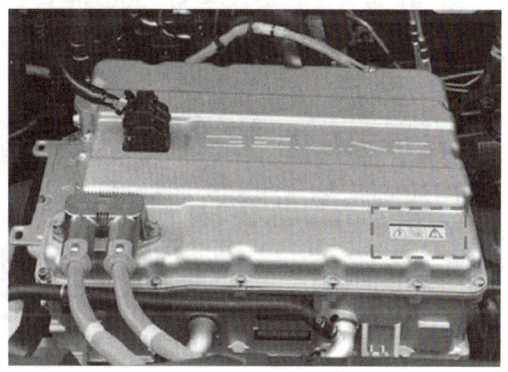

图1-22　PEU位置

图1-23　高压安全警示标识

8）能够确认北汽EU5各高压线束的名称。

9）关闭整车前机舱盖。

小知识：关闭前机舱盖注意事项

若前机舱盖未关牢，车辆行驶时前机舱盖可能突然自行打开，极易引发事故！
- 关闭前机舱盖后应检查其是否确实关牢，关闭后前机舱盖应与邻接车身齐平。
- 关闭前机舱盖时必须注意前机舱盖范围内无人。
- 行驶时发现前机舱盖未关牢，则必须立即停车，关好前机舱盖，谨防引发事故。

10）查找并确认仪表电器盒的位置，如图1-24所示。

11）查找并确认车身控制器的位置（安装在转向管柱左侧车身上），如图1-25所示。

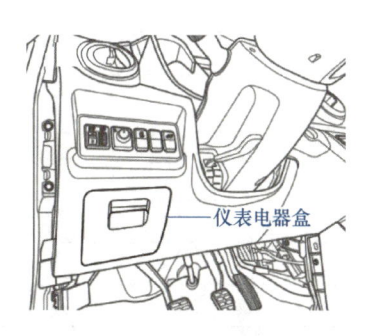

图1-24　仪表电器盒位置

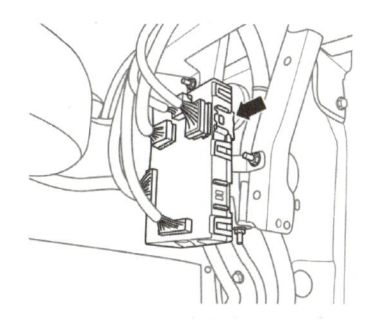

图1-25　车身控制器位置

12）将整车举升到合适位置，如图1-26所示。

13）查找并确认动力蓄电池位置，如图1-27所示。

图 1-26　整车举升

图 1-27　动力蓄电池位置

竣工检验

整理、恢复作业场地。

实训任务总结

项目一　新能源汽车电气基础

认知与查找新能源汽车高低压部件	工 作 任 务 单	班级：	
		姓名：	

1. 车辆信息记录

品牌		整车型号		生产年月	
驱动电机型号		动力蓄电池电量		行驶里程	
车辆识别码					

2. 作业场地准备

检查是否设置隔离栏	□是　□否
检查是否设置安全警示牌	□是　□否
检查灭火器压力、有效期是否符合要求	□是　□否
安装车辆挡块	□是　□否

3. 记录查找过程及各高低压部件位置

011

认知与查找新能源汽车高低压部件		实习日期：	
姓名：	班级：	学号：	教师签名：
自评：□熟练□不熟练	互评：□熟练□不熟练	师评：□合格□不合格	
日期：	日期：	日期：	

认知与查找新能源汽车高低压部件【评分细则】

序号	评分项	得分条件	分值	评分要求	自评	互评	师评
1	安全/5S/态度	□1. 能进行工位 5S 操作 □2. 能进行设备和工具安全检查 □3. 能进行车辆安全防护操作 □4. 能进行工具清洁、校准、存放操作 □5. 能进行"三不落地"[①]操作	25	未完成1项扣5分	□熟练 □不熟练	□熟练 □不熟练	□合格 □不合格
2	专业技能	□1. 能正确认识并查找 12V 低压蓄电池安装位置 □2. 能正确认识并查找熔丝盒Ⅱ安装位置 □3. 能正确认识并查找车身控制器安装位置 □4. 能正确认识并查找仪表电器盒安装位置 □5. 能正确识别各高压线束的位置及名称 □6. 能正确查找并确认高压安全警示标识	60	未完成1项扣10分	□熟练 □不熟练	□熟练 □不熟练	□合格 □不合格
3	工具及设备的使用能力	□1. 能正确举升车辆 □2. 能正确使用手灯 □3. 能正确支撑车辆	15	未完成1项扣5分	□熟练 □不熟练	□熟练 □不熟练	□合格 □不合格

总分：

① 三不落地指工器具与量具、零部件、油污水污不落地。

任务二　汽车电路图识读基础

【学习目标】

知识目标：
1）能够描述新能源汽车电路图的组成。
2）能够描述新能源汽车电路图的识图方法。

技能目标：
1）能够进行新能源汽车电路图的识读。
2）能够根据汽车电路图信息，在整车上找到对应元件。

素质目标：
1）操作过程中互相学习，提高团队协作能力。
2）通过对汽车电路图识读认知的探索，培养自身严谨规范的作业能力。

【任务描述】

一辆电动汽车，事故修复后需要检查全车电路是否正常，你的主管让你参照电路图进行检查，你能完成这个任务吗？

【相关知识】

要进行新能源汽车电路的检修，除了能识别基础的电气元件外，还应能读懂新能源汽车的电路图。下面以北汽新能源汽车为例，介绍新能源汽车电路图的识别方法。

一、汽车电路图识读

1. 如何使用电路图

新能源汽车的电路图手册可以提供车辆线路和诊断信息，为了有效使用电路图对车辆进行诊断和修理，首先了解车辆的所有特性是非常重要的。纯电动汽车电路图中的电源和点火开关一般放到充电系统。电路图中所表示的所有开关、元件、模块都是处于静止位置（车门关闭，钥匙从点火开关中拔出）的。电路图上表示的元件和线路可能与实际车辆上看到的不一样，如一根短导线和一根长导线画得一样长。另外，开关和其他元件表示得尽可能简单，仅考虑到所起到的作用。

2. 汽车电路图识读的一般方法

（1）仔细阅读图注　对照图注熟悉元件的名称、位置、在全车电路中的数量、接线数量，哪些是常见元件，哪些是新颖、独特、复杂的元件。只要认真识读，就可以初步了解一大半电路特点，同时也能较快地发现整车电路的重点与难点。

（2）分清控制电路和工作电路　阅读电路图时，可把含有线圈和触点的继电器，看作由线圈工作的控制电路和触点工作的主电路两部分。主电路中的触点只在线圈电路中有工作电流流过后才能动作。

（3）牢记回路原则　阅读电路图时，应掌握回路原则，即电路中工作电流由电源正极流出，经用电设备后流回电源负极。电路中，只有电流流过用电设备时，用电设备才能工作。关键在于通过查看电源线和搭铁线，了解一个电路的基本构成，根据回路原则看哪些元件共用一根线，找出电路的内在联系和规律。

（4）抓住汽车电路的主干线　汽车电路有单线制、电器相互并联、负极搭铁的共性，加上某些电器开关在电路中的控制作用，因此一般可分成几条主干线，在每条主干线上都接有相应的支路熔断器及支路用电器。抓住这几条主干线，对于查找电路，常有事半功倍的效果。

> **小知识：**
>
> 　　汽车电路识读，抓住主干线，对于查找电路，常有事半功倍的效果。因此，在学习或者工作过程中，面对复杂的问题，我们都要善于抓住事物的主要矛盾，精准发现问题的原因及源头，对症下药，才能通过现象看到问题本质，才能快速准确地解决问题。

二、新能源汽车电路图识读方法

电路图按系统分为几个组，如果一个元件在某个系统中出现的最多，那么该元件将在该组（所有导线、对接插件及针脚）中完全显示。例如"背光调节"在组合仪表中出现的最多，那么在组合仪表中，它完全显示，如果它还包括某些相关电路，那么会在另一个系统中部分显示。可以根据电路图上的名称/代码来识别元件、对接插件。

1. 电气元件符号

图1-28所示为北汽新能源汽车使用的各种电气元件符号。

符号	名称	符号	名称	符号	名称
G101	搭铁		常闭继电器		蓄电池
	温度传感器		常开继电器		电容
	电磁阀		双掷继电器		点烟器
	电磁阀		电阻		天线
	轻负荷熔丝		电位计		常开开关
	重负荷熔丝		可变电阻		常闭开关

图1-28　新能源汽车中电气元件符号介绍

项目一　新能源汽车电气基础

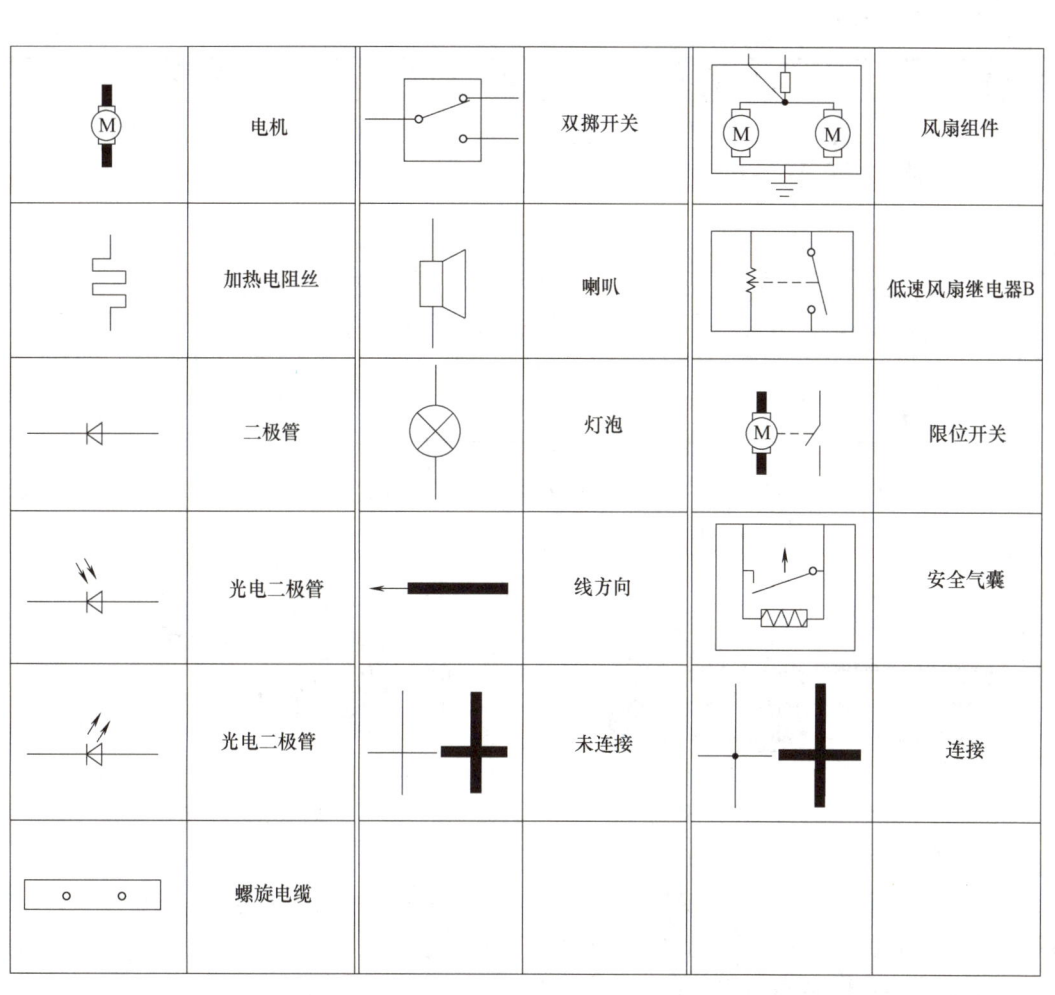

(M)	电机		双掷开关		风扇组件
	加热电阻丝		喇叭		低速风扇继电器B
	二极管		灯泡		限位开关
	光电二极管		线方向		安全气囊
	光电二极管		未连接		连接
	螺旋电缆				

图 1-28　新能源汽车中电气元件符号介绍（续）

2. 插接器

插接器由插座和插头构成。

- T00x：其中"T"为所有插头针脚编号的前缀。
- 00：表示插头针脚数量。
- X：表示序列号，用字母 a~z 来表示，可以是一个、两个或者三个字母，其目的是用以区分并保证端子编号在整个电路图中的唯一性。

此外，在维修手册中，线束插接件是根据线束命名的。例如，前舱线束插接件 U07，其中 U 是线束代号，07 是插接件编号。表 1-1 列出了北汽 EU5 所有线束的具体表示方法。

表 1-1　北汽 EU5 线束表示方法

线束代号	线束名称	线束代号	线束名称
U	前舱线束	B	车身线束
U-	前舱线束插接器	B-	车身线束插接器
I	仪表线束	D	车门线束
I-	仪表线束插接器	D-	车门线束插接器

015

(续)

线束代号	线束名称	线束代号	线束名称
R	顶篷线束	A	空调线束
R-	顶篷线束插接器	A-	空调线束插接器
P	PEU 线束	S	座椅线束
P-	PEU 线束插接器	S-	座椅线束插接器
M	前保险杠/后保险杠线束	H	高压部分线束
M-	前保险杠/后保险杠线束插接器	H-	高压部分线束插接器
T	后背门线束	C	底盘线束
T	后背门线束插接器	C-	底盘线束插接器

其中，相互对插的线束插接件编号顺序互为影响，如图 1-29 所示，并用图 1-30 中箭头所示图标表示线束插头插接方向。

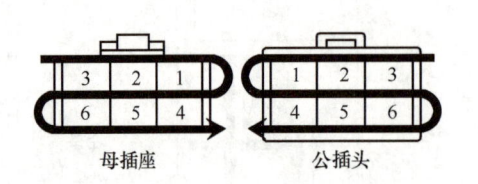

图 1-29 相互对插的线束插接件编号

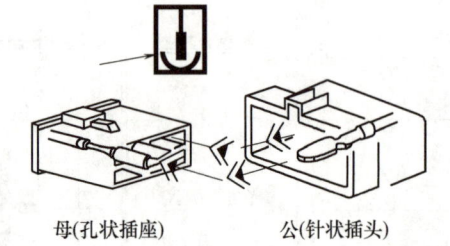

图 1-30 公状插接件和母状插接件对接

3. 导线表示方法

电路图中通常以线条表示导线，导线颜色以字母表示，表示颜色的字母通常为英语中该种颜色的第一个或第二个字母，如图 1-31 所示。

a. 线色代码：B/颜色：黑色； b. 线色代码：Br/颜色：棕色；
c. 线色代码：Bl/颜色：蓝色； d. 线色代码：G/颜色：绿色；
e. 线色代码：Gr/颜色：灰色； f. 线色代码：O/颜色：橙色；
g. 线色代码：P/颜色：粉色； h. 线色代码：R/颜色：红色；
i. 线色代码：V/颜色：紫色； j. 线色代码：W/颜色：白色；
k. 线色代码：Y/颜色：黄色。

如果一根导线有两种颜色，第一个字母表示基本接线颜色，第二个字母表示条纹颜色，它们之间用"/"区分开。例如，Y/W 表示以黄色为背景色，同时上面有白色条纹的导线，如图 1-32 所示。

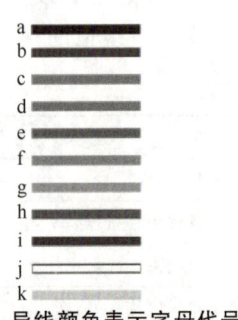

图 1-31 导线颜色表示字母代号

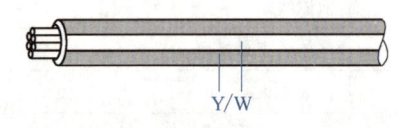

图 1-32 导线双色表示方法

【实训任务二】 汽车电路图识读与典型电路绘制

实训场地与器材

新能源汽车作业工位、举升机、新能源整车(以北汽 EU5 为例)、工作灯、安全防护装备(车内外三件套、车轮挡块、警示隔离带、安全手套、安全帽及护目镜等)。

作业准备

北汽 EU5 整车、电路图册及防护三件套等 5S 操作。

扫一扫 汽车电路图识读

操作步骤

1)停车入位,打开机舱盖。
2)铺设好三件套,避免作业过程损坏车辆。
3)在整车上分别打开前舱配电盒及仪表配电盒,如图 1-33、图 1-34 所示。

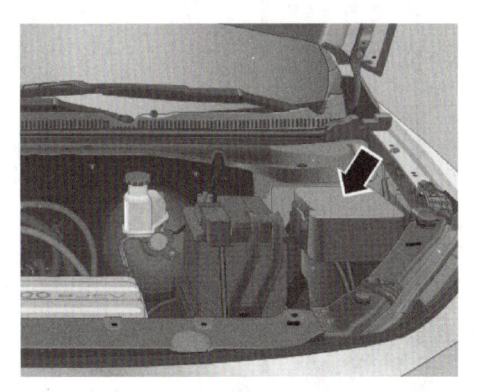

图 1-33 前舱配电盒　　　　图 1-34 仪表配电盒

4)查找 EU5 电路图册中前舱配电盒及仪表配电盒资料,请完善:代号 PF01 的熔丝对应保护部件是(　　　),其额定电流为(　　　)A;代号 EF17 的熔丝对应保护部件是(　　　),其额定电流为(　　　)A;代号 RF32 的熔丝对应保护部件是(　　　),其额定电流为(　　　)A。

5)请写出图 1-35 中数字代表意义。
③_____ ④_____ ⑤_____
⑧_____ ⑩_____

6)请说出插接件 T32/8 的含义。
_____
_____

7)请说出线束插接件 I15 的含义。
_____
_____

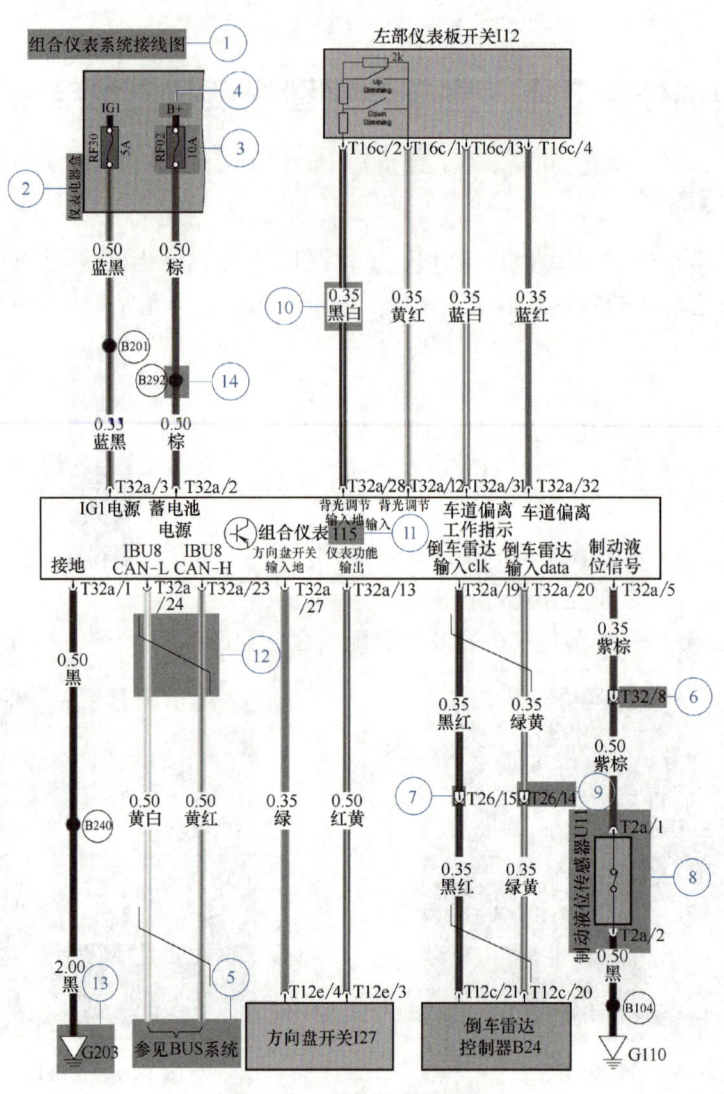

图 1-35 组合仪表电路图

竣工检验

整理、恢复作业场地。

实训任务总结

_____
_____
_____
_____

项目一　新能源汽车电气基础

汽车电路图识读与典型电路绘制	工作任务单	班级：
		姓名：

1. 车辆信息记录

品牌		整车型号		生产年月	
驱动电机型号		动力蓄电池电量		行驶里程	
车辆识别码					

2. 作业场地准备

检查是否设置隔离栏	□是　□否
检查是否设置安全警示牌	□是　□否
检查灭火器压力、有效期是否符合要求	□是　□否
安装车辆挡块	□是　□否

3. 记录查找过程及各高低压部件位置

扫一扫　项目一习题

019

汽车电路图识读与典型电路绘制		实习日期：	
姓名：	班级：	学号：	教师签名：
自评：□熟练 □不熟练	互评：□熟练 □不熟练	师评：□合格 □不合格	
日期：	日期：	日期：	

汽车电路图识读与典型电路绘制【评分细则】

序号	评分项	得分条件	分值	评分要求	自评	互评	师评
1	安全/5S/态度	□1. 能进行工位 5S 操作 □2. 能进行设备和工具的安全检查 □3. 能进行车辆安全防护操作 □4. 能进行工具的清洁、校准及存放操作 □5. 能进行"三不落地"操作	20	未完成1项扣4分	□熟练 □不熟练	□熟练 □不熟练	□合格 □不合格
2	专业技能	□1. 能正确找到前舱配电盒的位置 □2. 能正确找到仪表配电盒的位置 □3. 能正确写出 PF01 熔丝的含义及额定电流 □4. 能正确写出 EF13/EF10 熔丝的含义及额定电流 □5. 能正确识读工作页组合仪表电路图 □6. 能正确写出插接器 T25a/15 含义 □7. 能正确写出插接器 I12 含义	70	未完成1项扣10分	□熟练 □不熟练	□熟练 □不熟练	□合格 □不合格
3	工具及设备的使用能力	□1. 能正确支撑车辆 □2. 能正确使用手灯	5	未完成1项扣3分，扣分不得超过5分	□熟练 □不熟练	□熟练 □不熟练	□合格 □不合格
4	表单填写与报告的撰写能力	□1. 能正确记录所需维修信息 □2. 字迹清晰 □3. 语句通顺 □4. 无错别字 □5. 无涂改	5	未完成1项扣1分	□熟练 □不熟练	□熟练 □不熟练	□合格 □不合格

总分：

项目二
新能源汽车车身与低压供电系统检修

任务一　新能源汽车车身结构

【学习目标】

知识目标：
1）了解车身的结构及功用。
2）了解动力蓄电池车身安装位置。

技能目标：
1）能对车身结构及部件进行正确的识别。
2）能正确检查车身各部位的技术状态。

素质目标：
1）具有良好的品德、文化修养和职业道德。
2）具有良好的身体素质和心理素质。
3）具有一定的计划、组织、实施、评估和沟通、表达、团队协作等社会能力。
4）具有良好的自我学习及可持续发展能力。

【任务描述】

车身是一辆汽车的重要组成部分，汽车其他各种部件通过不同的连接方式安装到车身上，形成一个相互联系、可实现特定功能的整体。通过车身可形成相对密封的空间，实现驾乘人员的保护及拥有良好的空气动力学特性。作为新能源汽车销售及售后服务人员，需要对新能源汽车车身结构有较为全面、系统的认识和理解。

【相关知识】

新能源汽车由动力系统、底盘、车身（车架）及电气系统等部分组成。车身的功用是支承连接汽车的各零部件，是一切车身部件的安装基础。车身是由车身结构件和车身覆盖件共同组成的刚性空间结构，其中车身结构件承受来自车内外的各种载荷。汽车车身是实现汽车使用功能的重要部分，车身的设计制造水平也与整车技术性有着直接的关联，汽车车身的品质直接影响整车的动力性、经济性、平顺性、操纵稳定性、乘坐舒适性、行驶安全性等。

为了提升汽车的商品价值和艺术性，在车身外部还安装有车身附属部件和装饰部件，以满足人们的消费需求。

轿车车身的结构如图 2-1 所示。

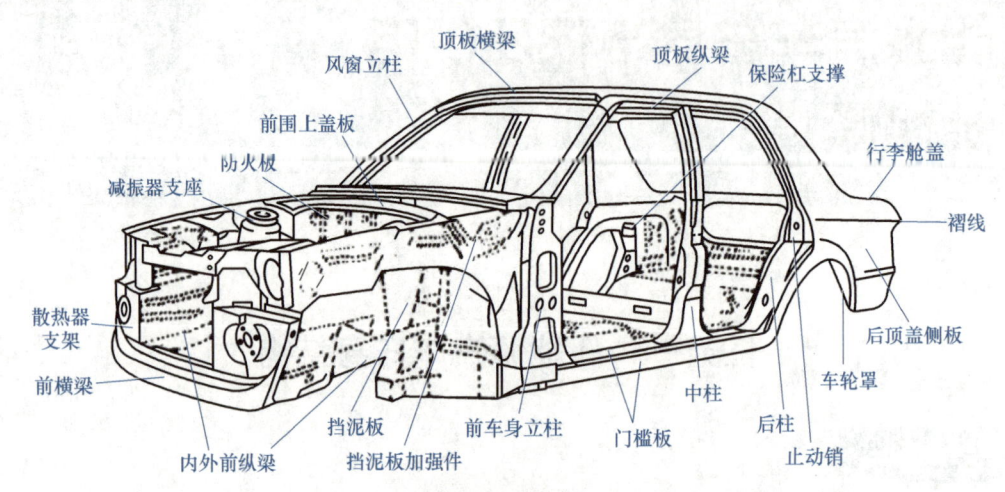

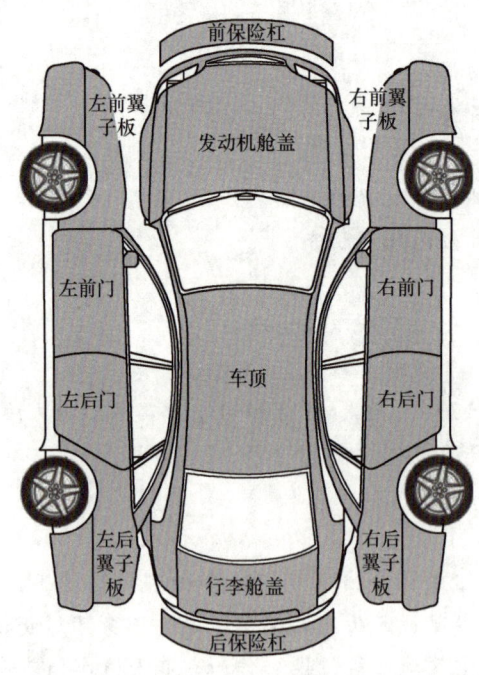

图 2-1 轿车车身结构

一、车身结构

根据车身受力形式的不同，可以分为非承载式车身、半承载式车身和承载式车身三种。

1. 非承载式车身

非承载式车身有刚性车架，车架与车身通过弹簧或橡胶垫进行柔性连接，如图 2-2 所示。动力蓄电池、动力控制系统、动力传动系统、底盘、车身等总成部件通过悬架装置连接到车架上，车架通过前、后悬架装置与车轮相连。非承载式车身一般在货车、客车、硬派越野车、高级轿车等车型上使用。

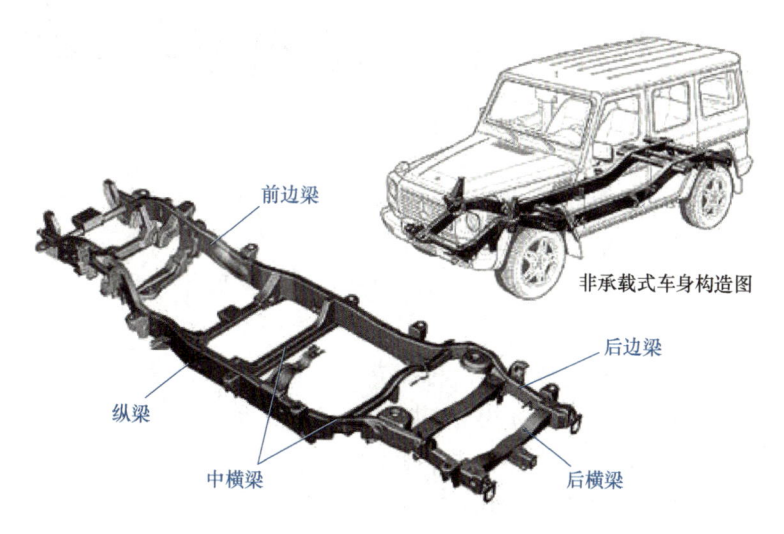

图 2-2 非承载式车身

（1）非承载式车身优点

1）舒适性好。车身与车架之间通过弹性悬置装置连接，能实现良好的隔振效果，提高乘坐舒适性。车辆动力传动系统、底盘装置不是直接固定在车身上，噪声不易传入车内。

2）整车刚度大，能够承受较大的纵向、横向及扭转载荷。

3）平稳性好。由于底盘的质量大，从而能够降低和减缓由路面传至车身上的各种冲击，提高车身寿命。

4）安全性好。车辆发生碰撞时，车架能够吸收一部分撞击能量，并把碰撞能量通过车架分散传导到车架及车身其他部位，安全性能得到提高。

5）车身承载系数小。便于采用平台化开发新车型，以及进行车身外形的变化和换型设计，缩短研发周期，提升企业的市场竞争力。

6）由于底盘和车身是分别作为组件先行装配的，并在最后装配之前能够单独进行检查、试验和必要的调试，简化了总装配过程。

（2）非承载式车身缺点　质量大、承载面高、投入多。

2. 承载式车身

承载式车身没有刚性车架，只是加强了车头、侧围、车尾、底板等部位，车辆动力系统、动力蓄电池、前后悬架、行驶系统的一部分等总成部件装配在车身上设计要求的位置，车身负载通过悬架装置传给车轮。承载式车身除了其固有的乘载功能外，还要直接承受各种负荷力的作用，如图 2-3 所示。

一般轿车都采用承载式车身结构。

承载式车身由于整个车身都参与承载，强度条件好，可以减轻车身的自重。因无需车架，地板高度和整车高度可降低，有利于提高车辆的行驶稳定性、操控性及乘车的便利性。承载式车身的缺点是：来自动力传动系统、行驶系统的振动和噪声会通过车身直接传至驾乘室，而驾乘室本身又是易于形成空腔共鸣的共振箱，会影响乘坐的舒适性，所以需采用隔声防振材料。纯电动汽车取消了传统的内燃机，驾乘室的噪声及振动情况要优于传统的内燃机汽车。另外，采用承载式车身结构的车辆，后期车身改型困难，损坏后修复难度大。

图 2-3 承载式车身

某些新能源汽车为了便于安装动力控制及传动系统，改善安装点部位受力状况和乘员舒适性而采用副车架结构。副车架通过软垫直接连接到车身上。副车架可在前、后端都加装或仅在前端加装（后者也称短车架或部分式车架）。

3. 新能源汽车车身结构与动力蓄电池安装位置关系

纯电动汽车所用的动力蓄电池组为满足续驶里程的需要，一般尺寸都比较大，通常是吊装在车身底盘下方。这样不占用车辆内部的空间，同时可以不受空间的局限性，灵活布置动力蓄电池组。由于电池组安装在底盘上，可以尽可能地不影响整车的轴荷分配和重心。此外，电池组布置在底盘下面，有利于电池包的散热，尤其是可满足在高温工作条件和高电气载荷工作条件下的散热需求。从碰撞安全角度考虑，电池组安装在车辆的底盘下面，可以有效避免事故对电池组的伤害，比如在碰撞、翻滚、跌落等极端情况下，造成动力蓄电池组的受损。最后，动力蓄电池安装在车身底盘下方，有利于后期的维修及灵活换电操作。

新能源汽车动力蓄电池组通过动力蓄电池组四周的连接螺栓固定在车身底盘下部，如图 2-4 所示。

图 2-4 新能源汽车动力蓄电池安装位置

如果动力蓄电池组尺寸较小的话，可以布置在车辆后排座椅和行李舱之间，如沃尔沃 V60、丰田 Prius、本田 Civic 等车型。

二、汽车车身的基本结构

汽车车身按构成可分为车外部件（除外装饰件外，含白车身及五门两盖）、车内部件（除内装饰件外，含密封件、门锁、玻璃升降器、座椅、安全带等功能件）。车身外部件的组成如图 2-5 所示。车身内部件如图 2-6 所示。

项目二　新能源汽车车身与低压供电系统检修

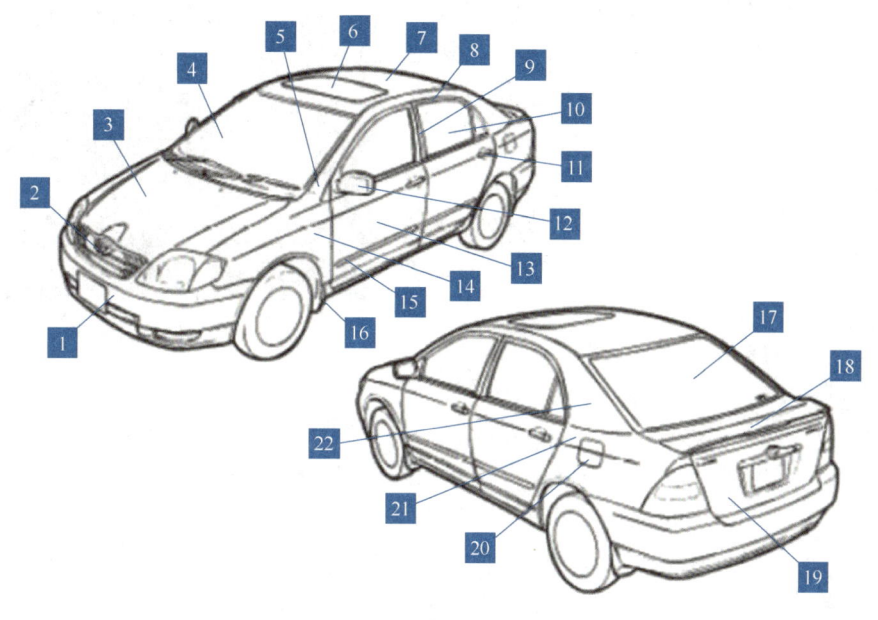

图 2-5　车身外部件

1—保险杠　2—散热器护栅　3—机舱罩　4—风窗玻璃　5—前柱　6—滑动天窗　7—天窗板　8—门框
9—中柱　10—门窗玻璃　11—外侧车门把手　12—车外后视镜　13—门板　14—前翼子板
15—外嵌条　16—挡泥板　17—后窗玻璃　18—后扰流板　19—行李舱盖
20—加油口盖　21—后翼子板　22—后侧柱

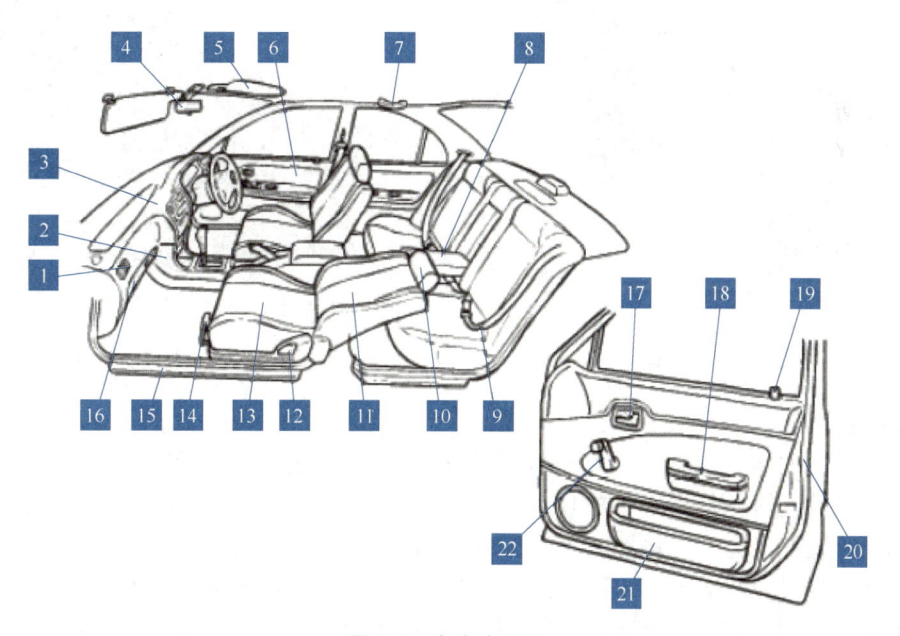

图 2-6　车身内部件

1—可调出风口　2—中心控制台　3—仪表板　4—车内后视镜（客厢内后视镜）　5—遮阳板　6—车门
饰件　7—辅助把手　8—后部中央扶手　9—座椅安全带　10—头枕　11—座椅靠背　12—倾角调整杆
13—座椅（软垫）　14—座椅滑动杆　15—皱褶板　16—杂物箱　17—门内把手
18—门扶手　19—车门锁止按键　20—密封条　21—车门袋　22—门窗调节把手

025

目前，车身模块化结构被越来越多地采用，集轻量化、装配集成化、高品质化于一体，如前端模块、角部模块、后端模块、车门模块、仪表板模块等。

1. 前端模块

前端模块如图2-7所示，主要由保险杠、散热器护栅等组成。

2. 角部模块

角部模块的组成如图2-8所示。

3. 前机舱总成

前机舱总成的作用是安置汽车的动力总成、转向系统、制动系统等重要总成，同时肩负着车辆被动安全性的重要使命。当汽车发生意外的正面碰撞时，前机舱相关部件会折曲变形以吸收碰撞产生的巨大能量，减少碰撞对车内人员的猛烈冲击，起到保护车内乘员的作用。前机舱总成由左前挡泥板总成、右前挡泥板总成、前围挡板总成、散热器前横梁总成四部分构成，如图2-9所示。

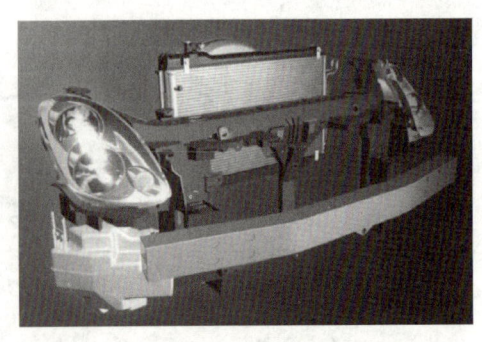

图 2-7 前端模块

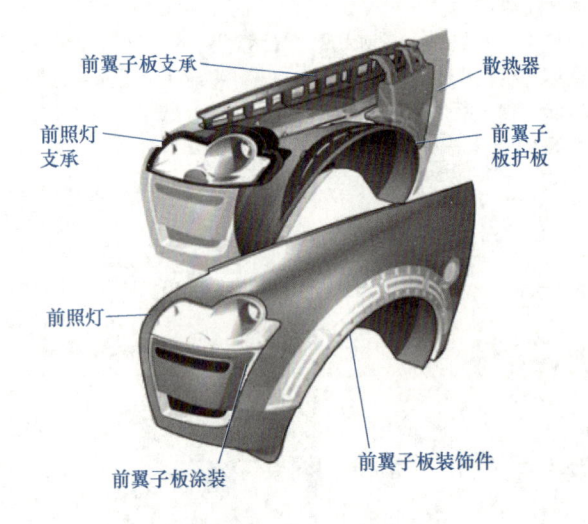

图 2-8 角部模块

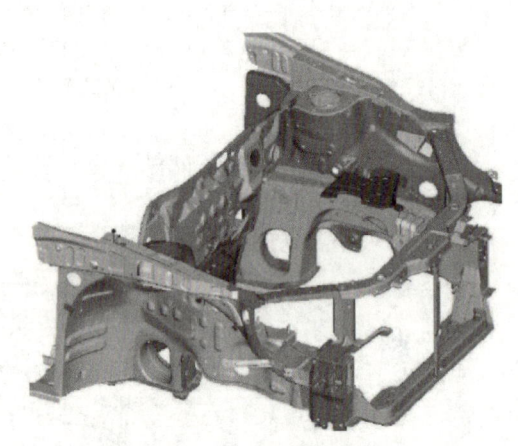

图 2-9 前机舱总成

4. 地板总成

（1）前地板总成　前地板总成是车身下部非常重要的部件，如图2-10所示。前地板总成主要承载前排座椅，兼有承重的任务，因此地板结构保持足够的刚度和强度是至关重要的。前地板承重部位应力变化复杂，零部件安装部位等多处加横梁、加强板等，并在前地板主板上压制加强筋和凸凹平台，从而提高了地板的强度。前地板总成由前地板、左下后加强梁、右下后加强梁、驻车制动操纵机构加强板、前地板上横梁、前地板左边梁、前地板右边梁等组件构成。

（2）后地板总成　后地板总成主要作用是承载后排座椅、备胎、动力蓄电池组。其强度和刚度是通过在主板上压制加强筋和凸凹平台及后车架总成保证的。后地板部分同时还影响到整车的四轮定位尺寸，所以后地板的装配精度要求比较高。后地板总成由后地板左纵梁

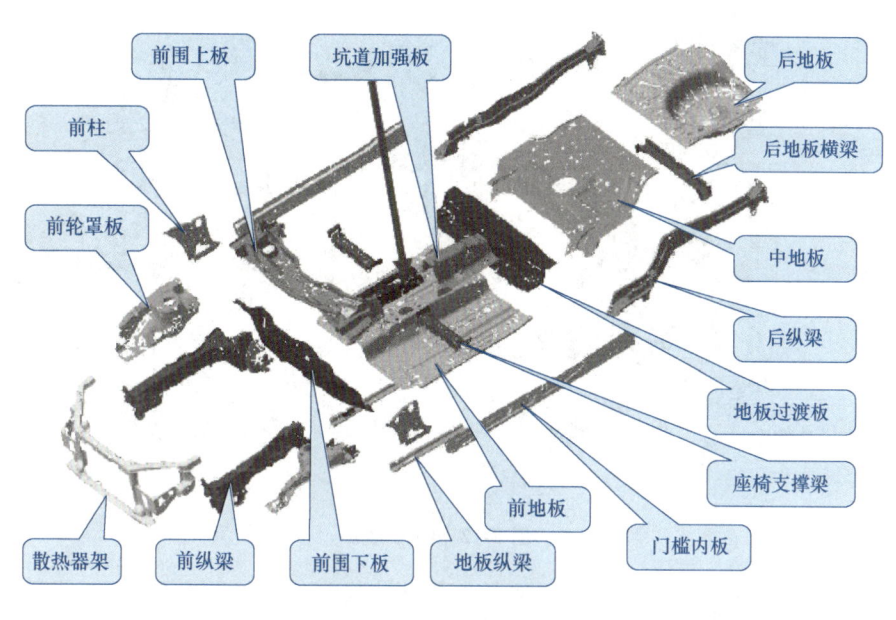

项目二　新能源汽车车身与低压供电系统检修

图 2-10　地板总成

总成、后地板右纵梁总成、后地板第二横梁分总成、后地板第一横梁分总成等组件构成。

5. 前围上部总成

前围上部总成主要作用是装配仪表板、空调系统部件、转向系统部件，由前围上部内板总成、前围上部外板总成、转向管柱安装支座总成、仪表板左/右侧端内板构成，如图 2-11 所示。

图 2-11　前围上部总成

6. 左、右侧围总成

侧围总成是形成轿车左右侧壁，组成座舱的重要结构，主要由侧围焊接总成组成，用于支撑车辆顶盖，连接车身前后部分的侧围面构件，固定前后风窗玻璃，安装侧门，是保证车身侧面撞击安全性的承载框架，本身具有较大的抗弯、抗扭刚度和强度。侧围总成由侧围外板总成、前柱内板、中立柱内板、轮罩总成四部分构成，如图 2-12 所示。

7. 四门总成

四门总成分为左前门总成、右前门总成、左后门总成、右后门总成。四门总成由内板、外板、防撞梁、铰链及螺栓构成。四门总成与侧围总成组成座舱。四门各一根防撞梁，大大增强了抵抗前方、横向的碰撞能力，如图 2-13 所示。

027

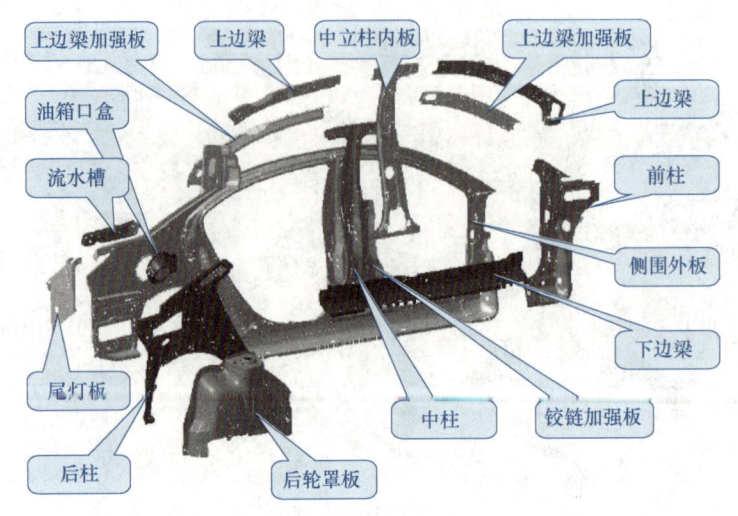

图 2-12 侧围总成

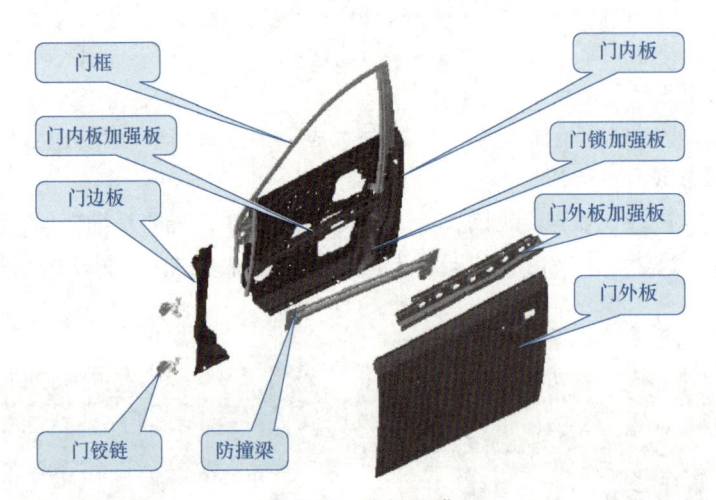

图 2-13 四门总成

8. 行李舱盖总成

行李舱盖要求有良好的刚性，结构上基本与发动机舱盖相同，由外板、内板、加强板组成，如图 2-14 所示。一些被称为"两厢半"的轿车，其行李舱向上延伸，包括后风窗玻璃在内，使开启面积增加，形成一个门，因此又称为背门，这样既能保持一种三厢车形状，又能够方便存放物品。如果轿车采用背门形式，背门内板侧要嵌装橡胶密封条，围绕一圈以防水防尘。行李舱盖开启的支撑件，一般用钩形铰链及四连杆铰链，

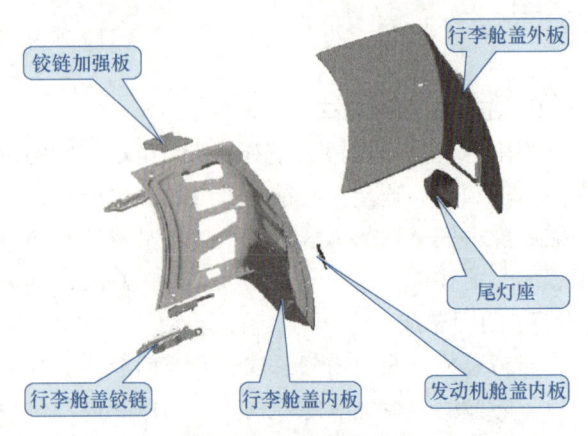

图 2-14 行李舱盖总成

铰链装有平衡弹簧，使启闭舱盖省力，并可使舱盖自动固定在打开位置，便于放置和取出物品。行李舱盖总成由行李舱盖后排座椅挂钩固定板总成、行李舱主盖板、左右侧连接角板和流水槽构成。

9. 翼子板

翼子板是遮盖车轮的车身外板，因该部件形状及位置似鸟翼而得名，如图2-15所示。按照安装位置翼子板又分为前翼子板和后翼子板，前翼子板安装在前轮处，必须要保证前轮转动及跳动时的最大极限空间，因此设计者会根据选定的轮胎型号尺寸用"车轮跳动图"来验证翼子板的设计尺寸。

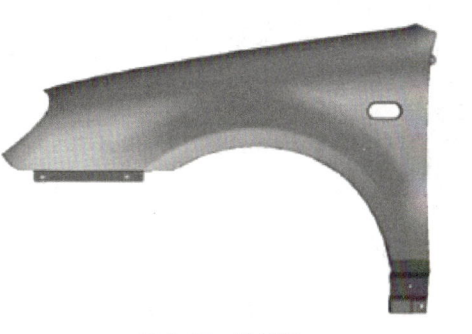

图 2-15 翼子板

后翼子板大多数无车轮转动碰擦的问题，但出于空气动力学的考虑，后翼子板略显拱形，弧线向外凸出，现在有些轿车翼子板已与车身本体成为一个整体。翼子板碰撞机会比较多，所以前翼子板一般多是独立装配，这样便于后续的整件更换维修。

10. 顶盖总成

车顶盖是车厢顶部的盖板。对于轿车车身的总体刚度而言，顶盖的强度要求不高。从设计角度来讲，重要的是它如何与前、后窗框及支柱交界点平顺过渡，以求取得最好的视觉感和最小的空气阻力。从安全性角度考虑，车顶盖还应有一定的强度和刚度，一般在顶盖下增加一定数量的加强梁，顶盖内层敷设绝热衬垫材料，以阻止外界热量的传导及减少振动时噪声的传递。顶盖总成由顶盖外板、顶盖1号横梁、顶盖2号横梁、顶盖3号横梁四部分构成，如图2-16所示。三个横梁大大提高了顶盖总成的强度。

11. 行李舱隔板总成

行李舱隔板总成由后排座椅挂钩固定板总成、行李舱主盖板、左右侧连接角板、流水槽构成，如图2-17所示。其主要作用是构成行李舱和固定后排座椅。此外，行李舱隔板总成还包括左侧前拖架柱总成、后脱钩总成等附属小总成。

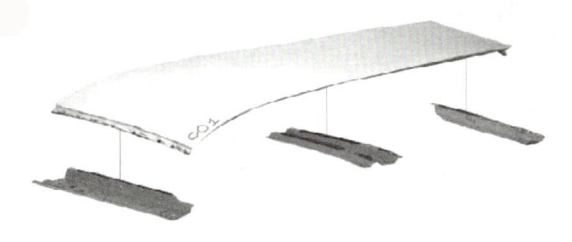

图 2-16 顶盖总成

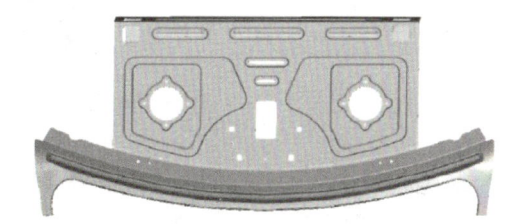

图 2-17 行李舱隔板总成

【实训任务三】 车身结构识别

实训场地与器材

新能源汽车作业工位和举升机、新能源汽车、工作灯。

扫一扫

车身结构识别

作业准备

1）检查举升机工位及相关设备和工具。
2）新能源汽车和防护三件套（转向盘套、座椅套、变速杆套）等 5S 操作准备。
3）检查工位设备及防护用品。

操作步骤

1）将车辆正确停入操作工位，并安全驻车。
2）检查工位车辆支撑状态，做好举升前准备。
3）整车举升到位，并确保举升机处于落锁状态。
4）由前舱底部开始，识别车身底部结构，如图 2-18 所示。
5）车身底部识别完成后，安全落车。

图 2-18　车身底部结构

竣工检验

整理、恢复作业场地。

实训任务总结

_____
_____
_____
_____

项目二　新能源汽车车身与低压供电系统检修

车身结构识别	工作任务单	班级：
		姓名：

1. 车辆信息记录

品牌		整车型号		生产年月	
驱动电机型号		动力蓄电池电量		行驶里程	
车辆识别码					

2. 作业场地准备

检查是否设置隔离栏	□是　□否
检查是否设置安全警示牌	□是　□否
检查灭火器压力、有效期是否符合要求	□是　□否
安装车辆挡块	□是　□否

3. 记录车身主要部件的名称

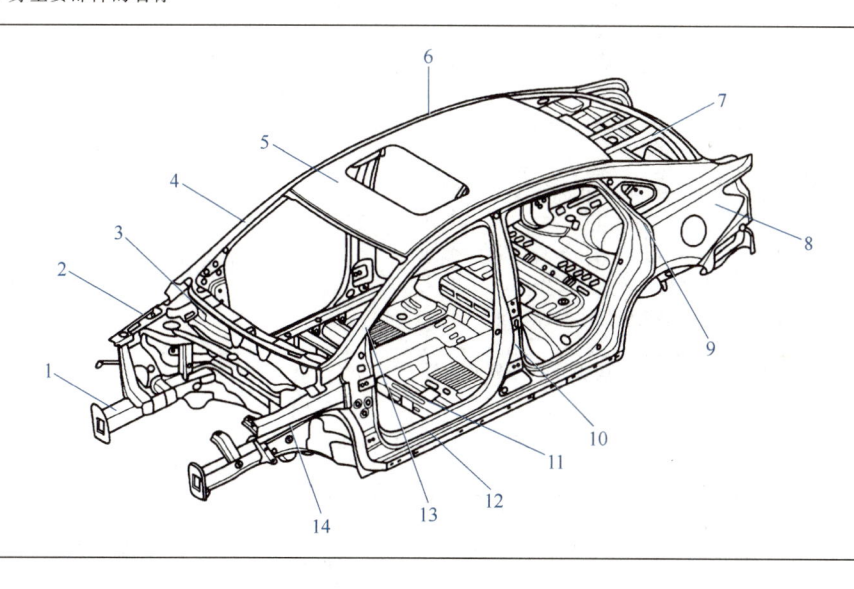

031

车身结构识别		实习日期：	
姓名：	班级：	学号：	教师签名：
自评：□熟练□不熟练	互评：□熟练□不熟练	师评：□合格□不合格	
日期：	日期：	日期：	

车身结构识别【评分细则】

序号	评分项	得分条件	分值	评分要求	自评	互评	师评
1	安全/5S/态度	□1. 能进行工位5S操作 □2. 能进行设备和工具的安全检查 □3. 能进行车辆安全防护操作 □4. 能进行工具的清洁、校准及存放操作 □5. 能进行"三不落地"操作	15	未完成1项扣3分	□熟练 □不熟练	□熟练 □不熟练	□合格 □不合格
2	专业技能	□1. 能正确查找并识别车身部件 □2. 能正确查找、记录车辆识别码、行驶里程 □3. 能正确描述车身结构及部件连接关系 □4. 能正确描述车身部件的连接方式 □5. 能正确记录车身部件的名称	50	未完成1项扣10分	□熟练 □不熟练	□熟练 □不熟练	□合格 □不合格
3	工具及设备的使用能力	□1. 能正确举升车辆 □2. 能正确使用工作灯 □3. 能正确操作实训车辆	10	未完成1项扣4分，扣分不得超过10分	□熟练 □不熟练	□熟练 □不熟练	□合格 □不合格
4	资料、信息的查询能力	□1. 能正确使用维修手册查询资料 □2. 能正确使用用户手册查询资料 □3. 能在规定时间内查询所需资料	10	未完成1项扣4分，扣分不得超过10分	□熟练 □不熟练	□熟练 □不熟练	□合格 □不合格
5	判断和分析能力	□1. 能判断车身的类型 □2. 能判断车身部件名称 □3. 能判断车身部件的材料	10	未完成1项扣4分，扣分不得超过10分	□熟练 □不熟练	□熟练 □不熟练	□合格 □不合格
6	表单填写与报告的撰写能力	□1. 能正确记录所需维修信息 □2. 字迹清晰 □3. 语句通顺 □4. 无错别字 □5. 无涂改	5	未完成1项扣1分	□熟练 □不熟练	□熟练 □不熟练	□合格 □不合格

总分：

任务二　辅助蓄电池检测与更换

【学习目标】

知识目标：
1）能够掌握新能源汽车低压电源系统组成与原理。
2）能够描述辅助蓄电池（低压蓄电池）充电电路的检测方法。
3）能够描述辅助电池的检测与更换方法。

技能目标：
1）能够进行新能源汽车低压蓄电池的认识和更换。
2）能够进行新能源汽车低压蓄电池充电电路的检测。
3）能够进行新能源汽车低压蓄电池性能检测。

素质目标：
1）能够在工作过程中，与小组其他成员合作、交流并进行学习任务分工，具备团队合作和安全操作的意识。
2）养成服从管理、规范作业的良好工作习惯。
3）培养安全工作的习惯。

【任务描述】

一辆电动汽车需要对12V辅助蓄电池进行检测和更换，你的主管让你参照维修手册进行检测和更换，你能顺利完成工作吗？

【相关知识】

一、低压电源系统组成与原理

传统燃油汽车的电源是蓄电池和发电机，发动机未起动或起动时由蓄电池供电，起动以后则由发电机供电，同时为蓄电池充电。

新能源汽车的电源分为主电源和辅助电源。主电源为驱动汽车行驶的高压电源；辅助电源（低压铅酸蓄电池）供给是将动力蓄电池的电能通过DC/DC变换器转变为12V低压直流电源，为车载12V蓄电池和车身电器部件提供工作电源；常规车身电器部件包括灯光、中控门锁、信息娱乐系统、电动门窗等。

燃油汽车的交流发电机由发动机带动旋转发电，发出的电提供给用电器并为蓄电池充电，如图2-19所示。新能源汽车以动力蓄电池为电源，利用DC/DC变换器为低压蓄电池充电，如图2-20所示。

DC/DC变换器是新能源汽车一个非常重要的部件。DC/DC变换器将一个不受控制的输入直流电压转换为一个受控的输出直流电压。DC/DC变换器在汽车上的应用可以这么理解，在传统的燃油汽车中，发动机装了个发电机来给车上的设备供电，那么在新能源汽车里DC/DC变换器取代了传统燃油汽车中的发电机，将动力蓄电池的高压直流电转化为整车低压

12V 直流电，给整车用电系统供电及给铅酸蓄电池充电。图 2-21 是北汽新能源 EU5 DC/DC 变换器位置图。

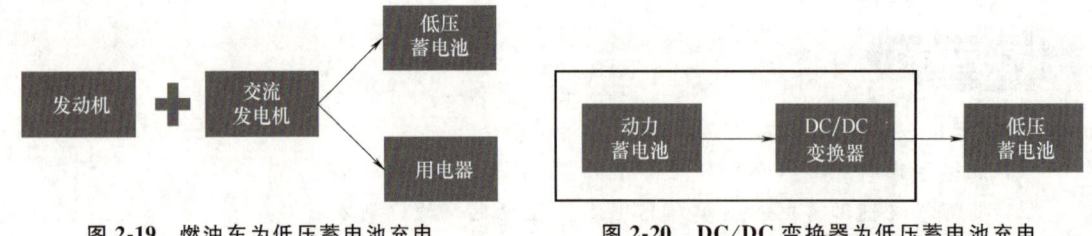

图 2-19　燃油车为低压蓄电池充电

图 2-20　DC/DC 变换器为低压蓄电池充电

图 2-21　北汽新能源 EU5 DC/DC 变换器的位置

小知识：

> DC/DC 变换器是新能源汽车非常重要的部件。通过对北汽新能源汽车的学习，可以了解到我国在车载 DC/DC 变换器设计及生产上处于世界领先水平，我国汽车整车厂及核心零部件供应商逐步实现了新能源汽车产业弯道超车；北汽新能源汽车的例子告诉我们，无论什么时候，都要坚持自主研发和自主创新，只有核心技术掌握在自己手里，才能实现真正意义上的发展和反超。

二、辅助电池充电电路的检测

DC/DC 系统故障无法给蓄电池充电。新能源汽车是利用动力蓄电池的高压直流电通过 DC/DC 变换器转换成低压直流电给其他低压电器供电，同时给蓄电池充电。DC/DC 变换器的检查，主要是看其是否能正常工作，其次是检查高压直流电源输入和低压输出电路。

检测辅助蓄电池充电电路时，使用万用表电压档，测量蓄电池正负极柱外的金属套件处的电压值，DC/DC 变换器工作时，电压会高于蓄电池电压，一般为 13~14V。

三、辅助电池的检测与更换

1. 辅助蓄电池的检测

（1）目检　检测蓄电池的外部状态、连接情况及位置状况。

（2）蓄电池静态电压测试　检测蓄电池是否良好、是否需要充电。

（3）蓄电池负载测试　检测蓄电池负载电压（可使用具备打印功能的蓄电池测试仪，

根据打印信息判断蓄电池性能状况）。

2. 辅助电池更换

为了确保蓄电池经久耐用，必须根据规定检测、保养和维护蓄电池。拆卸辅助电池时，应先拆下辅助电池负极，再拆下辅助电池正极；安装辅助电池时，应先安装辅助蓄电池正极，再安装辅助蓄电池负极，以免拆卸过程中造成辅助蓄电池断路。具体的更换步骤和方法（以北汽新能源 EU5 为例）在实训任务四中体现。

➡ 小知识：有关蓄电池的重要注意事项

- 蓄电池有破损时，必须更换蓄电池。
- 不允许除去标签、加注蒸馏水。
- 蓄电池处理过程中存在危险。注意蓄电池上的警告说明。

【实训任务四】 辅助蓄电池性能检测与更换

实训场地与器材

新能源汽车作业工位和举升机、新能源汽车整车（以北汽 EU5 为例）、工作灯。

作业准备

新能源汽车整车和防护三件套等 5S 操作。

操作步骤

1）停车入位，打开机舱盖。
2）铺设车外三件套，防止车辆磕碰。
3）查找并确认 12V 低压蓄电池位置，如图 2-22 所示。

图 2-22 辅助电池位置

4）目视检查蓄电池的外部状态、连接情况及位置状况。

检测蓄电池是否牢固，必要时以规定的拧紧力矩拧紧固定螺栓。如果未正确固定蓄电池，长时间的振荡会导致蓄电池内部栅格和蓄电池壳体损坏，缩短蓄电池的使用寿命，并存在爆炸危险。

5）对蓄电池进行负载测试。

关闭起动/停止按键及所有用电器，断开蓄电池正/负极电缆。

将数字式蓄电池测试仪红色接线端接蓄电池正极，黑色接线端接蓄电池负极，如图 2-23 所示。

图 2-23　辅助电池负载测试

小知识：蓄电池负载测试小技巧

- 按住数字式蓄电池测试仪负载开关，保持 10s，并读取数据。
- 读取数据后，关闭负载开关。
- 取下连接到蓄电池的数字式蓄电池测试仪接线端（负载测试时数字式蓄电池测试仪不能过热，每次测试至少间隔 2min 以上，否则数字式蓄电池测试仪指示灯会变暗）。

6）拆卸辅助蓄电池。拆卸步骤如下。

① 关闭起动/停止按键及所有用电器。

② 拆卸前机舱后装饰板。

③ 旋松蓄电池负极电缆固定螺母（箭头），脱开负极电缆组件①与蓄电池桩头的连接，如图 2-24 所示。

④ 打开蓄电池正极电缆盖罩①，如图 2-25 所示。

⑤ 旋松蓄电池正极电缆固定螺母（箭头），脱开正极电缆组件①与蓄电池桩头的连接，如图 2-26 所示。

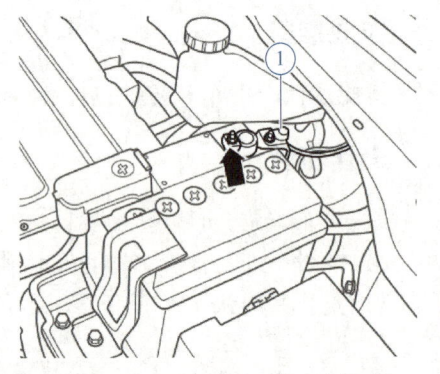

图 2-24　辅助蓄电池负极拆卸

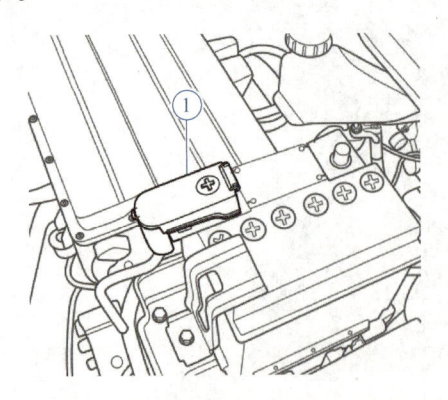

图 2-25　辅助蓄电池正极电缆盖罩

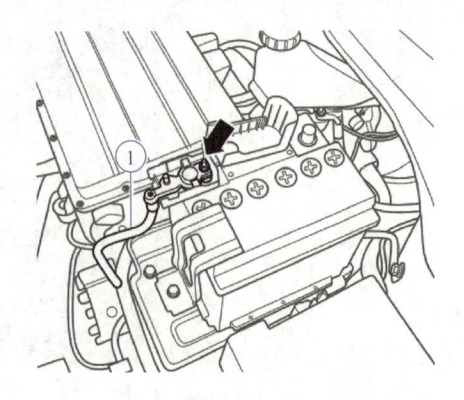

图 2-26　辅助蓄电池正极拆卸

⑥ 旋出固定螺栓，取下蓄电池压板①，取下蓄电池，如图 2-27 所示。
⑦ 脱开线束卡子（箭头 A），旋出固定螺栓（箭头 B），取下蓄电池支架①，如图 2-28 所示。

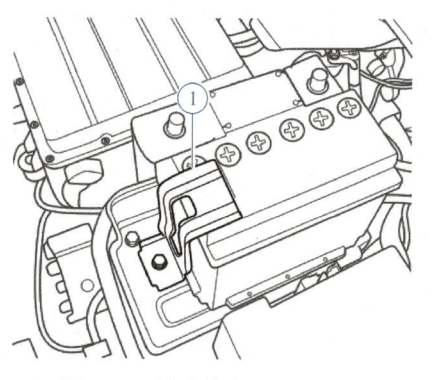

图 2-27　辅助蓄电池压板拆卸　　　　图 2-28　取下蓄电池支架

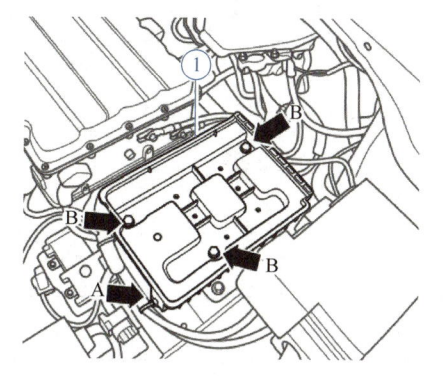

7）安装辅助蓄电池。安装以拆卸步骤倒序进行即可。

小知识：辅助蓄电池安装小技巧

- 必须先安装正极电缆，后安装负极电缆。
- 检查蓄电池安装是否牢固。
- 蓄电池正负极固定螺母规格：M6×1.0，拧紧力矩：8~10N·m。
- 蓄电池压板及支架固定螺母规格：M8×1.25×25，拧紧力矩：14~16N·m。

竣工检验

整理、恢复作业场地。

实训任务总结

辅助蓄电池性能检测与更换	工 作 任 务 单	班级：
		姓名：

1. 车辆信息记录

品牌		整车型号		生产年月	
驱动电机型号		动力蓄电池电量		行驶里程	
车辆识别码					

2. 作业场地准备

检查是否设置隔离栏	□是　□否
检查是否设置安全警示牌	□是　□否
检查灭火器压力、有效期是否符合要求	□是　□否
安装车辆挡块	□是　□否

3. 记录辅助蓄电池拆装步骤及负载性能检测注意点

项目二　新能源汽车车身与低压供电系统检修

辅助蓄电池性能检测与更换		实习日期：	
姓名：	班级：	学号：	教师签名：
自评：□熟练□不熟练	互评：□熟练□不熟练	师评：□合格□不合格	
日期：	日期：	日期：	

辅助蓄电池性能检测与更换【评分细则】

序号	评分项	得分条件	分值	评分要求	自评	互评	师评
1	安全/5S/态度	□1. 能进行工位5S操作 □2. 能进行设备和工具的安全检查 □3. 能进行车辆安全防护操作 □4. 能进行工具的清洁、校准及存放操作 □5. 能进行"三不落地"操作	20	未完成1项扣4分	□熟练 □不熟练	□熟练 □不熟练	□合格 □不合格
2	专业技能	□1. 能正确查找低压蓄电池安装位置及描述其功用 □2. 能正确进行低压蓄电池参数识读与填写 □3. 能正确完成低压蓄电池性能目测检查，并对蓄电池状态进行判定 □4. 能正确进行低压蓄电池负载电压性能检测，并对蓄电池状态进行判定 □5. 能掌握低压蓄电池拆装及更换步骤，并进行更换 □6. 能正确确定拆装螺栓力矩值	60	未完成1项扣10分	□熟练 □不熟练	□熟练 □不熟练	□合格 □不合格
3	工具及设备的使用能力	□1. 能正确支撑车辆 □2. 能正确举升车辆 □3. 能正确使用手灯 □4. 能正确使用蓄电池测试仪	20	未完成1项扣5分	□熟练 □不熟练	□熟练 □不熟练	□合格 □不合格

总分：

任务三　低压电源系统故障诊断与排除

【学习目标】

知识目标：
1）能够掌握低压电源系统的结构组成。
2）能够描述低压电源系统无法充电的原因。
3）能够描述低压电源系统无法供电的原因。

技能目标：
1）能进行低压电源系统部件的识别。
2）能进行新能源汽车低压电源系统无法充电的故障诊断。
3）能进行新能源汽车低压电源系统无法供电的故障诊断。

素质目标：
1）能够在工作过程中与小组其他成员合作、交流并进行学习任务分工，具备团队合作和安全操作的意识。
2）养成服从管理、规范作业的良好工作习惯。
3）培养安全工作的习惯。

【任务描述】

一辆纯电动汽车低压蓄电池故障，你的主管要求你进一步检测低压电源系统，你能完成这个任务吗？

【相关知识】

纯电动汽车12V低压电源系统主要包括蓄电池、DC/DC变换器以及电气设备等。动力蓄电池系统输出的高压直流电通过DC/DC变换器转换为低压直流电，一部分电能被电气设备使用，另一部分储存在蓄电池中。

下面以北汽EU5纯电动汽车为例，介绍12V低压电源系统故障诊断与检修方法，其他型号的车辆可参照相关的维修手册或资料。

图2-29为北汽EU5纯电动汽车高压原理，从图中阴影部分可以看出12V低压电源系统故障大致可分为充电故障及供电故障。对于充电系统故障可以理解为DC/DC变换器至低压蓄电池这一段的故障，供电系统故障可以理解为低压蓄电池至某一具体用电器这一段的故障。

➡ 小知识：

安全无小事，特别是新能源汽车发生故障时，我们要以科学的工作方法、严谨的工作态度以及缜密的逻辑思维，精准快速地确定故障范围，排查具体故障点，确保车辆行车安全。

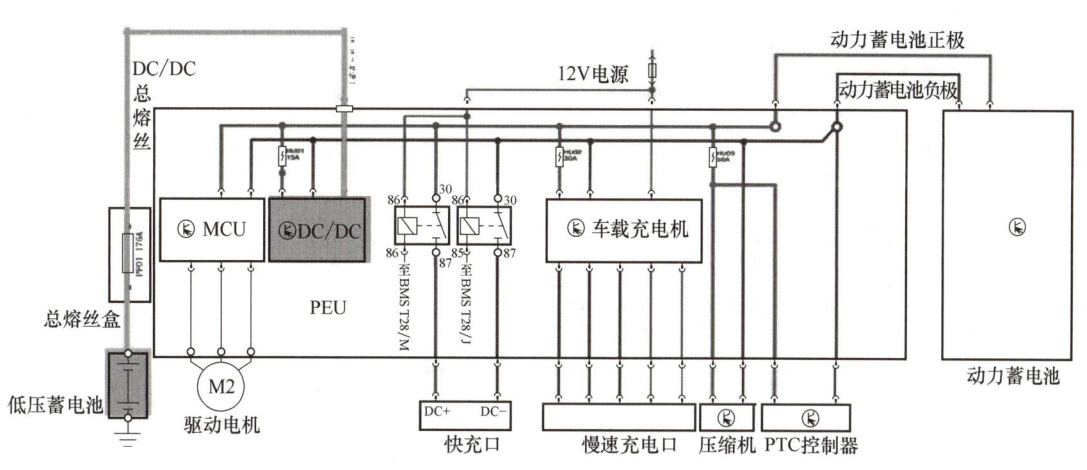

图 2-29 北汽 EU5 纯电动汽车高压原理

一、辅助电池无法充电故障诊断与排除

1. 可能原因

蓄电池储电性能故障、DC/DC 变换器低压电源故障、DC/DC 变换器内部故障或 DC/DC 变换器与蓄电池连接电路故障。

2. 检查与排除方法

1）检查蓄电池电压值，如果低于 12.5V，表明蓄电池亏电。
2）检查 DC/DC 的熔丝是否正常。
3）检查 DC/DC 变换器电源正负极供电电路是否正常。
4）检查 DC/DC 变换器输出端的搭铁线负极插件端子是否正常。

二、辅助电池无法供电故障诊断与排除

1. 可能原因

蓄电池储电性能故障、蓄电池与用电器连接电路故障、用电器故障。

2. 检查与排除方法

1）检查蓄电池电压值，如果低于 12.5V，表明蓄电池亏电。
2）检查低压熔丝盒内对应用电器熔丝是否正常。
3）检查蓄电池输出端的搭铁线负极插件端子是否正常。
4）检查电器是否正常。

三、DTC 检测方法与步骤

发生故障，首先需要利用故障检测仪器读取控制单元存储的故障码（DTC），验证检测到的故障是否为偶发性故障，具体步骤如下：

1）关闭起动/停止按键及所有用电器。
2）将诊断仪 BDS 连接至车辆诊断接口上。
3）打开起动/停止按键至 RUN 档。

4）用诊断仪读取和清除 DTC。

5）关闭起动/停止按键及所有用电器，3~5s 后重新打开起动/停止按键。

6）用诊断仪读取 DTC。

7）如果检测到 DTC，说明车辆有故障，应进行相应的诊断步骤。如果没有检测到 DTC，则说明先前检测到的故障为偶发性故障。

小知识：DTC检测小技巧

- 在进行检测之前，确认蓄电池电压为正常电压。
- 需使用最新的软件检测。

【实训任务五】 低压电源系统故障诊断与排除（无法充电及供电）

实训场地与器材

新能源汽车作业工位和举升机、新能源汽车整车（以北汽 EU5 为例）、工作灯及诊断仪。

作业准备

新能源汽车整车和防护三件套等 5S 操作。

操作步骤

1）停车入位，打开机舱盖。

2）铺设车外三件套，防止车辆磕碰。

3）起动车辆，连接诊断测试仪，如图 2-30 所示。

4）使用电动汽车专用故障检测仪清除故障码，如图 2-31 所示。若故障码可以清除，车辆重新起动，故障消失，车辆恢复正常；否，进行第 5 步。

图 2-30　连接诊断测试仪　　　　图 2-31　清除故障码

5）将点火开关打到 ON 档，使用万用表电压档测量检查 DC/DC 变换器输出电压是否异常（正常输出电压为 14V±0.25V），如图 2-32 所示。是，修复或更换 DC/DC 变换器；否，进行第 6 步。

图 2-32 测量 DC/DC 变换器端电压

6）检测高压控制盒中的 DC/DC 变换器高压熔丝 PF01 是否熔断，如图 2-33 所示。是，更换高压熔丝，车辆恢复正常；否，进行第 7 步。

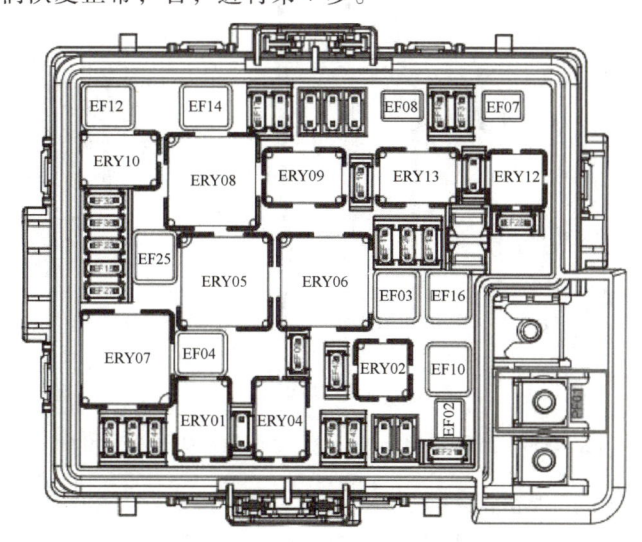

图 2-33 测量 DC/DC 变换器高压熔丝 PF01 通断

7）检测高压熔丝至 DC/DC 变换器之间的插头及线束是否异常，如图 2-34 所示。是，维修或更换线束及插头；否，进行第 8 步。

8）检查 DC/DC 变换器低压输出线至低压蓄电池之间的线束是否正常，接线柱是否无松动、锈蚀等，如图 2-35 所示。是，更换 DC/DC 变换器，车辆恢复正常；否，维修或更换线束及插头，紧固或清洁接线柱。

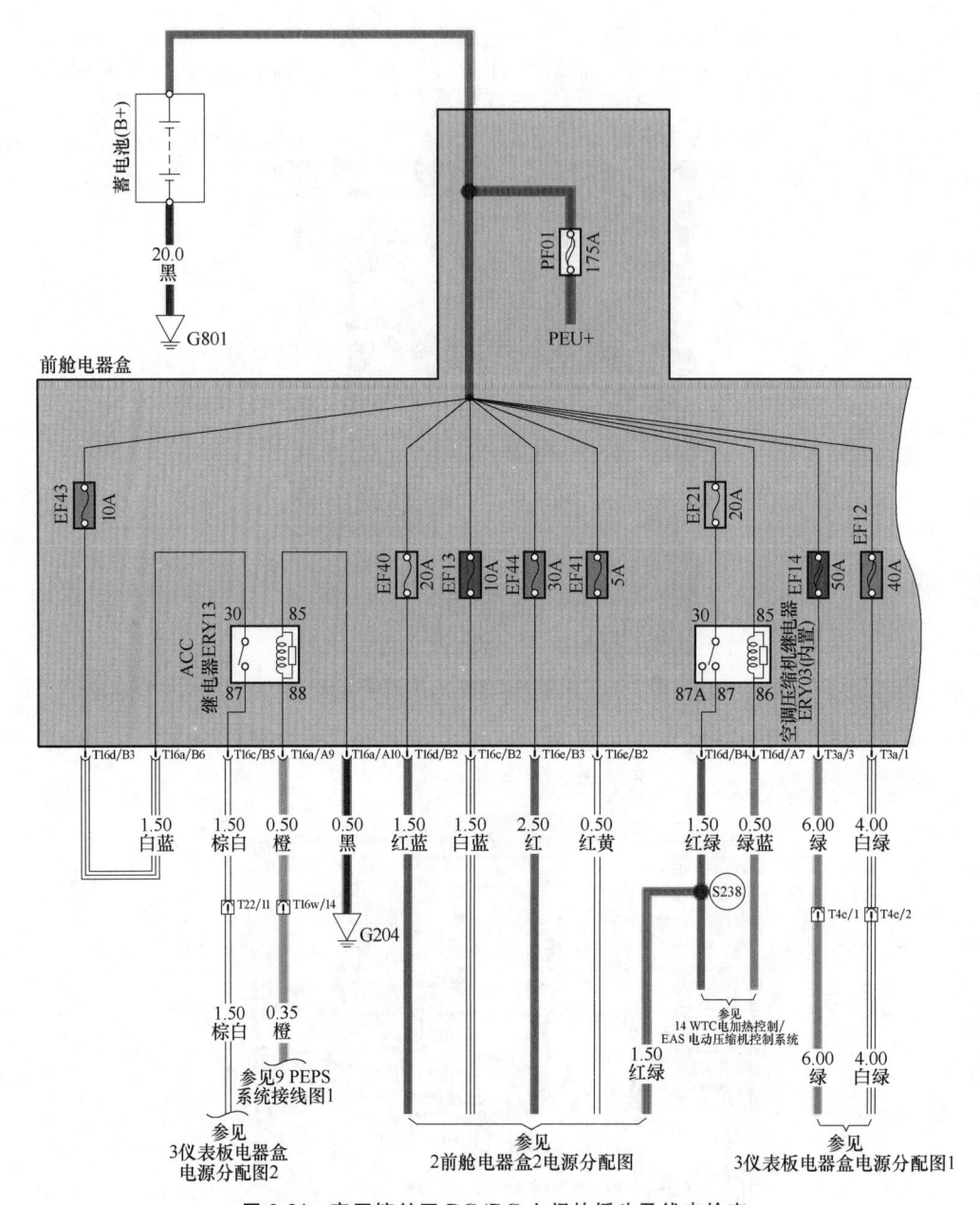

图 2-34　高压熔丝至 DC/DC 之间的插头及线束检查

9）检查蓄电池电压是否在正常范围内。是，进行下一步；否，检修或更换蓄电池。

10）起动/停止按键处于 OFF 状态时，断开空调控制器插头（I37）T8p，检查空调控制器插头（I37）T8p 是否有裂痕和异常，针脚是否腐蚀、生锈。是，清洁插头及针脚；否，进行第 11 步。

11）测量空调控制器插头（I37）T8p/B1 针脚与车身接地之间的电压是否为蓄电池电压，如图 2-36 所示。是，进行第 12 步；否，维修故障导线。

12）测量空调控制器插头（I37）T8p/B2 针脚与车身接地之间导线是否导通，如图 2-37 所示。是，进行第 13 步；否，维修故障导线。

图 2-35　DC/DC 变换器低压输出线至低压蓄电池之间的线束检查

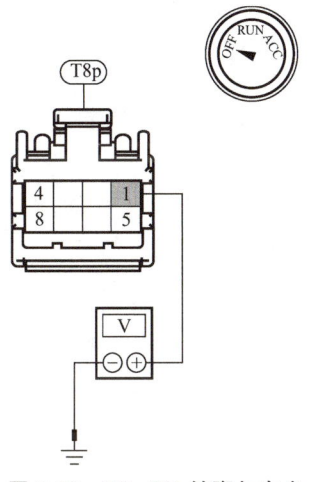

图 2-36　T8p/B1 针脚与车身接地之间电压测量

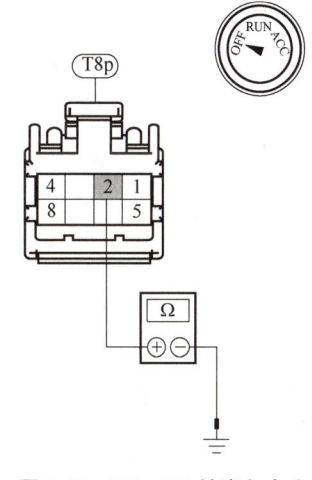

图 2-37　T8p/B2 针脚与车身接地之间导通测量

13）更换空调控制器，重新进行诊断，读取故障码，确认故障码及症状是否存在。是，从其他症状查找原因；否，故障排除。

竣工检验

整理、恢复作业场地。

实训任务总结

低压电源系统故障诊断与排除 （无法充电及供电）	工 作 任 务 单	班级：
		姓名：

1. 车辆信息记录

品牌		整车型号		生产年月	
驱动电机型号		动力蓄电池电量		行驶里程	
车辆识别码					

2. 作业场地准备

检查是否设置隔离栏	□是　□否
检查是否设置安全警示牌	□是　□否
检查灭火器压力、有效期是否符合要求	□是　□否
安装车辆挡块	□是　□否

3. 记录低压蓄电池充电与供电系统故障诊断与排除步骤及方法

扫一扫　项目二习题

项目二　新能源汽车车身与低压供电系统检修

低压电源系统故障诊断与排除（无法充电及供电）		实习日期：	
姓名：	班级：	学号：	教师签名：
自评：□熟练□不熟练	互评：□熟练□不熟练	师评：□合格□不合格	
日期：	日期：	日期：	

低压电源系统故障诊断与排除（无法充电及供电）【评分细则】

序号	评分项	得分条件	分值	评分要求	自评	互评	师评
1	安全/5S/态度	□1. 能进行工位 5S 操作 □2. 能进行设备和工具的安全检查 □3. 能进行车辆安全防护操作 □4. 能进行工具的清洁、校准及存放操作 □5. 能进行"三不落地"操作	15	未完成 1 项扣 3 分	□熟练 □不熟练	□熟练 □不熟练	□合格 □不合格
2	专业技能	□1. 能正确连接诊断仪 □2. 能正确读取要求测量的数据 □3. 能正确进行诊断排除步骤 □4. 能正确检查 DC/DC 输出电压 □5. 能正确检查相应插接件连接是否到位、能正确检查相应线束完整性 □6. 能正确检查辅助电池状态 □7. 能正确检查熔丝通断	70	未完成 1 项扣 10 分	□熟练 □不熟练	□熟练 □不熟练	□合格 □不合格
3	工具及设备的使用能力	□1. 能正确支撑车辆 □2. 能正确使用手灯 □3. 能正确使用车辆诊断仪	10	未完成 1 项扣 4 分，扣分不得超过 10 分	□熟练 □不熟练	□熟练 □不熟练	□合格 □不合格
4	表单填写与报告的撰写能力	□1. 能正确记录所需维修信息 □2. 字迹清晰 □3. 语句通顺 □4. 无错别字 □5. 无涂改	5	未完成 1 项扣 1 分	□熟练 □不熟练	□熟练 □不熟练	□合格 □不合格

总分：

项目三
新能源汽车灯光系统故障检修

任务一　远近光灯系统故障诊断与排除

【学习目标】

知识目标：
1) 理解电路诊断和维修基本流程。
2) 理解插接件端子维修步骤。

技能目标：
1) 能够使用维修手册查询电路图。
2) 能够使用灯光系统故障诊断设备。
3) 能够进行灯光系统电路基本检测。
4) 能够使用灯光系统电路维修设备。
5) 能够维修插接件端子。
6) 能够对前照灯不亮的故障进行诊断与排除。
7) 会分析故障机理。

素质目标：
1) 操作过程中互相学习，进行团队合作，探索新鲜事物。
2) 通过对前照灯不亮故障的诊断与排除，从认知到掌握，提高自己的求知能力、自主学习能力及养成科学严谨的工匠精神。

【任务描述】

一辆新能源汽车远近光灯不亮，到维修站检修。经技术人员分析，可能为前照灯灯泡损坏或前照灯线路有故障，需要对照明系统进行检查或维修。

【相关知识】

新能源汽车灯光系统的组成、位置、功能和使用请参考本系列教材中的《新能源汽车使用与安全防护》，灯光系统的检测请参考《新能源汽车维护》。

项目三　新能源汽车灯光系统故障检修

> 🔸 **小知识：**
>
> 在新能源汽车故障诊断过程中，应做好哪些高压安全防护准备？在新能源汽车故障诊断的过程中，如果要拆掉相应的高压部件，那么首先要断开低压蓄电池的负极，然后再拔掉动力蓄电池维修开关，然后等待几分钟，戴好绝缘手套以及穿上绝缘鞋和防护服。这样操作，安全防护就比较到位了。

新能源汽车 R550 近光、远光灯控制电路，如图 3-1 所示。

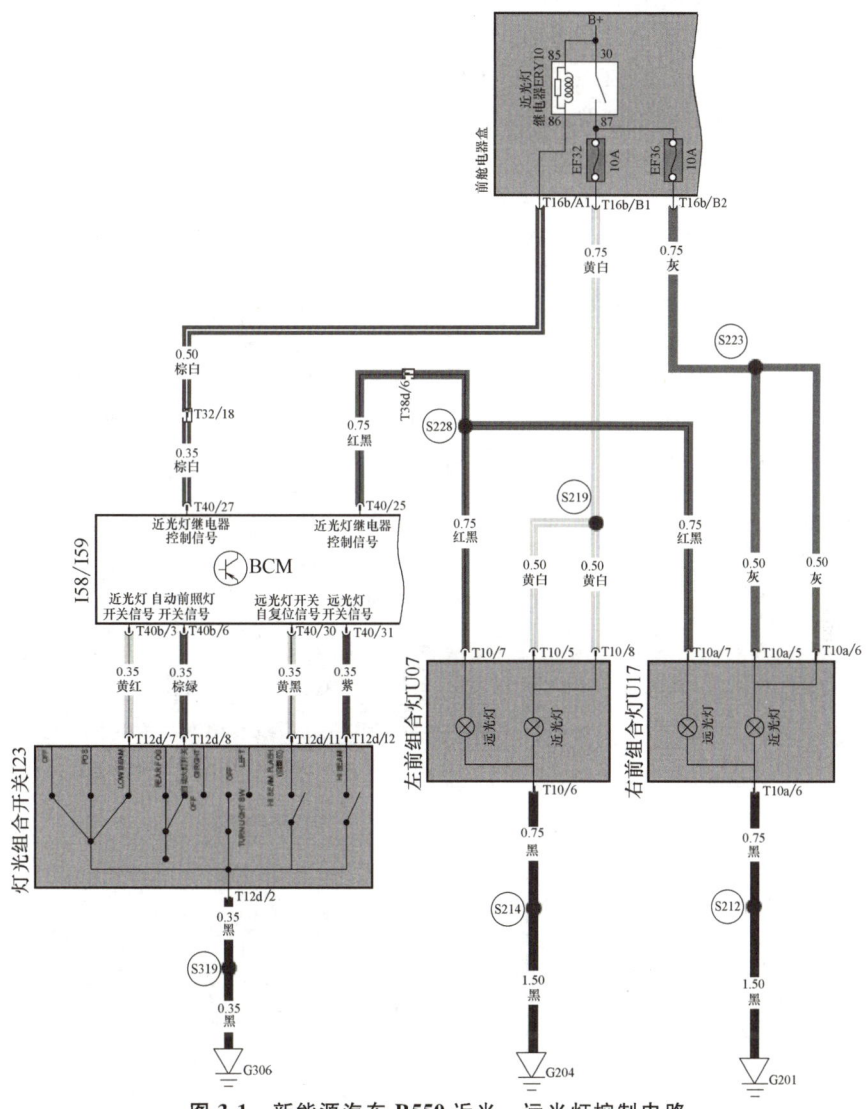

图 3-1　新能源汽车 R550 近光、远光灯控制电路

EF32—左远光灯熔丝 EF32　EF36—右近光灯熔丝 EF36　ERY10—近光灯继电器 ERY10　U07—左前组合灯（T10）
U17—右前组合灯（T10a）　I23—灯光组合开关（T12d）　I58—BCM-J5（T40b）　I59—BCM-J4（T40）
T16b—UEC-J11　T32—仪表线束与前舱线束对接插头 3（IU3/UI3）　G201—前舱线束接地点 G201
G204—前舱线束接地点 G204　G306—仪表线束接地点 G306　S223—前舱线束焊接点 S223
S219—前舱线束焊接点 S219　S214—前舱线束焊接点 S214　S228—前舱线束焊接点 S228
S319—仪表线束焊接点 S319　S212—前舱线束焊接点 S212

一、近光灯不亮故障诊断与排除

下面以近光灯继电器控制输出短接到地或开路故障为例,介绍近光灯常见电气故障诊断与排除方法。

1. 基本检查

1）在进行下列步骤之前,确认蓄电池电压为正常电压。
2）关闭起动/停止按键及所有用电器,3~5s 后重新打开起动/停止按键。
3）将诊断仪 BDS 连接至车辆诊断接口上。
4）打开起动/停止按键至 RUN 档。
5）用诊断仪读取和清除 DTC,TDC 故障码 B116414。
6）如果检测到 DTC,则说明车辆有故障,进行相应的诊断步骤。如果没有检测到 DTC,则说明先前检测到的故障为偶发性故障。

2. 诊断步骤

步骤	诊断方法	诊断图示
第 1 步	检查前舱电器盒熔丝 EF32（10A）、EF36（10A）是否熔断 是,更换熔丝 否,进行第 2 步	
第 2 步	拔出近光灯继电器 ERY10,检查近光灯继电器 ERY10 是否有裂痕和异常,端子是否腐蚀、生锈 是,更换近光灯继电器 ERY10,清洁端子 否,进行第 3 步	

项目三　新能源汽车灯光系统故障检修

（续）

步骤	诊断方法	诊断图示
第3步	检查近光灯继电器ERY10是否正常 是，进行第4步 否，更换近光灯继电器ERY10	

条件	万用表连接针脚	规定值
常态	85—86	90~120Ω
针脚85和86之间施加电源电压	30—87	导通

步骤	诊断方法	诊断图示
第4步	起动/停止按键处于OFF状态时，测量近光灯继电器ERY10的30、85针脚与车身接地之间是否为蓄电池电压 是，进行第5步 否，维修故障导线	
第5步	断开前舱电器盒插头（U31）T16b、车身控制器插头（I59）T40，测量前舱电器盒插头（U31）T16b/A1针脚与车身控制器插头（I59）T40/27针脚之间导线是否导通 是，进行第6步 否，维修故障导线	

051

（续）

步骤	诊断方法	诊断图示
第6步	断开蓄电池负极电缆，测量车身控制器插头（I59）T40/27针脚与蓄电池正极之间是否出现短路情况 是，维修故障导线 否，进行第7步	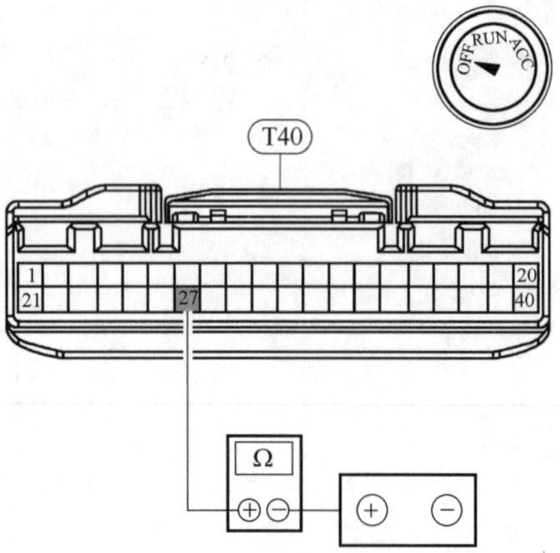
第7步	测量车身控制器插头（I59）T40/27针脚与车身接地之间是否出现短路情况 是，维修故障导线 否，进行第8步	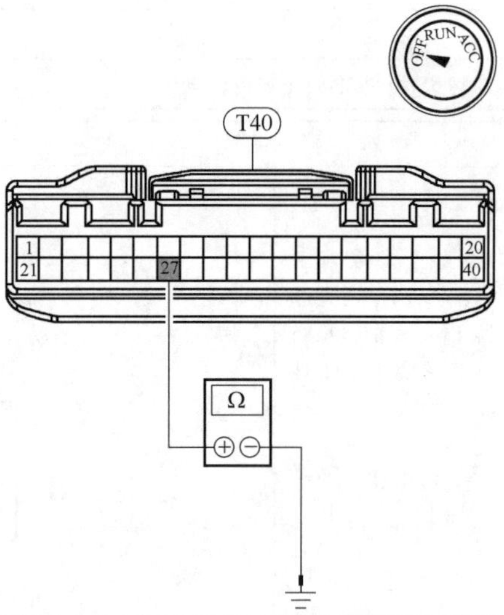
第8步	断开左侧前组合灯插头（U07）T10，测量前舱电器盒插头（U31）T16b/B1针脚与左侧前组合灯插头（U07）T10/5针脚之间导线是否导通 是，进行第9步 否，维修故障导线	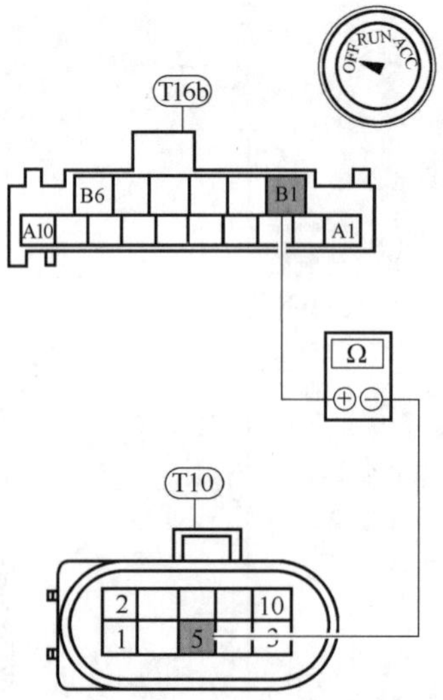

（续）

步骤	诊断方法	诊断图示
第9步	断开右侧前组合灯插头(U17)T10a,测量前舱电器盒插头(U31)T16b/B2针脚与右侧前组合灯插头(U17)T10a/5针脚之间导线是否导通 是,进行第10步 否,维修故障导线	
第10步	断开蓄电池负极电缆,测量前舱电器盒插头(U31)T16b/B1、T16b/B2针脚与蓄电池正极之间是否出现短路情况 是,维修故障导线 否,进行第11步	
第11步	测量前舱电器盒插头(U31)T16b/B1、T16b/B2针脚与车身接地之间是否出现短路情况 是,维修故障导线 否,进行第12步	
第12步	检查车身控制器供电及接地是否正常 是,进行第13步 否,维修故障导线	
第13步	更换前组合灯,重新进行诊断,读取故障码,确认故障码及症状是否存在 是,进行第14步 否,故障排除	
第14步	更换车身控制器,重新进行诊断,读取故障码,确认故障码及症状是否存在 是,从其他症状查找原因 否,故障排除	

二、远光灯不亮故障诊断与排除

故障：远光灯继电器控制输出短接到地或开路。

1. 基本检查

1）在进行下列步骤之前，确认蓄电池电压为正常电压。
2）关闭起动/停止按键及所有用电器，3~5s 后重新打开起动/停止按键。
3）将诊断仪 BDS 连接至车辆诊断接口上。
4）打开起动/停止按键至 RUN 档。
5）用诊断仪读取和清除 DTC，DTC 故障码 B116514。
6）如果检测到 DTC，则说明车辆有故障，进行相应的诊断步骤。如果没有检测到 DTC，则说明先前检测到的故障为偶发性故障。

2. 诊断步骤

步骤	诊断方法	诊断图示
第1步	检查前舱电器盒熔丝 EF27(10A)是否熔断 是，更换熔丝 否，进行第 2 步	
第2步	起动/停止按键处于 OFF 状态时，断开前舱电器盒插头（U24）T16r，检查前舱电器盒插头（U24）T16r 是否有裂痕和异常，针脚是否腐蚀、生锈 是，清洁插头及针脚 否，进行第 3 步	

项目三　新能源汽车灯光系统故障检修

（续）

步骤	诊断方法	诊断图示
第 3 步	断开车身控制器插头（I59）T40，测量前舱电器盒插头（U24）T16r/A4 针脚与车身控制器插头（I59）T40/26 针脚之间导线是否导通 是，进行第 4 步 否，维修故障导线	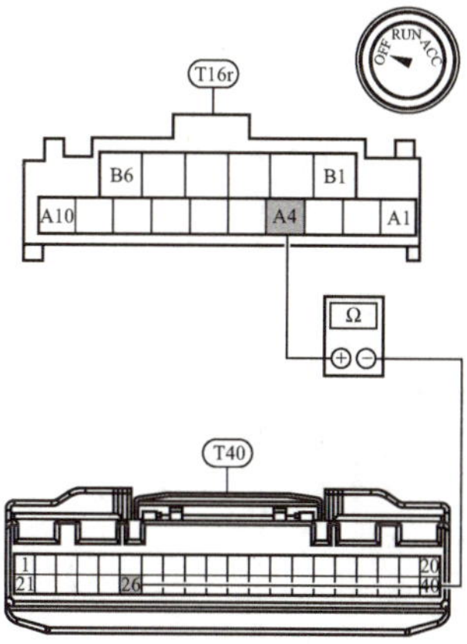
第 4 步	断开蓄电池负极电缆，测量车身控制器插头（I59）T40/26 针脚与蓄电池正极之间是否出现短路情况 是，维修故障导线 否，进行第 5 步	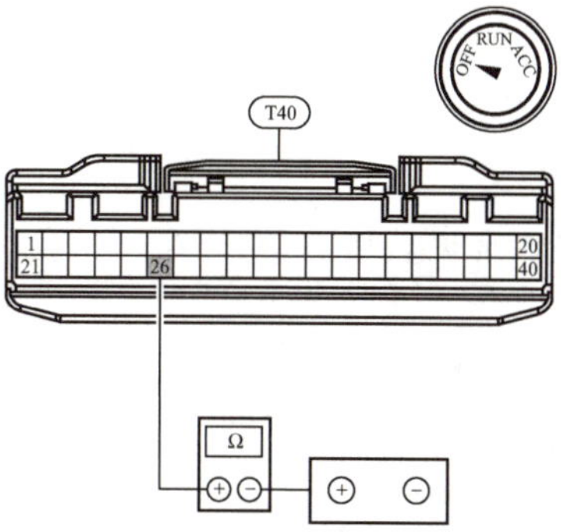
第 5 步	测量车身控制器插头（I59）T40/26 针脚与车身接地之间是否出现短路情况 是，维修故障导线 否，进行第 6 步	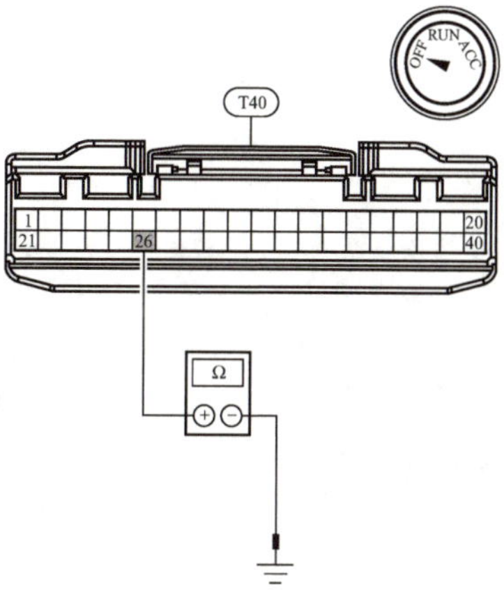

055

(续)

步骤	诊断方法	诊断图示
第6步	断开前舱电器盒插头（U31）T16b、左侧前组合灯插头（U07）T10、右侧前组合灯插头（U17）T10a，测量前舱电器盒插头（U31）T16b/B5针脚与左侧前组合灯插头（U07）T10/7针脚之间导线是否导通 是，进行第7步 否，维修故障导线	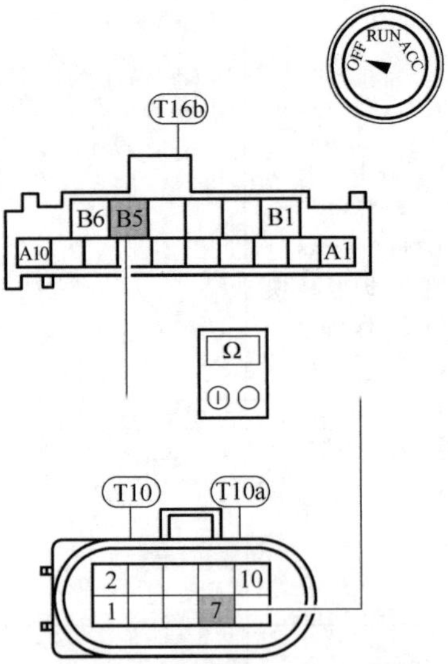
第7步	测量前舱电器盒插头（U31）T16b/B5针脚与右侧前组合灯插头（U17）T10a/7针脚之间导线是否导通 是，进行第8步 否，维修故障导线	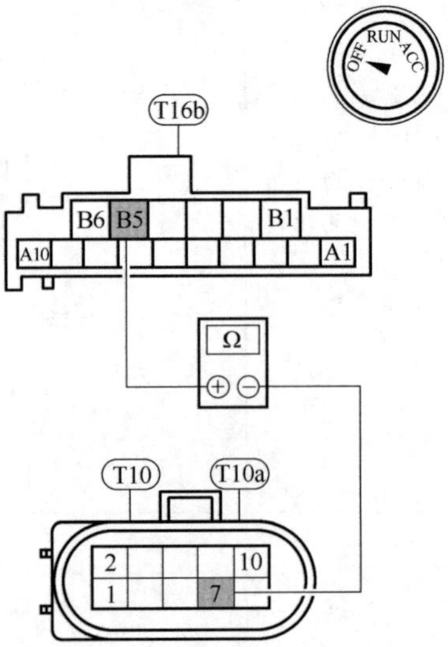
第8步	断开蓄电池负极电缆，测量前舱电器盒插头（U31）T16b/B5针脚与蓄电池正极之间是否出现短路情况 是，维修故障导线 否，进行第9步	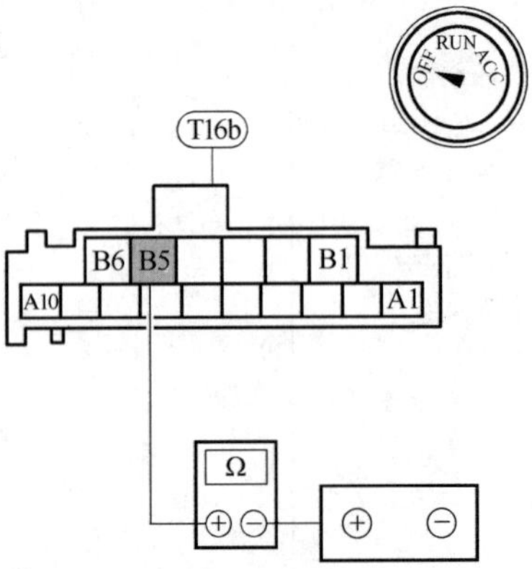

(续)

步骤	诊断方法	诊断图示
第9步	测量前舱电器盒插头（U31）T16b/B5 针脚与车身接地之间是否出现短路情况 是，维修故障导线 否，进行第 10 步	
第10步	检查车身控制器供电及接地是否正常 是，进行第 11 步 否，维修故障导线	
第11步	更换前组合灯，重新进行诊断，读取故障码，确认故障码及症状是否存在 是，进行第 12 步 否，故障排除	
第12步	更换车身控制器，重新进行诊断，读取故障码，确认故障码及症状是否存在 是，从其他症状查找原因 否，故障排除	

【实训任务六】 灯光系统电路识读与基本测试

实训场地与器材

新能源汽车作业工位和举升机、新能源汽车整车、万用表、诊断仪、手套、工作灯、试灯、跨接线、端子修理工具、常用工具、北汽新能源汽车电路图册及维修手册。

作业准备

1）检查举升机。
2）新能源汽车整车和防护三件套等 5S 操作准备。

操作步骤

1）停车入位，检查车身，安装车轮挡块。
2）车辆、仪器准备。

3）查阅新能源汽车电路图。
4）识读灯光系统电路图。
5）绘制灯光系统电路图。
6）灯光系统电路电压、通电、短路、电压降测试。

竣工检验

整理、恢复作业场地。

实训任务总结

项目三　新能源汽车灯光系统故障检修

灯光系统电路识读与基本测试	工 作 任 务 单	班级：	
		姓名：	

1. 车辆信息记录

品牌		整车型号		生产年月	
驱动电机型号		动力蓄电池电量		行驶里程	
车辆识别码					

2. 作业场地准备

检查是否设置隔离栏	□是 □否
检查是否设置安全警示牌	□是 □否
检查灭火器压力、有效期是否符合要求	□是 □否
安装车辆挡块	□是 □否
安装车身防护三件套	□是 □否

3. 灯光系统电路诊断和维修基本流程

4. 填写故障诊断设备名称

序号	图片	设备名称	序号	图片	设备名称
1			3		
2			4		

059

（续）

5. 填写电路维修设备名称

序号	图片	设备名称	序号	图片	设备名称
1			4		
2			5		
3			6		

6. 查阅维修手册，识读并绘制灯光系统电路图

（续）

7. 电路电压检测步骤

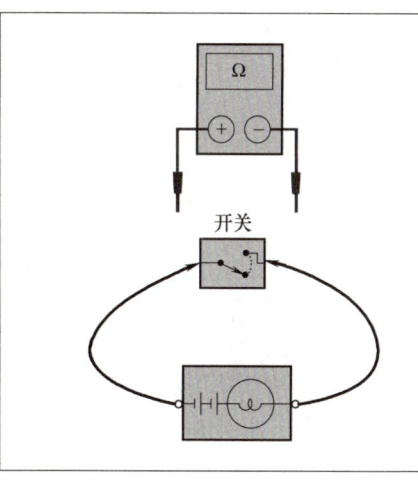

8. 电路通电测试步骤

9. 电路短路测试步骤

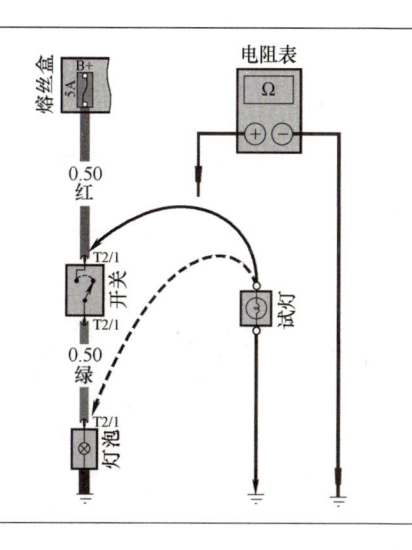

（续）

10. 电路电压降测试步骤	

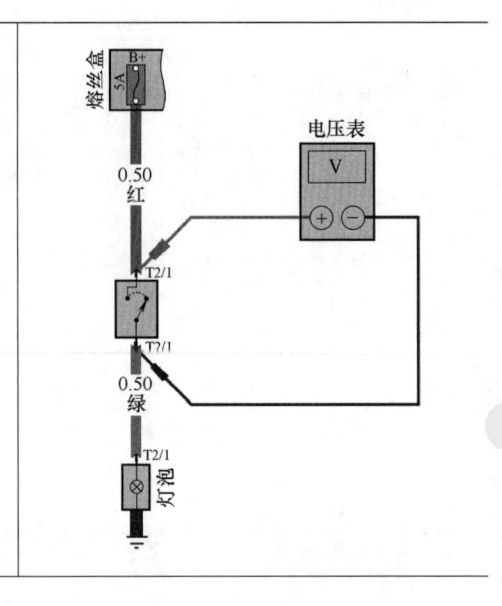

11. 插接件端子维修步骤	

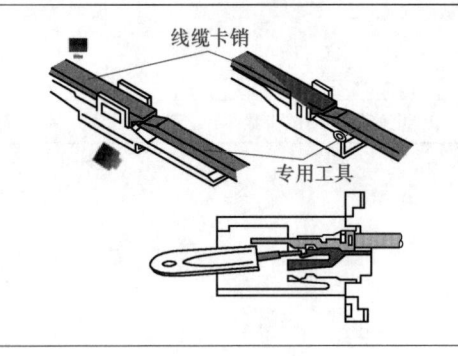

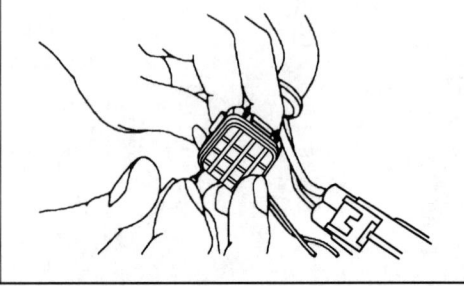

灯光系统电路识读与基本测试		实习日期：	
姓名：	班级：	学号：	教师签名：
自评：□熟练□不熟练	互评：□熟练□不熟练	师评：□合格□不合格	
日期：	日期：	日期：	

灯光系统电路识读与基本测试【评分细则】

序号	评分项	得分条件	分值	评分要求	自评	互评	师评
1	安全/5S/态度	□1. 能进行工位 5S 操作 □2. 能进行设备和工具的安全检查 □3. 能进行车辆安全防护操作 □4. 能进行工具的清洁、校准及存放操作 □5. 能进行"三不落地"操作	20	未完成1项扣4分	□熟练 □不熟练	□熟练 □不熟练	□合格 □不合格
2	专业技能	□1. 能辨认故障诊断设备 □2. 能辨认电路维修设备 □3. 会查阅维修手册 □4. 会识读灯光系统电路图 □5. 能绘制灯光系统电路图 □6. 能进行灯光系统电路基本测试 □7. 能维修插接件端子	70	未完成1项扣10分	□熟练 □不熟练	□熟练 □不熟练	□合格 □不合格
3	工具及设备的使用能力	□1. 能正确使用万用表 □2. 能使用故障诊断设备 □3. 能使用电路维修设备 □4. 能正确使用常用工具	10	未完成1项扣3分，扣分不得超过10分	□熟练 □不熟练	□熟练 □不熟练	□合格 □不合格

总分：

【实训任务七】 远近光灯不亮故障诊断与排除

实训场地与器材

新能源汽车作业工位和举升机、新能源汽车整车、万用表、诊断仪、手套、工作灯、试灯、跨接线、端子修理工具、常用工具、北汽新能源汽车电路图册及维修手册。

作业准备

1）检查举升机。
2）新能源汽车整车和防护三件套等5S操作准备。

操作步骤

1）停车入位，检查车身，安装车轮挡块。
2）车辆、仪器准备。
3）查阅北汽新能源汽车电路图。
4）远近光灯不亮故障诊断与排除。

竣工检验

整理、恢复作业场地。

实训任务总结

扫一扫
远光灯不亮故障诊断与排除

项目三　新能源汽车灯光系统故障检修

远近光灯不亮故障诊断与排除	工 作 任 务 单	班级： 姓名：	

1. 车辆信息记录

品牌		整车型号		生产年月	
驱动电机型号		动力蓄电池电量		行驶里程	
车辆识别码					

2. 作业场地准备

检查是否设置隔离栏	□是	□否
检查是否设置安全警示牌	□是	□否
检查灭火器压力、有效期是否符合要求	□是	□否
安装车辆挡块	□是	□否
安装车身防护三件套	□是	□否

3. 记录故障现象

4. 使用诊断仪读取故障码、数据流

故障码	
数据流	

5. 绘制灯光系统电路简图

6. 故障检测

检测对象	检测条件	检测值	标准值	结果判断

7. 分析故障机理

远近光灯不亮故障诊断与排除		实习日期：	
姓名：	班级：	学号：	教师签名：
自评：□熟练□不熟练	互评：□熟练□不熟练	师评：□合格□不合格	
日期：	日期：	日期：	

远近光灯不亮故障诊断与排除【评分细则】

序号	评分项	得分条件	分值	评分要求	自评	互评	师评
1	安全/5S/态度	□1. 能进行工位 5S 操作 □2. 能进行设备和工具的安全检查 □3. 能进行车辆安全防护操作 □4. 能进行工具的清洁、校准及存放操作 □5. 能进行"三不落地"操作	10	未完成 1 项扣 2 分	□熟练 □不熟练	□熟练 □不熟练	□合格 □不合格
2	专业技能	□1. 能正确确认故障现象 □2. 能规范拆卸前照灯线束插接器 □3. 能正确测量辅助电池电压 □4. 能正确检测前照灯线束插接器端子电压 □5. 能正确检测前照灯线束插接器端子电阻 □6. 能正确安装前照灯线束插接器 □7. 能确认前照灯故障部位 □8. 能规范修复前照灯故障部位 □9. 能规范验证前照灯点亮	45	未完成 1 项扣 5 分	□熟练 □不熟练	□熟练 □不熟练	□合格 □不合格
3	工具及设备的使用能力	□1. 能正确使用故障诊断仪 □2. 能正确使用万用表 □3. 能正确使用插接件端子维修工具	15	未完成 1 项扣 5 分	□熟练 □不熟练	□熟练 □不熟练	□合格 □不合格
4	资料、信息的查询能力	□1. 能正确查询线束插接器端子含义 □2. 能正确使用维修手册查询资料 □3. 能正确记录查询资料章节及页码 □4. 能正确记录所需维修信息	10	未完成 1 项扣 3 分，扣分不得超过 10 分	□熟练 □不熟练	□熟练 □不熟练	□合格 □不合格
5	判断和分析能力	□1. 能判断辅助电池电压是否正常 □2. 能判断前照灯供电是否正常 □3. 能判断前照灯搭铁是否正常	15	未完成 1 项扣 5 分	□熟练 □不熟练	□熟练 □不熟练	□合格 □不合格
6	表单填写与报告的撰写能力	□1. 字迹清晰 □2. 语句通顺 □3. 无错别字 □4. 无涂改 □5. 无抄袭	5	未完成 1 项扣 1 分	□熟练 □不熟练	□熟练 □不熟练	□合格 □不合格

总分：

任务二　转向及危险警告灯系统故障诊断与排除

【学习目标】

知识目标：
1）理解电路诊断和维修基本流程。
2）理解插接件端子维修步骤。

技能目标：
1）能够使用维修手册查询电路图。
2）能够使用灯光系统故障诊断设备。
3）能够进行灯光系统电路基本检测。
4）能够使用灯光系统电路维修设备。
5）能够维修插接件端子。
6）能够对转向及危险警告灯故障进行诊断与排除。
7）会分析故障机理。

素质目标：
1）操作过程中互相学习，进行团队合作，探索新鲜事物。
2）通过对转向及危险警告灯故障的诊断与排除，从认知到掌握，提高自己的求知能力、自主学习能力及养成科学严谨的工匠精神。

【任务描述】

一辆新能源汽车转向灯及危险警告灯不亮，到维修站检修。经初步判断，该车转向灯及危险警告灯可能有电路故障，你知道怎么诊断和排除故障吗？

【相关知识】

一、转向灯故障诊断与排除

下面以左转向灯输出开路故障为例，介绍转向灯常见电气故障诊断与排除方法，右转向灯与此类似，不再赘述。

新能源汽车 R550 转向灯控制电路，如图 3-2 所示。

1. 基本检查

1）在进行下列步骤之前，确认蓄电池电压为正常电压。
2）关闭起动/停止按键及所有用电器，3~5s 后重新打开起动/停止按键。
3）将诊断仪 BDS 连接至车辆诊断接口上。
4）打开起动/停止按键至 RUN 档。
5）用诊断仪读取和清除 DTC，DTC 故障码 B110813。
6）如果检测到 DTC，则说明车辆有故障，进行相应的诊断步骤。如果没有检测到 DTC，则说明先前检测到的故障为偶发性故障。

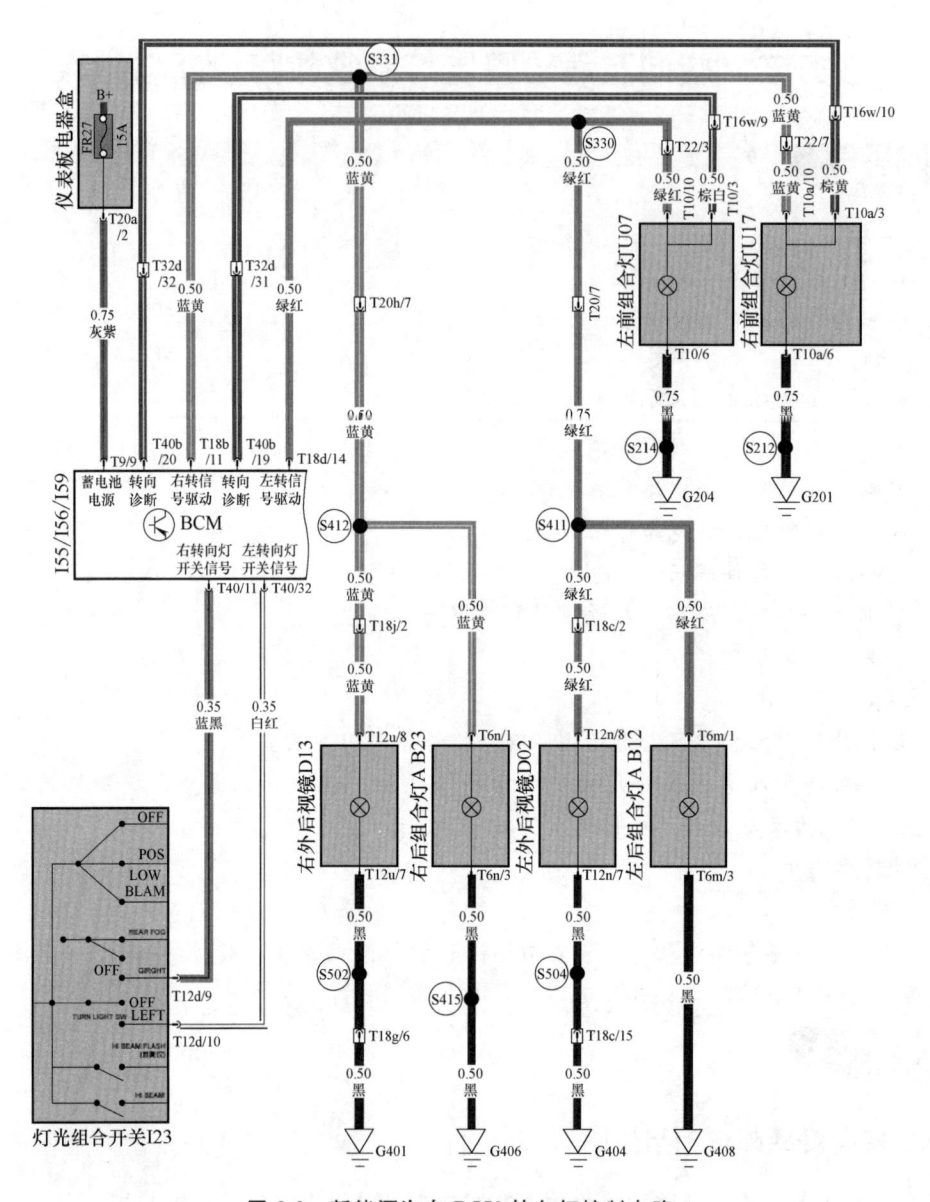

图 3-2 新能源汽车 R550 转向灯控制电路

FR27—BCM 喇叭电源熔丝　U07—左前组合灯（T10）　U17—右前组合灯（T10a）　I23—灯光组合开关（T12d）　I55—BCM-J1（T18d）　I56—BCM-J2（T9）　I59—BCM-J4（T40）　B12—左后组合灯 A（T6m）　B23—右后组合灯 A（T6n）　D02—左外后视镜（T12r）　D13—右外后视镜（T12u）　T20a—IEC-D　T20h—车身线束与仪表线 9 束对接插头 5（BI5/IB5）　T22—仪表线束与前舱线束对接插头 4（IU4/UI4）　T20—车身线束与仪表线束对接插头 1（BI1/IB1）　T18c—车身线束与左前门线束对接插头 A（BD1/DB1）　T18j—车身线束与右前门线束对接插头 A（BD3/DB3）　T18g—车身线束与右前门线束对接插头 B（BD4/DB4）　G201—前舱线束接地点 G201　G204—前舱线束接地点 G204　G401—仪表线束接地点 G401　G404—仪表线束接地点 G404　G406—车身线束接地点 G406　G408—车身线束接地点 G408　S214—前舱线束焊接点 S214　S212—前舱线束焊接点 S212　S330—仪表线束焊接点 S330　S331—仪表线束焊接点 S331　S412—车身线束焊接点 S412　S411—车身线束焊接点 S411　S415—车身线束焊接点 S415　S502—右前门线束焊接点 S502　S504—左前门线束焊接点 S504

项目三 新能源汽车灯光系统故障检修

2. 诊断步骤

步骤	诊断方法	诊断图示
第1步	起动/停止按键处于 OFF 状态时,断开车身控制器插头(I55)T18d,检查车身控制器插头(I55)T18d 是否有裂痕和异常,针脚是否腐蚀、生锈 　是,清洁插头及针脚 　否,进行第 2 步	
第2步	断开左前组合灯插头(U07)T10,测量车身控制器插头(I55)T18d/14 针脚与左前组合灯插头(U07)T10/10 针脚之间导线是否导通 　是,进行第 3 步 　否,维修故障导线	
第3步	断开左后组合灯(车身侧)插头(B12)T6m,测量车身控制器插头(I55)T18d/14 针脚与左后组合灯(车身侧)插头(B12)T6m/1 针脚之间导线是否导通 　是,进行第 4 步 　否,维修故障导线	

069

（续）

步骤	诊断方法	诊断图示
第4步	断开左外后视镜插头（D02）T12r，测量车身控制器插头（I55）T18d/14 针脚与左外后视镜插头（D02）T12r/8 针脚之间导线是否导通 是，进行第 5 步 否，维修故障导线	
第5步	测量车身控制器插头（I55）T18d/14 针脚与车身接地之间是否出现短路情况 是，维修故障导线 否，进行第 6 步	
第6步	检查车身控制器供电及接地是否正常 是，进行第 7 步 否，维修故障导线	
第7步	更换左侧转向灯，重新进行诊断，读取故障码，确认故障码及症状是否存在 是，进行第 8 步 否，故障排除	
第8步	更换车身控制器，重新进行诊断，读取故障码，确认故障码及症状是否存在 是，从其他症状查找原因 否，故障排除	

二、危险警告灯故障诊断与排除

下面以危险警告灯开关粘连故障为例，介绍危险警告灯故障诊断与排除方法。
新能源汽车 R550 危险警告灯控制电路，如图 3-3 所示。

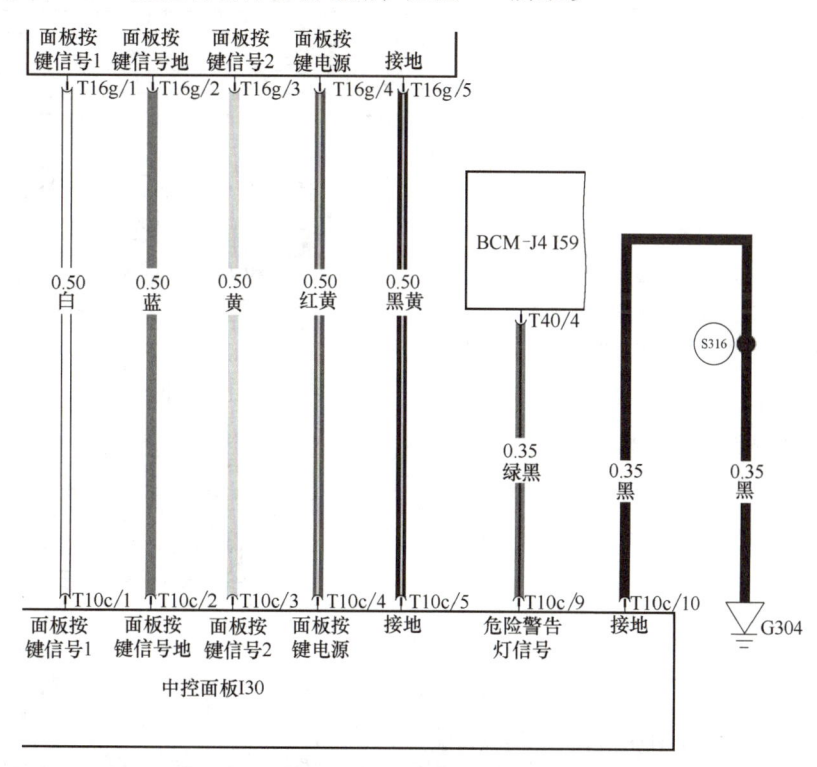

图 3-3　新能源汽车 R550 危险警告灯控制电路

1. 基本检查

1）在进行下列步骤之前，确认蓄电池电压为正常电压。
2）关闭起动/停止按键及所有用电器，3~5s 后重新打开起动/停止按键。
3）将诊断仪 BDS 连接至车辆诊断接口上。
4）打开起动/停止按键至 RUN 档。
5）用诊断仪读取和清除 DTC，DTC 故障码 B111D11。
6）如果检测到 DTC，则说明车辆有故障，进行相应的诊断步骤。如果没有检测到 DTC，则说明先前检测到的故障为偶发性故障。

2. 诊断步骤

步骤	诊断方法	诊断图示
第 1 步	操作危险警告灯开关，检查是否有卡滞现象 是，进行第 6 步 否，进行第 2 步	危险警告灯按钮

(续)

步骤	诊断方法	诊断图示
第 2 步	起动/停止按键处于 OFF 状态时,断开车身控制器插头(I59)T40,检查车身控制器插头(I59)T40 是否有裂痕和异常,针脚是否腐蚀、生锈 是,清洁插头及针脚 否,进行第 3 步	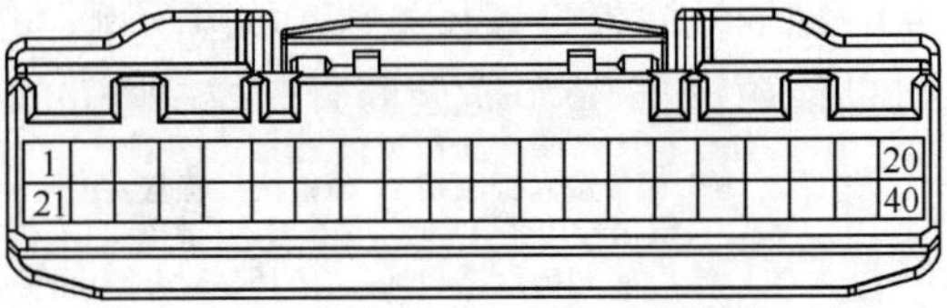
第 3 步	断开中控面板总成插头(I30)T10c,测量车身控制器插头(I59)T40/4 针脚与中控面板总成插头(I30)T10c/9 针脚之间导线是否导通 是,进行第 4 步 否,维修故障导线	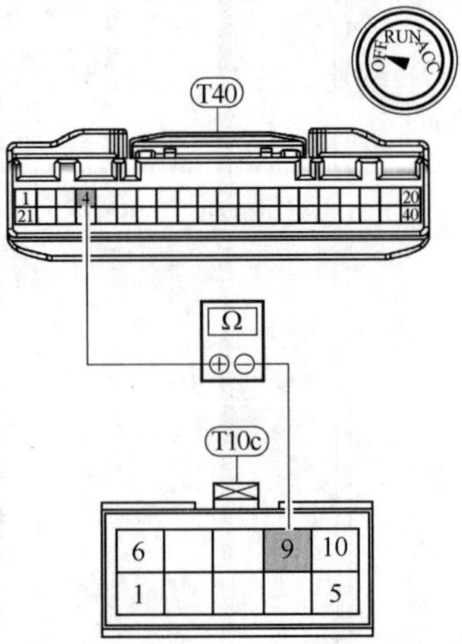
第 4 步	断开蓄电池负极电缆,测量车身控制器插头(I59)T40/4 针脚与蓄电池正极之间是否出现短路情况 是,维修故障导线 否,进行第 5 步	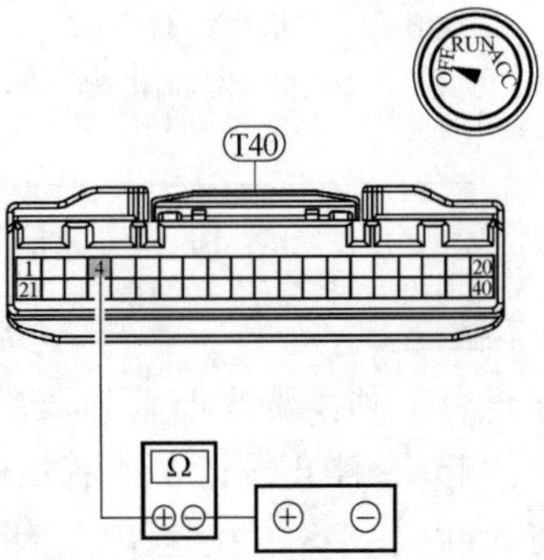
第 5 步	测量车身控制器插头(I59)T40/4 针脚与车身接地之间是否出现短路情况 是,维修故障导线 否,进行第 6 步	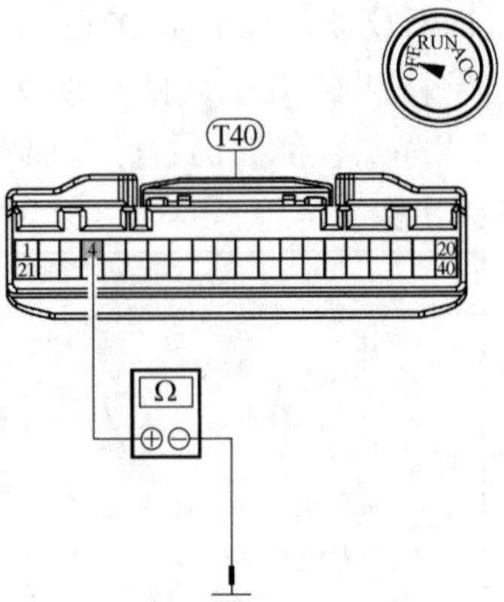

(续)

步骤	诊断方法	诊断图示
第6步	更换中控面板总成,重新进行诊断,读取故障码,确认故障码及症状是否存在 是,进行第7步 否,故障排除	
第7步	更换车身控制器,重新进行诊断,读取故障码,确认故障码及症状是否存在 是,从其他症状查找原因 否,故障排除	

【实训任务八】 转向及危险警告灯故障诊断与排除

实训场地与器材

新能源汽车作业工位和举升机、新能源汽车整车、万用表、诊断仪、手套、工作灯、试灯、跨接线、端子修理工具、常用工具、北汽新能源汽车电路图册及维修手册。

作业准备

1）检查举升机。
2）新能源汽车整车和防护三件套等5S操作准备。

操作步骤

1）停车入位，检查车身，安装车轮挡块。
2）车辆、仪器准备。
3）查阅北汽新能源汽车电路图。
4）转向及危险警告灯故障诊断与排除。

竣工检验

整理、恢复作业场地。

实训任务总结

转向及危险警告灯故障诊断与排除	工 作 任 务 单	班级：
		姓名：

1. 车辆信息记录

品牌		整车型号		生产年月	
驱动电机型号		动力蓄电池电量		行驶里程	
车辆识别码					

2. 作业场地准备

检查是否设置隔离栏	□是	□否
检查是否设置安全警示牌	□是	□否
检查灭火器压力、有效期是否符合要求	□是	□否
安装车辆挡块	□是	□否
安装车身防护三件套	□是	□否

3. 记录故障现象

4. 使用诊断仪读取故障码、数据流

故障码	
数据流	

5. 绘制转向及危险警告灯电路简图

6. 故障检测

检测对象	检测条件	检测值	标准值	结果判断

7. 分析故障机理

项目三　新能源汽车灯光系统故障检修

转向及危险警告灯故障诊断与排除		实习日期：	
姓名：	班级：	学号：	教师签名：
自评：□熟练□不熟练	互评：□熟练□不熟练	师评：□合格□不合格	
日期：	日期：	日期：	

转向及危险警告灯故障诊断与排除【评分细则】

序号	评分项	得分条件	分值	评分要求	自评	互评	师评
1	安全/5S/态度	□1. 能进行工位 5S 操作 □2. 能进行设备和工具的安全检查 □3. 能进行车辆安全防护操作 □4. 能进行工具的清洁、校准及存放操作 □5. 能进行"三不落地"操作	10	未完成1项扣2分	□熟练 □不熟练	□熟练 □不熟练	□合格 □不合格
2	专业技能	□1. 能正确确认故障现象 □2. 能规范拆卸转向及危险警告灯线束插接器 □3. 能正确测量辅助电池电压 □4. 能正确检测转向及危险警告灯线束插接器端子电压 □5. 能正确检测转向及危险警告灯线束插接器端子电阻 □6. 能确认转向及危险警告灯故障部位 □7. 能规范修复转向及危险警告灯故障部位 □8. 能规范验证转向及危险警告灯点亮	45	未完成1项扣7分，扣分不得超过45分	□熟练 □不熟练	□熟练 □不熟练	□合格 □不合格
3	工具及设备的使用能力	□1. 能正确使用故障诊断仪 □2. 能正确使用万用表 □3. 能正确使用插接件端子维修工具	15	未完成1项扣5分	□熟练 □不熟练	□熟练 □不熟练	□合格 □不合格
4	资料、信息的查询能力	□1. 能正确查询线束插接器端子含义 □2. 能正确使用维修手册查询资料 □3. 能正确记录查询资料章节及页码 □4. 能正确记录所需维修信息	10	未完成1项扣3分，扣分不得超过10分	□熟练 □不熟练	□熟练 □不熟练	□合格 □不合格
5	判断和分析能力	□1. 能判断辅助蓄电池电压是否正常 □2. 能判断转向及危险警告灯供电是否正常 □3. 能判断转向及危险警告灯搭铁是否正常	15	未完成1项扣5分	□熟练 □不熟练	□熟练 □不熟练	□合格 □不合格
6	表单填写与报告的撰写能力	□1. 字迹清晰 □2. 语句通顺 □3. 无错别字 □4. 无涂改 □5. 无抄袭	5	未完成1项扣1分	□熟练 □不熟练	□熟练 □不熟练	□合格 □不合格

总分：

075

任务三　制动灯不亮故障诊断与排除

【学习目标】

知识目标：

1）理解电路诊断和维修基本流程。

2）理解插接件端子维修步骤。

技能目标：

1）能够使用维修手册查询电路图。

2）能够使用灯光系统故障诊断设备。

3）能够进行灯光系统电路基本检测。

4）能够使用灯光系统电路维修设备。

5）能够维修插接件端子。

6）能够对制动灯不亮的故障进行诊断与排除。

7）会分析故障机理。

素质目标：

1）操作过程中互相学习，进行团队合作，探索新鲜事物。

2）通过对制动灯不亮故障的诊断与排除，从认知到掌握，提高自己的求知能力、自主学习能力及科学严谨的工匠精神。

【任务描述】

一辆新能源汽车制动灯不亮，到维修站检修。经技术人员分析，可能为制动灯灯泡损坏或制动灯线路有故障，需要对制动灯系统进行检查或维修。你知道怎么操作吗？

【相关知识】

新能源汽车 R550 制动灯控制电路，如图 3-4 所示。

下面以左制动灯输出开路故障为例，介绍制动灯常见电气故障诊断与排除方法，右制动灯与此类似，不再赘述。

1. 基本检查

1）在进行下列步骤之前，确认蓄电池电压为正常电压。

2）关闭起动/停止按键及所有用电器，3~5s 后重新打开起动/停止按键。

3）将诊断仪 BDS 连接至车辆诊断接口上。

4）打开起动/停止按键至 RUN 档。

5）用诊断仪读取和清除 DTC，DTC 故障码 B116B13。

6）如果检测到 DTC，则说明车辆有故障，进行相应的诊断步骤。如果没有检测到 DTC，则说明先前检测到的故障为偶发性故障。

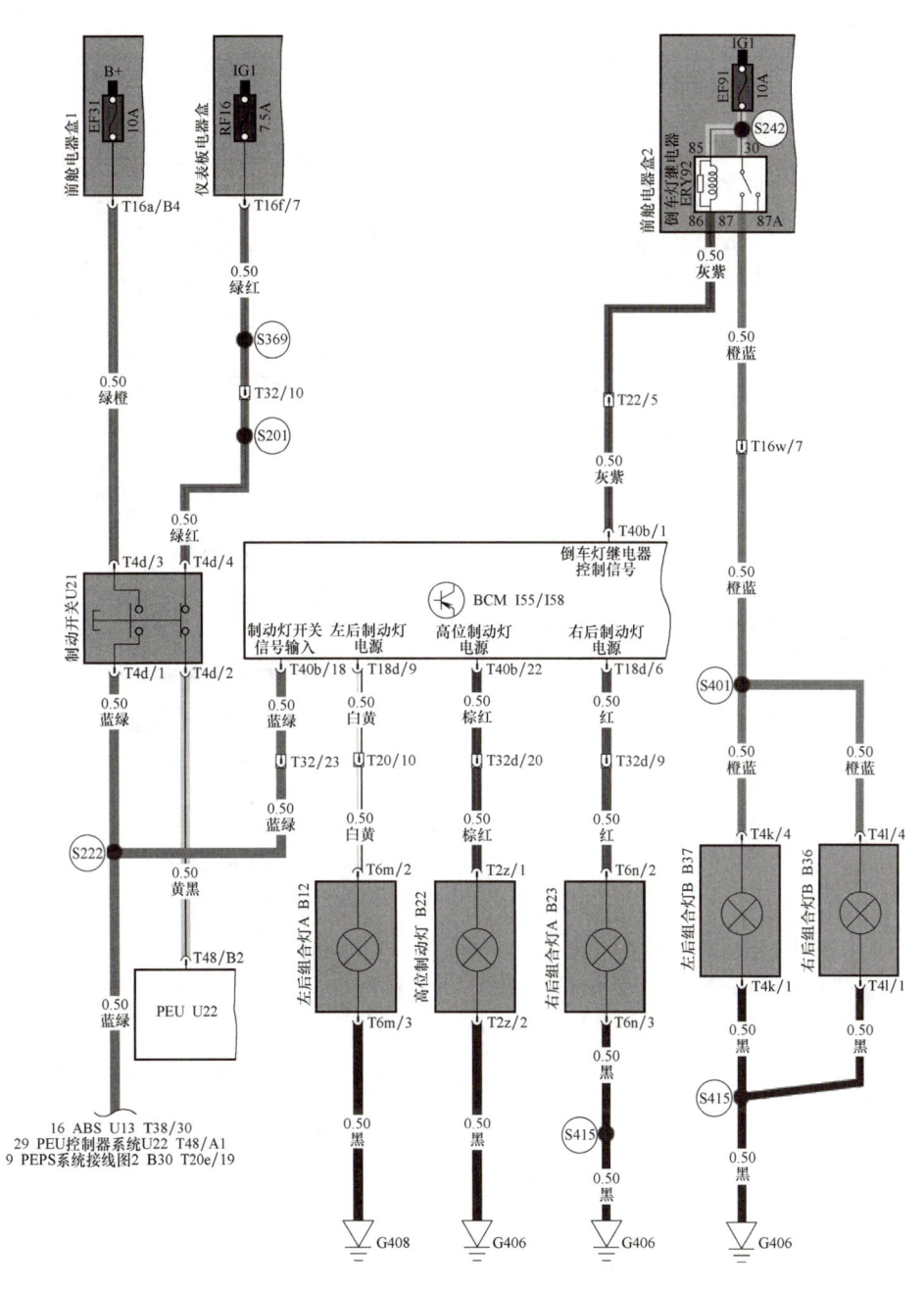

图 3-4　新能源汽车 R550 制动灯控制电路

EF31—BRAKE SW（制动开关）熔丝　EF91—倒车灯熔丝　ERY92—倒车灯继电器　RF16—BRAKE SW（制动开关熔丝）
U21—BRAKE SW（制动开关）(T4d)　U22—PEU（T48）　I55—BCM-J1（T18d）　I58—BCM-J5（T40b）
B12—左后组合灯 A（T6m）　B22—高位制动灯（T2z）　B23—右后组合灯 A（T6n）　B36—右后组合灯 B（T4i）
B37—左后组合灯 B（T4k）　T16a—UEC-J3　T16f—IEC-E　T22—仪表线束与前舱线束对接插头 4（IU4/UI4）
T32—仪表线束与前舱线束对接插头 3（IU3/UI3）　T16w—车身线束与前舱线束对接插头 1（BU1/UB1）
T20—车身线束与仪表线束对接插头 1（BI1/IB1）　T32d—车身线束与仪表线束对接插头 3（BI3/IB3）
G406—车身线束接地点 G406　G408—车身线束接地点 G408　S201—前舱线束焊接点 S201
S222—前舱线束焊接点 S222　S242—前舱线束焊接点 S242　S369—仪表线束焊接点 S369
S401—车身线束焊接点 S401　S415—车身线束焊接点 S415

2. 诊断步骤

步骤	诊断方法	诊断图示
第1步	起动/停止按键处于 OFF 状态时,断开车身控制器插头(I55)T18d,检查车身控制器插头(I55)T18d 是否有裂痕和异常,针脚是否腐蚀、生锈 　是,清洁插头及针脚 　否,进行第2步	
第2步	断开左后组合灯(车身侧)插头(B12)T6m,测量车身控制器插头(I55)T18d/9 针脚与左后组合灯(车身侧)插头(B12)T6m/2 针脚之间导线是否导通 　是,进行第3步 　否,维修故障导线	
第3步	测量车身控制器插头(I55)T18d/9 针脚与车身接地之间是否出现短路情况 　是,维修故障导线 　否,进行第4步	
第4步	检查车身控制器供电及接地是否正常 　是,进行第5步 　否,维修故障导线	

（续）

步骤	诊断方法	诊断图示
第 5 步	更换左侧制动灯,重新进行诊断,读取故障码,确认故障码及症状是否存在 是,进行第 6 步 否,故障排除	
第 6 步	更换车身控制器,重新进行诊断,读取故障码,确认故障码及症状是否存在 是,从其他症状查找原因 否,故障排除	

【实训任务九】 制动灯不亮的故障诊断与排除

实训场地与器材

新能源汽车作业工位和举升机、新能源汽车整车、万用表、诊断仪、手套、工作灯、试灯、跨接线、端子修理工具、常用工具、北汽新能源汽车电路图册及维修手册。

作业准备

1）检查举升机。
2）新能源汽车整车和防护三件套等 5S 操作准备。

操作步骤

1）停车入位,检查车身,安装车轮挡块。
2）车辆、仪器准备。
3）查阅新能源汽车电路图。
4）完成制动灯不亮的故障诊断与排除,并填写工单。

竣工检验

整理、恢复作业场地。

实训任务总结

制动灯不亮的故障诊断与排除	工 作 任 务 单	班级：
		姓名：

1. 车辆信息记录

品牌		整车型号		生产年月	
驱动电机型号		动力蓄电池电量		行驶里程	
车辆识别码					

2. 作业场地准备

检查是否设置隔离栏	□是 □否
检查是否设置安全警示牌	□是 □否
检查灭火器压力、有效期是否符合要求	□是 □否
安装车辆挡块	□是 □否
安装车身防护三件套	□是 □否

3. 记录故障现象

4. 使用诊断仪读取故障码、数据流

故障码	
数据流	

5. 绘制制动灯电路简图

6. 故障检测

检测对象	检测条件	检测值	标准值	结果判断

7. 分析故障机理

制动灯不亮的故障诊断与排除		实习日期：	
姓名：	班级：	学号：	教师签名：
自评：□熟练□不熟练	互评：□熟练□不熟练	师评：□合格□不合格	
日期：	日期：	日期：	

制动灯不亮的故障诊断与排除【评分细则】

序号	评分项	得分条件	分值	评分要求	自评	互评	师评
1	安全/5S/态度	□1. 能进行工位 5S 操作 □2. 能进行设备和工具的安全检查 □3. 能进行车辆安全防护操作 □4. 能进行工具的清洁、校准及存放操作 □5. 能进行"三不落地"操作	10	未完成 1 项扣 2 分	□熟练 □不熟练	□熟练 □不熟练	□合格 □不合格
2	专业技能	□1. 能正确确认故障现象 □2. 能规范拆卸转向及危险警告灯线束插接器 □3. 能正确测量辅助电池电压 □4. 能正确检测制动灯线束插接器端子电压 □5. 能正确检测制动灯线束插接器端子电阻 □6. 能规范安装转向及危险警告灯线束插接器 □7. 能确认制动灯故障部位 □8. 能规范修复制动灯故障部位 □9. 能规范验证制动灯点亮	45	未完成 1 项扣 5 分	□熟练 □不熟练	□熟练 □不熟练	□合格 □不合格
3	工具及设备的使用能力	□1. 能正确使用故障诊断仪 □2. 能正确使用万用表 □3. 能正确使用插接件端子维修工具	15	未完成 1 项扣 5 分	□熟练 □不熟练	□熟练 □不熟练	□合格 □不合格
4	资料、信息的查询能力	□1. 能正确查询线束插接器端子含义 □2. 能正确使用维修手册查询资料 □3. 能正确记录查询资料章节及页码 □4. 能正确记录所需维修信息	10	未完成 1 项扣 3 分，扣分不得超过 10 分	□熟练 □不熟练	□熟练 □不熟练	□合格 □不合格
5	判断和分析能力	□1. 能判断辅助蓄电池电压是否正常 □2. 能判断制动灯供电是否正常 □3. 能判断制动灯搭铁是否正常	15	未完成 1 项扣 5 分	□熟练 □不熟练	□熟练 □不熟练	□合格 □不合格
6	表单填写与报告的撰写能力	□1. 字迹清晰 □2. 语句通顺 □3. 无错别字 □4. 无涂改 □5. 无抄袭	5	未完成 1 项扣 1 分	□熟练 □不熟练	□熟练 □不熟练	□合格 □不合格

总分：

项目四
新能源汽车舒适、便利与安全系统故障检修

任务一　电动门窗、电动座椅、电动后视镜和电动天窗故障诊断与排除

【学习目标】

知识目标：

1）掌握新能源汽车电动门窗、电动座椅、电动后视镜、电动天窗电路识图方法。

2）掌握新能源汽车电动门窗、电动座椅、电动后视镜、电动天窗的常见故障及诊断思路。

技能目标：

1）能够对新能源汽车电动门窗、电动座椅、电动后视镜、电动天窗功能进行操作。

2）能够识读新能源汽车电动门窗、电动座椅、电动后视镜、电动天窗电路。

3）能够对电动门窗、电动座椅及加热系统、电动后视镜和电动天窗进行故障诊断与排除。

素质目标：

1）操作过程中互相学习，进行团队合作，探索新鲜事物。

2）通过对电动门窗系统的探索，从认知到掌握，提高自己的求知能力。

3）积累识读分析电路图的经验，在不断学习与使用过程中做到严谨认真的观察，勇于面对困难点，勇于解决困难点，并悟出其中的内在规律，形成正确的思维方式。

4）无论对待学习还是工作，要严密谨慎，认真负责，一丝不苟，有计划、有条理，做到善始善终地完成工作任务。

【任务描述】

车主张先生抱怨他的车辆电动后视镜不能动作，操作所有车窗按钮时电动门窗均无法动作，你能帮助张先生找到故障原因吗？

【相关知识】

一、电动门窗系统故障诊断与排除

1. 电动门窗的结构与分类

电动门窗系统主要由门窗玻璃、玻璃升降器、直流电动机、开关（总开关、分开关）等组成。其中，玻璃升降器是电动门窗的主要部件，根据机械升降机构工作原理的不同，玻璃升降器可分为3种形式：绳轮式、叉臂式和软轴式。

（1）电动机　图 4-1 所示为车窗电动机在实车中的位置。门窗一般使用双向永磁或绕线（绕组串联式）电动机，如图 4-2 所示，每个门窗安装一个电动机，通过开关控制其电流方向，从而实现门窗玻璃的升降。另外，为了防止电动机过载，在电路或电动机内装有一个或多个热敏开关，用来控制电流，当门窗玻璃上升到极限位置或由于结冰而使门窗玻璃不能自由移动时，即使操纵控制开关，热敏开关也会自动断路，避免电动机通电时间过长而烧坏。

图 4-1　车窗电动机在实车中的位置

（2）电动玻璃升降器　如图 4-3 所示，电动玻璃升降器分为绳轮式玻璃升降器、叉臂式玻璃升降器和软轴式电动玻璃升降器。

（3）控制开关　如图 4-4 所示，电动门窗系统都装有两套控制开关。一套装在仪表板或驾驶人侧车门扶手上，为总开关（主控开关），由驾驶人操作，可控制每个门窗玻璃的升降；另一套分别装在每个乘客门上，为分开关（分控开关），可单独控制一个门窗玻璃，由乘客进行操作。大多数汽车在总开关中装有闭锁开关，当它断开时，乘客不能控制门窗玻璃升降。

图 4-2　车窗电动机

2. 电动门窗工作原理

电动门窗工作原理如图 4-5 所示，车身控制模块（Body Control Module，BCM）直接控

a) 绳轮式玻璃升降器　　　b) 叉臂式玻璃升降器　　　c) 软轴式电动玻璃升降器

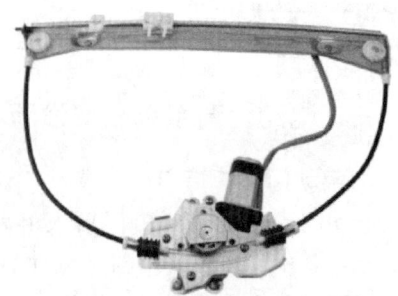

图 4-3　电动玻璃升降器

图 4-4　总开关和分开关

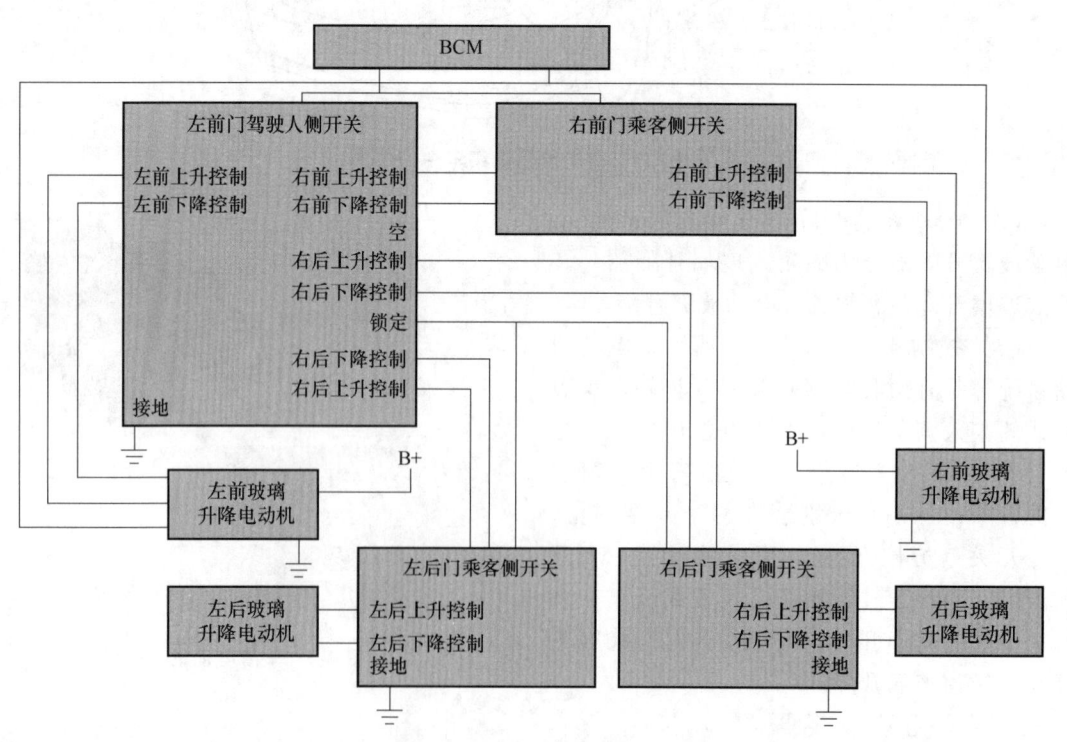

图 4-5　电动门窗工作原理

制前门开关和前门电动机，实现一键升降和防夹控制。后门电动机不具有一键升降带防夹的功能，没有和 BCM 相连。驾驶人侧的开关可以控制四个门窗玻璃的升降，并可以锁定电动门窗的升降，这样设计便于驾驶人对车辆的整体控制。其他三门的开关都只具有控制自身门窗玻璃升降的功能。

3. 新能源汽车电动门窗电路识读

你知道吗？

正确迅速识读、分析电路图是汽车故障检修人员必备的基本技能。熟练掌握识读电路图的方法和技巧，对分析电路工作原理，检查维护电器，判断排除电路故障具有十分重要的意义。电路图之间相互存在着内在联系，我们应把握其特征和相互关系，抓住本质，方可灵活运用。这就需要我们经过实践探索，逐步对各种电路原理都有一定的了解，积累识读分析电路图的经验，在不断学习与使用过程中做到严谨认真的观察，勇于面对困难点，勇于解决困难点，并悟出其中内在规律，形成正确的思维方式。实践是我们把电路理论知识和电路实物相结合的过程。

课堂讨论：

同学们，识读分析电路图不是一蹴而就的，你认为在学习和实践识读电路图过程中，有哪些应该掌握？在识读和分析电路图时有哪些技巧和经验？接下来就让我们分享一下吧！

下面以北汽 EU5 电动门窗控制电路为例，如图 4-6 所示。当控制开关改变流过电动机的电流方向时，驱动门窗玻璃升降。

（1）驾驶人通过总开关控制　驾驶人拨动总开关中"右后"控制开关"升"开关时，电路为：随时通电→电动门窗继电器（30→87）→SB7（20A 熔丝）→电动门窗总开关（10→14）→右后电动门窗分开关（8→3）→右后电动门窗电动机（2→1）→右后电动门窗开关（1→4）→电动门窗总开关（13→11）→G303 搭铁，构成回路，此时右后电动门窗玻璃上升。

驾驶人拨动总开关中"右后"控制开关"降"开关时，电路为：随时通电→电动门窗继电器（30→87）→SB7（20A 熔丝）→电动门窗总开关（10→13）→右后电动门窗分开关（4→1）→右后电动门窗电动机（1→2）→右后电动门窗开关（3→8）→电动门窗总开关（14→11）→G303 搭铁，构成回路，此时右后电动门窗玻璃下降。

（2）乘客通过分开关控制　乘客拨动"右后"控制开关"升"开关时，电路为：随时通电→电动门窗继电器（30→87）→SB7（20A 熔丝）→电动门窗总开关（10→闭锁开关→7）→右后电动门窗分开关（6→3）→右后电动门窗电动机（2→1）→右后电动门窗开关（1→4）→电动门窗总开关（13→11）→G303 搭铁，构成回路，此时右后电动门窗玻璃上升。

乘客拨动"右后"控制开关"降"开关时，电路为：随时通电→电动门窗继电器（30→87）→SB7（20A 熔丝）→电动门窗总开关（10→闭锁开关→7）→右后电动门窗分开关（6→

1)→右后电动门窗电动机（1→2）→右后电动门窗开关（3→8）→电动门窗总开关（14→11）→G303搭铁，构成回路，此时右后电动门窗玻璃下降。

闭锁开关串联在分开关控制电路中，当闭锁开关断开时，分开关不起作用。

除驾驶人左前门窗只由总开关控制，闭锁开关不起作用外，其他门窗控制方式与右后门窗相同。

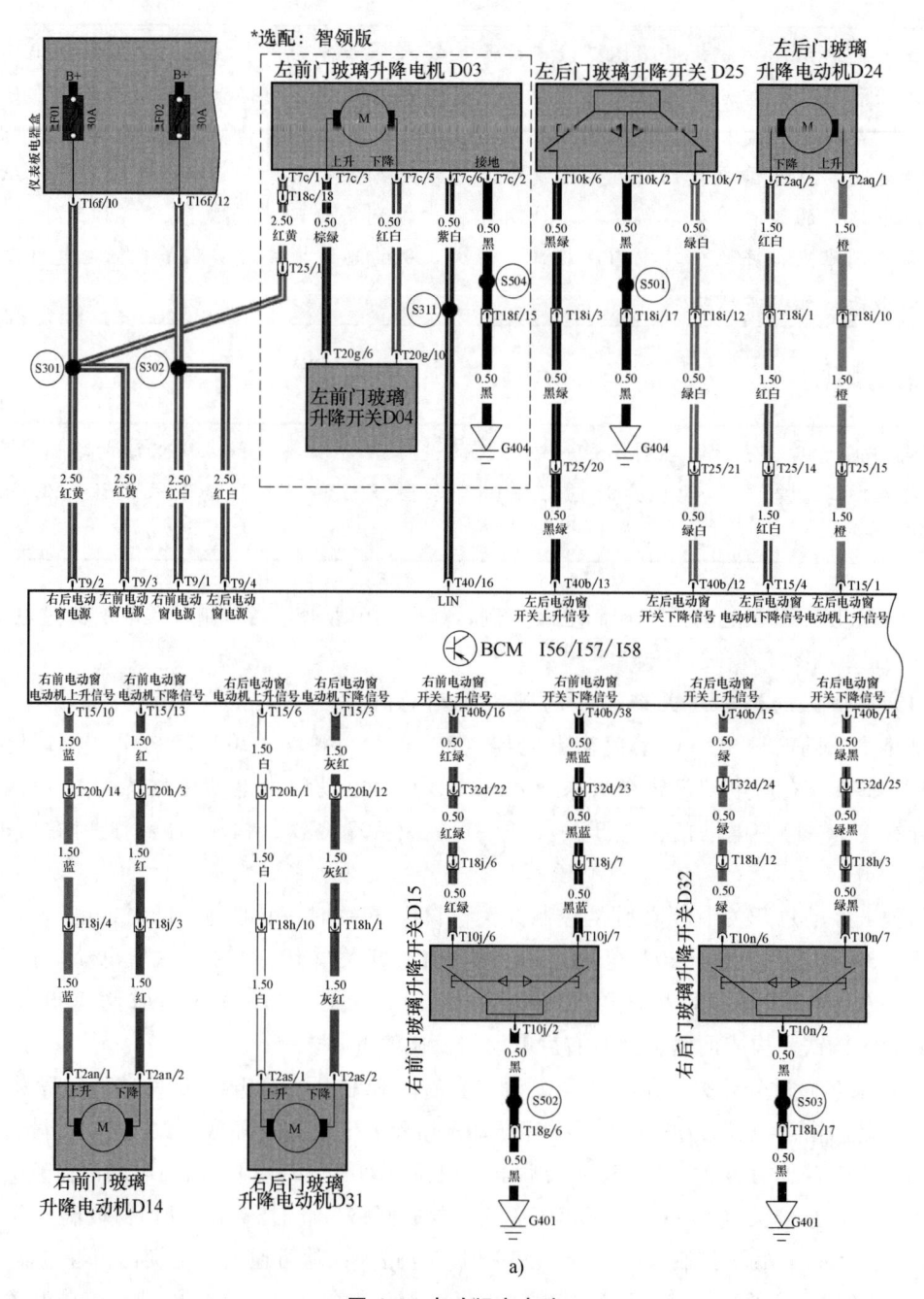

图 4-6　电动门窗电路

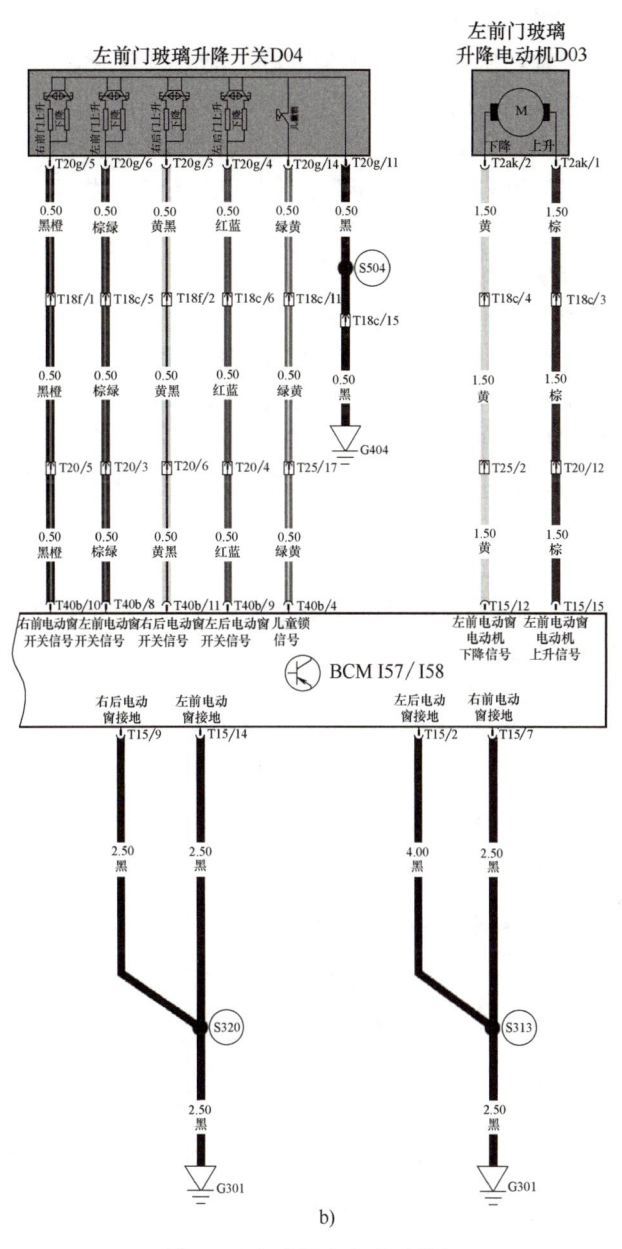

项目四　新能源汽车舒适、便利与安全系统故障检修

b)

图 4-6　电动门窗电路（续）

RF01—左前车窗熔丝　RF02—右前车窗熔丝　I56—BCM-J2（T9）　I57—BCM-J3（T15）　I58—BCM-J5（T40b）
D03—左前门玻璃升降电动机（T2ak）　D03—左前门玻璃升降电动机*（选配：智领版）(T7c)
D04—左前门玻璃升降开关（T20g）　D14—右前门玻璃升降电动机（T2an）　D15—右前门玻璃升降开关（T10j）
D24—左后门玻璃升降电动机（T2aq）　D25—左后门玻璃升降开关（T10k）　D31—右后门玻璃升降电动机（T2as）
D32—右后门玻璃升降开关（T10n）　T16f—IEC-E　T18i—车身线束与左后门线束对接插头 B（BD5/DB5）
T25—车身线束与仪表线束对接插头 2（BI2/IB2）　T32d—车身线束与仪表线束对接插头 3（BI3/IB3）
T20h—车身线束与仪表线束对接插头 5（BI5/IB5）　T18j—车身线束与右后门线束对接插头 A（BD3/DB3）
T18g—车身线束与右前门线束对接插头 B（BD4/DB4）　T18h—车身线束与右后门线束对接插头（BD6/DB6）
T18c—车身线束与左前门线束对接插头 A（BD1/DB1）　T18f—车身线束与左前门线束对接插头 B（BD2/DB2）
T20—车身线束与仪表线束对接插头 1（BI1/IB1）　G301—仪表线束接地点 G301　G401—车身线束接地点 G401
G404—车身线束接地点 G404　S301—仪表线束焊接点 S301　S302—仪表线束焊接点 S302
S320—仪表线束焊接点 S320　S313—仪表线束焊接点 S313　S504—左前门线束焊接点 S504
S502—右前门线束焊接点 S502　S501—左后门线束焊接点 S501　S503—右后门线束焊接点 S503

4. 电动门窗的常见故障及诊断思路

电动门窗常见的故障有：所有门窗均不能升降、部分门窗不能升降或只能向一个方向运动、某个门窗两个方向都不能运动、电动门窗有异响等。

（1）所有门窗均不能升降

1）故障原因。熔断器断路、总线路断路、主控开关损坏、搭铁不实。

2）诊断思路：

① 检查熔断器是否断路。

② 若熔断器良好，将点火开关接通，检查总开关与分开关上的电源线电压是否正常，如电压为零，应检查电源线路，如电压正常，应检查搭铁线是否良好。

③ 若搭铁不良，应清洁、紧固搭铁线；若搭铁良好，应对主控开关进行检查。

（2）部分门窗不能升降或只能向一个方向运动

1）故障原因。该门窗的按键开关损坏、该门窗的电动机损坏、连接导线断路、主控开关损坏。

2）诊断思路：

① 检查主控开关的按键开关与该门窗的按键开关工作是否正常。

② 检查该门窗的电动机正反转是否正常。

③ 检查连接导线。

④ 若门窗只能向一个方向运动，一般是按键开关或分线路断路，可先检查线路连接是否正常，再检修开关。

⑤ 若一个门窗两个方向都不能运动，应先检查电动机，如电动机正反转正常，应检修传动机构，多数是传动机构卡死。

二、电动座椅及其加热系统故障诊断与排除

1. 电动座椅介绍

电动座椅以电动机提供动力，通过传动装置及执行机构调节座椅位置，满足驾驶人或乘客对乘坐座椅的需求，由电动机、传动装置、控制电路、控制开关等组成。电动座椅电动机为双向永磁式电动机，座椅调节功能程度决定电动机数量，座椅调节功能包括前后、高低、靠背倾斜、头枕、腰垫调节等。电动座椅传动装置的电动机轴与软轴相连，软轴与变速器输入轴相连，动力经变速器降速增矩后由输出轴输出，变速器输出轴与蜗杆轴或齿轮相连，最终蜗轮蜗杆或齿轮齿条带动座椅支架产生位移，实现座椅的各种调节。每个电动机中都有断路器，当座椅位置调整到极限时，断路器便断开电路以保护电动机不被烧损，松开调整开关，冷却后，断路器复位。有些电动座椅带有记忆存储功能，当位置被改变时，可通过一个按钮调出自己的座椅位置。

座椅加热是利用座椅内的电加热丝对座椅内部加热，并通过热传递将热量传递给乘坐者，以改善冬天时因长时间停放后座椅过凉造成的乘坐不舒适感。

座椅加热器的基本结构是：下层是一层无纺布，用固定胶带将加热丝固定在无纺布上，针织布盖在固定胶带上，并用针织线缝制成类似座椅加热丝的形状，缝合在座椅罩内。为了提高车内乘员的舒适性，应控制座椅加热温度在一定的范围内。在座椅加热垫内布置了2个温度控制器：①（50±5）℃断开，（30±5）℃接通；②（43±5）℃断开，（23±5）℃接通。靠

背加热器通过插接件连接到座垫加热器电源上，座垫加热器电源通过插接件连接到仪表板线束上，再经过座椅加热开关、熔丝、点火开关连接到蓄电池上。

2. 电动座椅故障诊断与修复

（1）故障确认　维修人员在接到故障车后对故障进行验证，操纵电动座椅的开关，电动座椅没有反应，无法进行调节，确认了故障的真实性。

（2）原因分析　电动座椅需要数个电动机进行调整，如果不能进行任何调整，所有电动机同时发生故障的概率很小，因此应重点检查熔丝、接地点、线路短路和座椅开关等部位。

（3）故障排除　维修人员查阅电路图，首先检查断路器和接地点是否正常。拆下座椅调节器开关总成后，测量电源端子处电压，远低于蓄电池电压，而断路器处电压正常。经检查为座椅线束与整车线束插接器插接不到位，且端子氧化严重，更换端子后故障消失，电动座椅恢复正常。

3. 新能源汽车电动座椅电路识读

图 4-7 所示为北汽 EU5 电动座椅电路图。

（1）座椅向前滑动调节　按下座椅控制开关向前滑动键时，驾驶人座椅控制开关的端子 1-6 接通、端子 9-4 接通，其电路为：蓄电池正极→30A 乘客座椅熔断器→插接器 L（46）端子 9→插接器 L（46）端子 6→驾驶人座椅控制开关端子 1→驾驶人座椅控制开关端子 6→座椅前后滑动电动机→驾驶人座椅控制开关端子 9→驾驶人座椅控制开关端子 4→搭铁→蓄电池负极。此时驾驶人座椅向前滑动。

（2）座椅向后滑动调节　按下座椅控制开关向后滑动键时，驾驶人座椅控制开关的端子 1-9 接通、端子 6-4 接通，其电路为：蓄电池正极→30A 乘客座椅熔断器→插接器 L（46）端子 9→插接器 L（46）端子 6→驾驶人座椅控制开关端子 1→驾驶人座椅控制开关端子 9→座椅前后滑动电动机→驾驶人座椅控制开关端子 6→驾驶人座椅控制开关端子 4→搭铁→蓄电池负极。此时驾驶人座椅向后滑动。

三、电动后视镜故障诊断与排除

后视镜用来反映车辆后方、侧方、下方的情况，使驾驶人的视野更广阔。后视镜分为外后视镜和内后视镜，这里主要指外后视镜。驾驶人调整外后视镜的位置比较困难，特别是乘客一侧的，而使用电动后视镜就能很方便地解决这个问题。

1. 电动后视镜的基本组成

电动后视镜一般由镜片、电动机、驱动机构及控制开关等组成。在左右两个后视镜镜片的背后都有两套永磁式电动机和驱动机构，其中一套控制后视镜的左右运动，另一套控制后视镜的上下运动。后视镜的运动方向由操纵开关控制，当控制开关处于不同的位置时，流经电动机的电流方向以及电动机的转动方向就不同，从而后视镜的运动方向也就不同。

2. 新能源汽车电动后视镜电路识读

图 4-8 所示为北汽 EU5 电动后视镜电路图。

（1）右后视镜向上运动　按下操纵开关"上"键时，电动后视镜开关的端子 3-7 接通、端子 6-8 接通，其电路为：蓄电池正极→5A ACC 熔断器→电动后视镜开关端子 8→电动后视镜开关端子 6→右后视镜电动机端子 2→右后视镜电动机端子 3→电动后视镜开关端子 3→

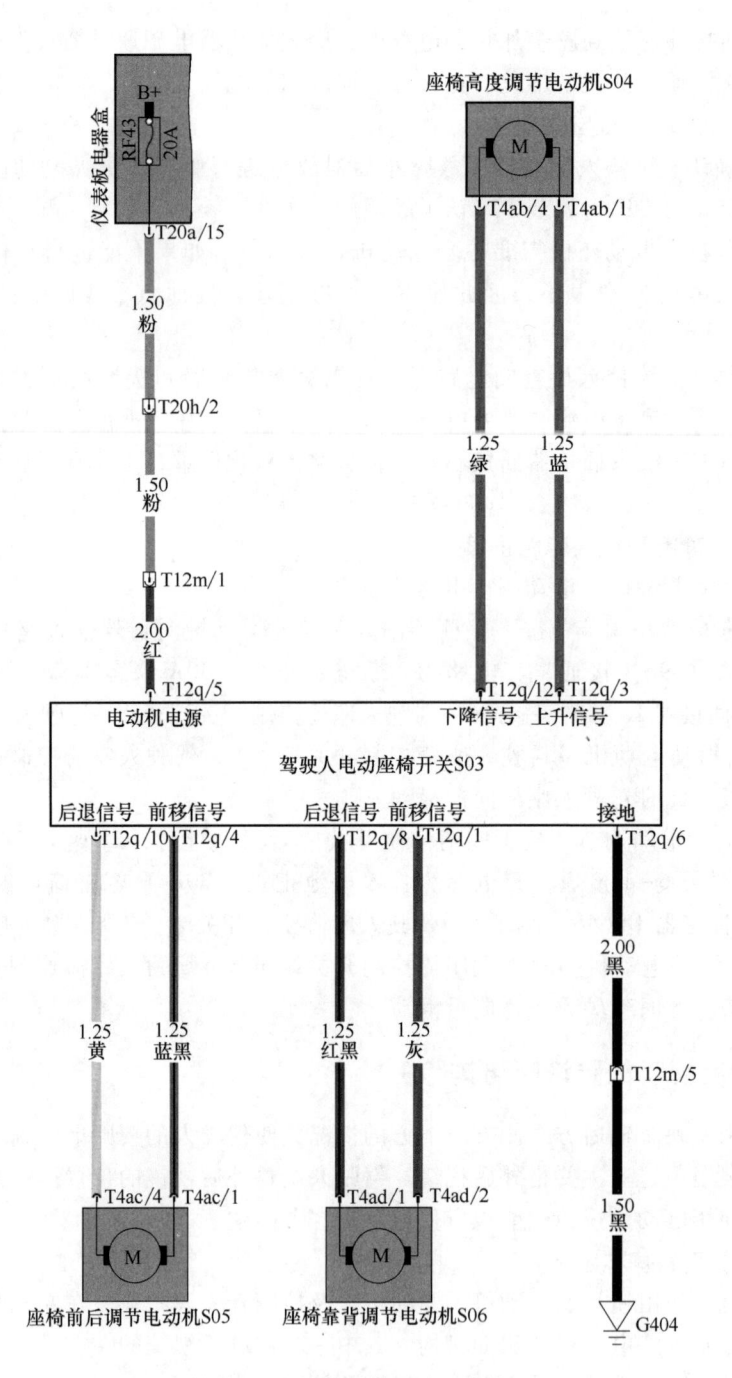

图 4-7 北汽 EU5 电动座椅电路图

RF43—驾驶人电动座椅调节熔丝　S03—驾驶人电动座椅开关（T12q）　S04—座椅高度调节电动机（T4ab）
S05—座椅前后调节电动机（T4ac）　S06—座椅靠背调节电动机（T4ad）　T20a—IEC-D
T20h—车身线束与仪表线束对接插头 5（BI5/IB5）　T12m—车身线束与座椅线束对接插头 1（BS1/SB1）
G404—车身线束接地点 G404

电动后视镜开关端子 7→搭铁→蓄电池负极，右后视镜向上运动。

（2）右后视镜向下运动　按下操纵开关"下"键时，电动后视镜开关的端子 3-8 接通、端子6-7接通，其电路为：蓄电池正极→5A ACC熔断器→电动后视镜开关端子8→电动后视镜开关端子3→右后视镜电动机端子3→右后视镜电动机端子2→电动后视镜开关端子6→电动后视镜开关端子7→搭铁→蓄电池负极，右后视镜向下运动。

（3）右后视镜向左运动　按下操纵开关"左"键时，电动后视镜开关的端子3-7接通、端子2-8接通，其电路为：蓄电池正极→5A ACC熔断器→电动后视镜开关端子8→电动后视镜开关端子2→右后视镜电动机端子1→右后视镜电动机端子3→电动后视镜开关端子3→电动后视镜开关端子7→搭铁→蓄电池负极，右后视镜向左运动。

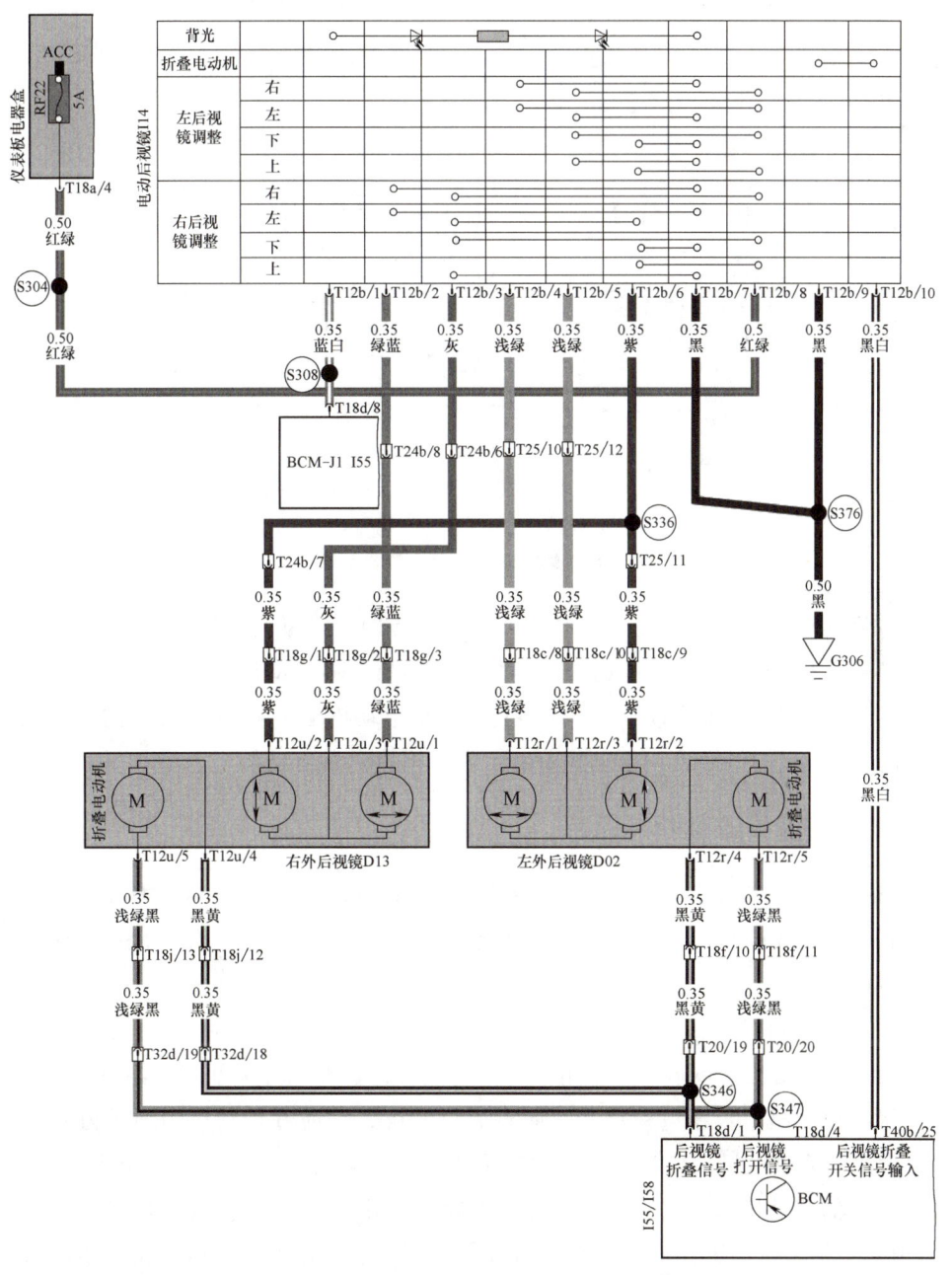

图4-8　新能源汽车电动后视镜电路图

RF22—BCM ACC 熔丝
I55—BCM-J1(T18d)
D02—左外后视镜(T12r)
T18a—IEC-B
T25—车身线束与仪表线束对接插头2(BI2/IB2)
T18c—车身线束与左前门线束对接插头A(BD1/DB1)
T18j—车身线束与右前门线束对接插头A(BD3/DB3)
T20—车身线束与仪表线束对接插头1(BI1/IB1)
(S336)—仪表线束焊接点S336
(S308)—仪表线束焊接点S308
(S346)—仪表线束焊接点S346

I14—电动后视镜(T12b)
I58—BCM-J5(T40b)
D13—右外后视镜(T12u)
T24b—车身线束与仪表线束对接插头4(BI4/IB4)
T18g—车身线束与右前门线束对接插头B(BD4/DB4)
T32d—车身线束与仪表线束对接插头3(BI3/IB3)
T18f—车身线束与左前门线束对接插头B(BD2/DB2)
G306—仪表线束接地点G306
(S304)—仪表线束焊接点S304
(S376)—仪表线束焊接点S376
(S347)—仪表线束焊接点S347

护套	7283-6484
端子	7116-4660-02
序号	定义
1	背光照明
2	右外后视镜水平调节信号
3	右外后视镜公共线
4	左外后视镜水平调节信号
5	左外后视镜公共线
6	外后视镜垂直调节信号
7	接地
8	电源
9	接地
10	接地
11	—
12	—

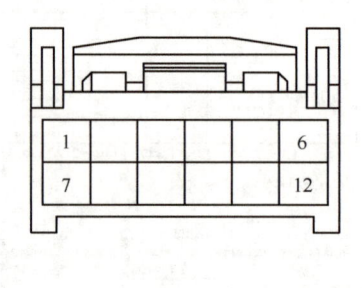

图 4-8　新能源汽车电动后视镜电路图（续）

（4）右后视镜向右运动　按下操纵开关"右"键时，电动后视镜开关的端子2-7接通、端子3-8接通，其电路为：蓄电池正极→5A ACC熔断器→电动后视镜开关端子8→电动后视镜开关端子3→右后视镜电动机端子3→右后视镜电动机端子1→电动后视镜开关端子2→电动后视镜开关端子7→搭铁→蓄电池负极，右后视镜向右运动。

四、电动天窗故障诊断与排除

现在越来越多的中高档轿车装有电动天窗，电动天窗依靠汽车行驶过程中气流在汽车顶部的快速流动，有效地改善车内空气流通，增加新鲜空气流入车内，给驾驶人和乘客带来健康、舒适的感受。

1. 电动天窗的组成

电动天窗主要由天窗玻璃、天窗电动机、传动机构、控制开关和继电器模块等组成。

（1）天窗电动机　天窗电动机为双向直流电动机，它通过传动机构为天窗开闭提供动力，即通过改变流过电机的电流方向来改变旋转方向，实现天窗的开闭。

（2）天窗的传动机构　电动天窗的传动机构包括滑动机构、连接机构和驱动机构。

1）滑动机构。电动天窗滑动机构结构如图4-9所示。它由驱动电动机、驱动齿轮、滑动螺杆和后枕座组成。

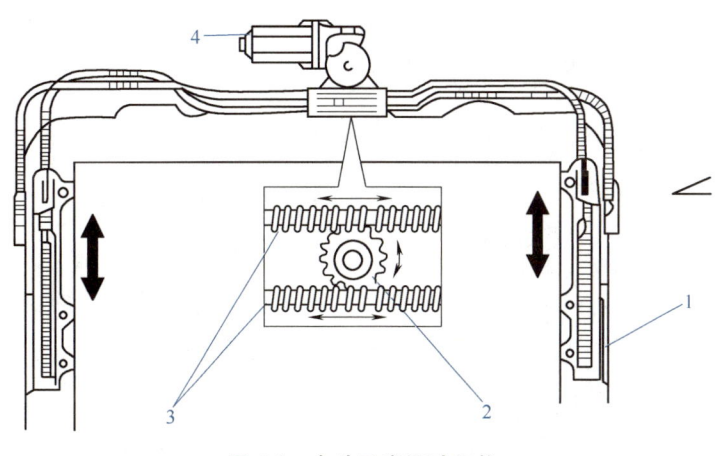

项目四　新能源汽车舒适、便利与安全系统故障检修

图 4-9　电动天窗滑动机构

1—后枕座　2—驱动齿轮　3—滑动螺杆　4—驱动电动机

天窗开关动作时，驱动电动机所产生的转矩由驱动齿轮传给滑动螺杆，滑动螺杆带动后枕座滑动。电动机正、反转使后枕座前、后移动，决定天窗玻璃打开还是关闭。在电动机齿轮外壳内部有两个利用凸轮进行工作的限位开关。

2）连接机构。电动天窗连接机构结构简图如图 4-10 所示。

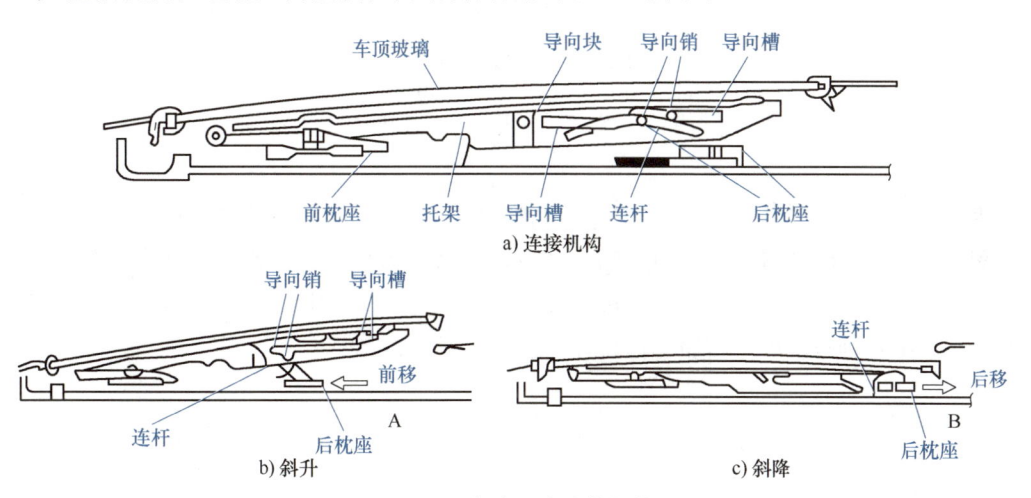

a) 连接机构

b) 斜升　　c) 斜降

图 4-10　电动天窗连接机构

当天窗玻璃打开时，后枕座由于滑动螺杆的作用，向车辆后方推出。两个导向销分别沿着导向槽移动，首先把天窗后端向下方引出，落入车顶下部。其后，对螺杆压紧，向车辆后方滑动，当天窗玻璃关闭时，后枕座向车辆前方伸出滑动，导向销达到图 4-10 所示位置即为全闭。

从这种状态起，后枕座进一步向车辆前方移动，导向销也沿着导向槽向前移动，连杆即按箭头 A 方向移动，使天窗玻璃斜升。当天窗玻璃斜降开始时，后枕座按箭头 B 的方向收回合拢，使天窗玻璃斜降。斜降完成后，天窗玻璃才可进行滑动打开与关闭。

3）驱动机构。电动天窗的驱动机构由电动机、驱动齿轮、凸轮、限位开关等组成，如

图4-11所示。电动机通过蜗轮、蜗杆、中间齿轮进行减速,将动力传给驱动齿轮,驱动齿轮带动滑动螺杆移动,经再减速后传给凸轮。

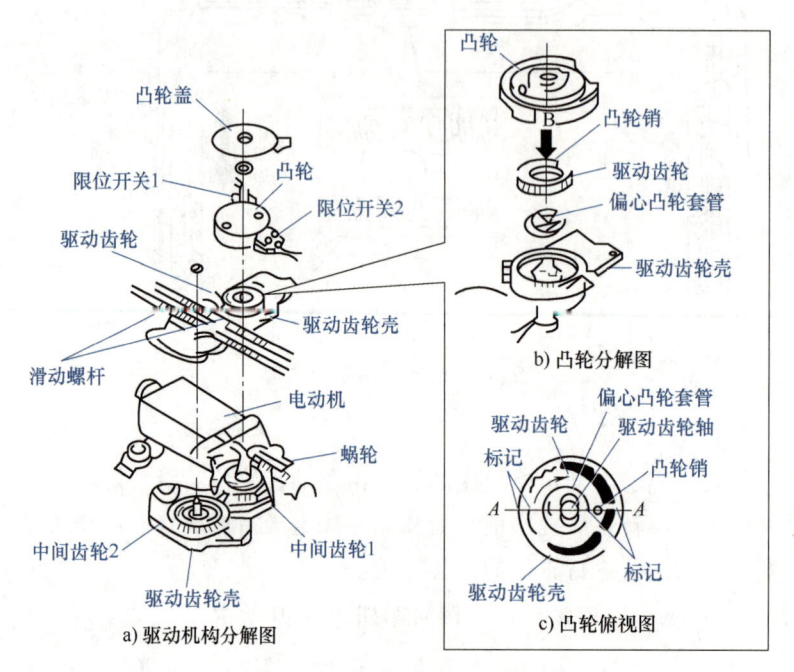

图4-11 电动天窗的驱动机构

4)控制装置。电动天窗的控制装置由天窗控制开关、限位开关、天窗控制继电器组成。

限位开关主要是用来检测天窗所处的位置。限位开关靠凸轮转动来实现电路的接通和断开。凸轮安装在驱动机构的动力输出端。当电动机将动力输出时,通过驱动齿轮和滑动螺杆减速以后带动凸轮转动,于是凸轮周边的突起部位触动开关使其开闭,以实现对天窗的自动控制。限位开关的安装示意图和工作特性如图4-12所示。

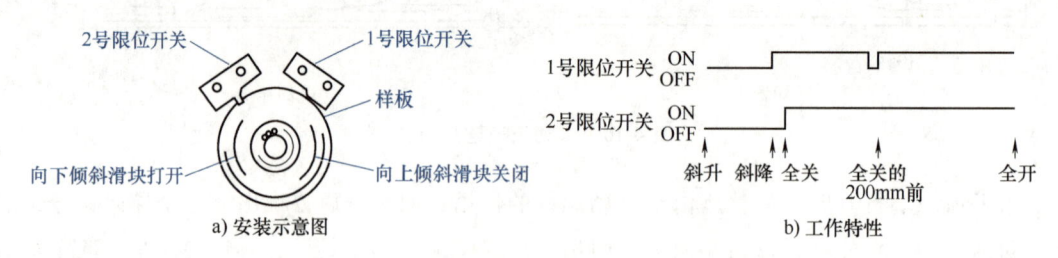

图4-12 限位开关安装示意图和工作特性

天窗控制继电器模块是一个数字控制电路,并设有定时器、蜂鸣器和继电器等。其作用是接收开关输入的信息,通过数字电路进行逻辑运算,确定继电器的动作,给电动机发出指令,控制电动机正、反转,完成天窗的开、闭及斜升和斜降。

2. 新能源汽车电动天窗电路识读

图4-13所示为北汽EU5电动天窗电路图。

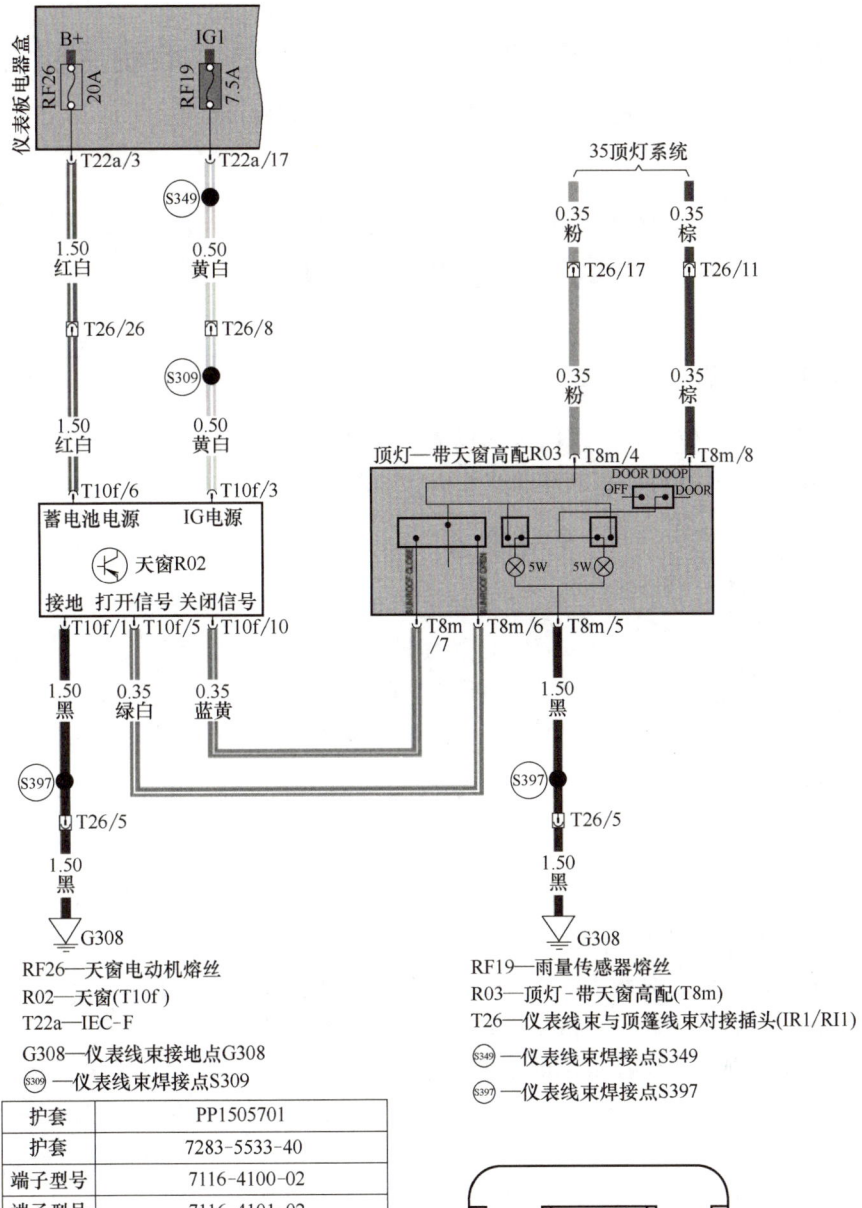

项目四　新能源汽车舒适、便利与安全系统故障检修

RF26—天窗电动机熔丝
R02—天窗(T10f)
T22a—IEC-F
G308—仪表线束接地点G308
(S309)—仪表线束焊接点S309

RF19—雨量传感器熔丝
R03—顶灯-带天窗高配(T8m)
T26—仪表线束与顶篷线束对接插头(IR1/RI1)
(S349)—仪表线束焊接点S349
(S397)—仪表线束焊接点S397

护套	PP1505701
护套	7283-5533-40
端子型号	7116-4100-02
端子型号	7116-4101-02
序号	定义
1	接地
2	—
3	IG电源
4	—
5	打开信号
6	蓄电池电源
7	—
8	—
9	—
10	天窗关闭信号

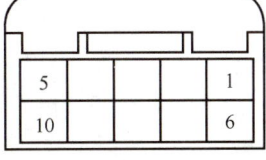

图 4-13　北汽 EU5 电动天窗电路

095

【实训任务十】 电动门窗、电动座椅、电动后视镜和电动天窗故障诊断与排除

实训任务 10-1　电动门窗、电动座椅、电动后视镜和电动天窗电路识读与功能操作

实训场地与器材

新能源汽车作业工位、新能源汽车（以北汽 EU5 为例）、工作灯、常用工具、工具车、升降平台、诊断仪、万用表、示波器。

扫一扫
电动门窗、电动天窗、电动后视镜功能操作

作业准备

1）新能源汽车和防护三件套等 5S 操作。
2）工位配套隔离带、安全警告标志牌、灭火器、绝缘杆、绝缘垫、高压部件清洗液、护目镜、头盔、绝缘手套。
3）资料准备：维修手册、用户手册、其他资料。

操作步骤

1）停车入位。
2）操作并确认电动门窗、电动座椅、电动后视镜、电动天窗功能是否正常。
3）识读电动门窗电路图。
① 先看全图，把单独的系统框出来，并列出（请另备纸张书写）。
② 分析各系统的工作过程、相互间的联系（请另备纸张书写）。
③ 运用回路原则，找到各系统的电源、熔丝、开关、控制装置、用电设备、导线、搭铁或电源负极等组成部分，绘制电动门窗系统电路简图（请另备纸张画图），并分析电路走向。
④ 总结和分析电路（请另备纸张书写）。
⑤ 在实车上找到电路图相关部件、继电器、熔丝等。
4）查找维修手册，识读电动座椅电路图。
① 先看全图，把单独的系统框出来，并列出（请另备纸张书写）。
② 分析各系统的工作过程、相互间的联系（请另备纸张书写）。
③ 运用回路原则，找到各系统的电源、熔丝、开关、控制装置、用电设备、导线、搭铁或电源负极等组成部分，绘制电动座椅系统电路简图（请另备纸张画图），并分析电路走向。
④ 总结和分析电路（请另备纸张书写）。
⑤ 在实车上找到电路图相关部件、继电器、熔丝等。
5）查找维修手册，识读电动后视镜电路图。
① 先看全图，把单独的系统框出来，并列出（请另备纸张书写）。

② 分析各系统的工作过程、相互间的联系（请另备纸张书写）。

③ 运用回路原则，找到各系统的电源、熔丝、开关、控制装置、用电设备、导线、搭铁或电源负极等组成部分，绘制电动后视镜系统电路简图（请另备纸张画图），并分析电路走向。

④ 总结和分析电路（请另备纸张书写）。

⑤ 在实车上找到电路图相关部件、继电器、保险等。

6）查找维修手册，识读电动天窗电路图。

① 先看全图，把单独的系统框出来，并列出（请另备纸张书写）。

② 分析各系统的工作过程、相互间的联系（请另备纸张书写）。

③ 运用回路原则，找到各系统的电源、熔丝、开关、控制装置、用电设备、导线、搭铁或电源负极等组成部分，绘制电动天窗系统电路简图（请另备纸张画图），并分析电路走向。

④ 总结和分析电路（请另备纸张书写）。

⑤ 在实车上找到电路图相关部件、继电器、熔丝等。

竣工检验

整理、恢复作业场地。

实训任务总结

_____
_____
_____
_____
_____
_____
_____
_____
_____
_____
_____
_____
_____
_____
_____
_____
_____
_____
_____
_____
_____

电动门窗、电动座椅、电动后视镜和电动天窗电路识读与功能操作	工作任务单	班级：	
		姓名：	

1. 车辆信息记录

品牌		整车型号		生产年月	
驱动电机型号		动力蓄电池电量		行驶里程	
车辆识别码					

2. 作业场地准备

检查是否设置隔离栏	□是 □否
检查是否设置安全警示牌	□是 □否
检查灭火器压力、有效期是否符合要求	□是 □否
安装车辆挡块	□是 □否

3. 操作和检查电动门窗功能

向上扳起驾驶人侧电动门窗控制开关并保持	□正常 □不正常
向下按压驾驶人侧电动门窗控制开关并保持	□正常 □不正常
短按驾驶人侧电动门窗控制开关	□正常 □不正常
驾驶人对乘员侧门窗玻璃升降控制：向上扳起开关并保持	□正常 □不正常
驾驶人对乘员侧门窗玻璃升降控制：向下按压开关②④⑤并保持	□正常 □不正常
在乘员侧门窗升降禁止开关被按下的状态下，前排乘员侧及后排乘员侧门窗玻璃升降开关控制	□正常 □不正常
前排乘员侧的电动门窗玻璃升降开关控制	□正常 □不正常
后排乘员侧的电动门窗玻璃升降开关控制	□正常 □不正常

4. 操作和检查电动天窗功能

起动/停止按键处于"RUN"模式，将天窗旋钮开关旋转到档位③、档位④、档位⑤和档位⑥	□正常 □不正常
将天窗旋钮开关旋转到档位⑦	□正常 □不正常
玻璃从档位⑥向档位⑦运动的过程中，松开开关	□正常 □不正常
玻璃运动到档位⑦后，松开开关由档位⑦返回档位⑥	□正常 □不正常
检查天窗防夹功能	□正常 □不正常

5. 操作和检查电动座椅功能

向上拉起座椅前部下方的调整拉杆，前后移动座椅	□正常 □不正常
向上扳动调节手柄②，升高座垫	□正常 □不正常
向下扳动调节手柄②，降低座垫	□正常 □不正常
向上扳动调节手柄③，同时前、后晃动座椅靠背至合适倾角	□正常 □不正常
松开调节手柄③，略微前后晃动靠背直至靠背可靠锁止	□正常 □不正常
按动开关 A 进行座椅靠背调整。方向①靠背向前倾斜	□正常 □不正常
按动开关 A 进行座椅靠背调整。方向②靠背向后倾斜	□正常 □不正常
按动开关 B 进行座椅调整。方向①座椅整体向后调整	□正常 □不正常
方向②座椅整体向上调整	□正常 □不正常
方向③座椅整体向前调整	□正常 □不正常
方向④座椅整体向下调整	□正常 □不正常

（续）

5. 操作和检查电动座椅功能		
上下左右按动开关可以调节腰托高度	□正常	□不正常
座椅头枕上移和下移调整	□正常	□不正常
座椅加热功能	□正常	□不正常
6. 操作和检查电动后视镜功能		
调节左外后视镜的上翻或下翻角度；调节外后视镜的左转或右转角度	□正常	□不正常
调节右外后视镜的上翻或下翻角度；按向左或向右调节按键，调节外后视镜的左转或右转角度	□正常	□不正常
后视镜折叠功能	□正常	□不正常
后视镜展开功能	□正常	□不正常
按下遥控钥匙锁止键后，车外视镜自动折叠，按下遥控钥匙解锁键后，车外视镜自动展开	□正常	□不正常
后视镜及后风窗玻璃加热、除霜、除雾功能	□正常	□不正常
7. 查阅维修手册，识读电动门窗电路图		
分析全图，列出单独的系统	□是	□否
分析各系统的工作过程、相互间的联系	□是	□否
运用回路原则，找到各系统的电源、熔丝、开关、控制装置、用电设备、导线、搭铁或电源负极等组成部分，绘制电动门窗系统电路简图，并分析电路走向	□是	□否
总结和分析电路	□是	□否
在实车上找到电路图相关部件、继电器、熔丝等	□是	□否
8. 查阅维修手册，识读电动座椅电路图		
分析全图，列出单独的系统	□是	□否
分析各系统的工作过程、相互间的联系	□是	□否
运用回路原则，找到各系统的电源、熔丝、开关、控制装置、用电设备、导线、搭铁或电源负极等组成部分，绘制电动座椅系统电路简图，并分析电路走向	□是	□否
总结和分析电路	□是	□否
在实车上找到电路图相关部件、继电器、熔丝等	□是	□否
9. 查阅维修手册，识读电动后视镜电路图		
分析全图，列出单独的系统	□是	□否
分析各系统的工作过程、相互间的联系	□是	□否
运用回路原则，找到各系统的电源、熔丝、开关、控制装置、用电设备、导线、搭铁或电源负极等组成部分，绘制电动后视镜系统电路简图，并分析电路走向	□是	□否
总结和分析电路	□是	□否
在实车上找到电路图相关部件、继电器、熔丝等	□是	□否
10. 查阅维修手册，识读电动天窗电路图		
分析全图，列出单独的系统	□是	□否
分析各系统的工作过程、相互间的联系	□是	□否
运用回路原则，找到各系统的电源、熔丝、开关、控制装置、用电设备、导线、搭铁或电源负极等组成部分，绘制电动天窗系统电路简图，并分析电路走向	□是	□否
总结和分析电路	□是	□否
在实车上找到电路图相关部件、继电器、熔丝等	□是	□否

电动门窗、电动座椅、电动后视镜和电动天窗电路识读与功能操作		实习日期:		教师签名:
姓名:	班级:	学号:		
自评:□熟练□不熟练	互评:□熟练□不熟练	师评:□合格□不合格		
日期:	日期:	日期:		

电动门窗、电动座椅、电动后视镜和电动天窗电路识读与功能操作【评分细则】

序号	评分项	得分条件	分值	评分要求	自评	互评	师评
1	安全/5S/态度	□1. 能进行工位5S操作 □2. 能进行设备和工具的安全检查 □3. 能进行车辆安全防护操作 □4. 能进行工具的清洁、校准及存放操作 □5. 能进行"三不落地"操作	15	未完成1项扣3分	□熟练 □不熟练	□熟练 □不熟练	□合格 □不合格
2	专业技能	□1. 能正确操作和检查电动门窗工作情况 □2. 能正确操作和检查电动天窗工作情况 □3. 能正确操作和检查电动座椅工作情况 □4. 能正确操作和检查电动后视镜工作情况 □5. 能正确识读电动门窗电路图,把相关系统部件列出 □6. 能正确分析电动门窗各系统的工作过程、相互间的联系 □7. 能正确运用回路原则,绘制电动门窗电路简图 □8. 能正确总结和分析电动门窗电路 □9. 根据维修手册指示,能正确地在实车上找到电动门窗电路图相关部件、继电器、熔丝 □10. 能正确识读电动天窗电路图,把相关系统部件列出	75	未完成1项扣5分,扣分不得超过75分	□熟练 □不熟练	□熟练 □不熟练	□合格 □不合格

（续）

序号	评分项	得分条件	分值	评分要求	自评	互评	师评
2	专业技能	□11. 能正确分析电动天窗各系统的工作过程、相互间的联系 □12. 能正确运用回路原则，绘制电动天窗电路简图 □13. 能正确总结和分析电动天窗电路 □14. 根据维修手册指示，能正确地在实车上找到电动天窗电路图相关部件、继电器、熔丝 □15. 能正确识读电动座椅电路图，把相关系统部件列出 □16. 能正确分析电动座椅各系统的工作过程、相互间的联系 □17. 能正确运用回路原则，绘制电动座椅电路简图 □18. 能正确总结和分析电动座椅电路 □19. 根据维修手册指示，能正确地在实车上找到电动座椅电路图相关部件、继电器、熔丝 □20. 能正确识读电动后视镜电路图，把相关系统部件列出 □21. 能正确分析电动后视镜各系统的工作过程、相互间的联系 □22. 能正确运用回路原则，绘制电动后视镜电路简图 □23. 能正确总结和分析电动后视镜电路 □24. 根据维修手册指示，能正确地在实车上找到电动后视镜电路图相关部件、继电器、熔丝	75	未完成1项扣5分，扣分不得超过75分	□熟练 □不熟练	□熟练 □不熟练	□合格 □不合格
3	工具及设备的使用能力	□1. 能正确使用维修手册 □2. 能正确使用手灯	10	未完成1项扣5分	□熟练 □不熟练	□熟练 □不熟练	□合格 □不合格

总分：

实训任务 10-2　电动门窗故障诊断与排除

实训场地与器材

新能源汽车作业工位、新能源汽车（以北汽 EU5 为例）、万用表、诊断测试仪。

作业准备

1）新能源汽车停放指定工位。
2）安装防护三件套等 5S 操作。

你知道吗？

> 在实车上进行故障检查、检测以及诊断时，规范严谨、有责任心是极其重要的。韩非子曾说"慎易以避难，敬细以远大"，指的是谨慎地对待容易的事以避免难事发生，郑重地对待细小的漏洞可以避免大祸。齐白石作画一向严谨，他画的山石花草、虫鱼，无一不是经过细心观察才下笔的。在工作中，一次小小的疏忽，有可能会酿造出巨大的安全事故，所以要规范做事、严谨做人。无论对待学习还是工作，要严密谨慎，认真负责，一丝不苟，有计划、有条理，做到善始善终地完成工作任务。
>
> 那么如何才算是具有严谨的工作态度呢？可以用四个字来概括，即精、准、细、严。
>
> "精"是做精、求精，按照优化、提升的要求追求目标和状态的最佳与最优。
>
> "准"是准确、准时，代表了企业规范、认真的规则意识。企业精细化管理应是先有规则，再强调管理。建立各种标准是开展精细化的出发点和落脚点，要深入一线和现场，经过全面科学的事实论证，制定出可实施、可执行的规格、技术、服务和操作标准，通过落实岗位职责，将责、权具体化、明确化。
>
> "细"是细致、细微，体现在系统中各岗位、链条间全过程环与环的合理衔接和相互咬合。
>
> "严"是严格、严谨，体现在对制度的执行和过程的控制。
>
> 企业精细化管理是一项长期、细致的工作，要由浅入深，循序渐进，不能一蹴而就。要将制度管理渗透到日常行为里，融汇于生产经营中，重基础、重细节、重执行、重具体、重落实、重质量、重效果。

课堂讨论：

> 同学们，无论对待学习还是工作，要严密谨慎，认真负责，一丝不苟，有计划、有条理，做到善始善终地完成工作任务。请你思考一下，如何在接下来的学习中做到严谨、规范呢？让我们分享一下吧！

操作步骤

1) 电动门窗总开关的检修。EU5 电动门窗的总开关插接器如图 4-14 所示。当总开关处于上升、下降等不同工作状态时,各端子之间的导通状态见表 4-1。如果测得的结果与表中不符,说明门窗总开关已损坏,应更换新开关。

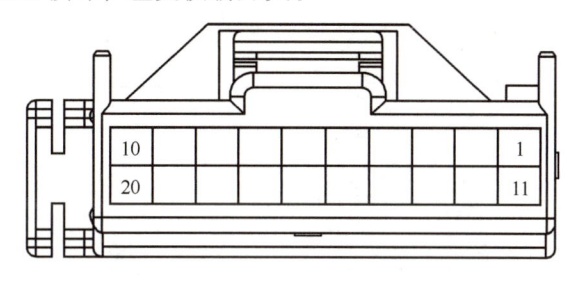

护套	1534102-1	9	—
后壳	1534099-1	10	左前门玻璃下降信号(智领版)
端子	928999-1	11	接地
序号	定义	12	—
1	中控门锁闭锁信号	13	背光照明电源
2	中控门锁解锁信号	14	儿童锁信号
3	右后门玻璃升降信号	15	—
4	左后门玻璃升降信号	16	—
5	右前门玻璃升降信号	17	—
6	左前门玻璃升降信号(智潮版)/左前门玻璃上升信号(智领版)	18	—
7	—	19	—
8	—	20	—

图 4-14 EU5 电动门窗的总开关插接器

表 4-1 门窗总开关工作状态及导通状态

门窗位置	左前			左后		右前		右后	
开关位置	端子号								
	6	10	11	4	11	5	11	3	11
上升	←	→			←→		←→		←→	
下降	←→			←→		←→		←→	

2) 电动门窗分开关的检修。EU5 电动门窗的分开关插接器如图 4-15 所示。当分开关处于上升、下降等不同工作状态时,各端子之间的导通状态见表 4-2。如果测得的结果与表中不符,说明门窗分开关已损坏,应更换新开关。

表 4-2 门窗分开关工作状态及导通状态

开关位置	端子号	
	2	6	7
上升	←→	
下降	←→	

护套	PP0490501
护套	1534125-1
后壳	1534171-1
端子型号	928999-1
序号	定义
1	接地
2	接地
3	背光照明电源
4	—
5	—
6	上升信号
7	下降信号
8	—
9	—
10	—

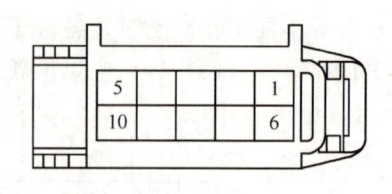

图 4-15　EU5 电动门窗的分开关插接器

3）电动门窗电动机的检修。电动门窗电动机的插接器如图 4-16 所示。将蓄电池的正极分别接 1、2 端子，电动机应能正、反转，且运转十分平稳。否则，说明电机有故障，应更换。

插接器	CLB02FGY
端子型号	211 PC02 2S8 049
端子型号	211CC2S2160
序号	定义
1	上升信号
2	下降信号

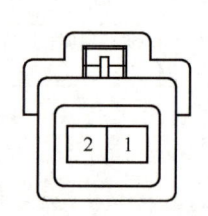

图 4-16　EU5 电动门窗电动机的插接器

竣工检验

整理、恢复作业场地。

实训任务总结

项目四　新能源汽车舒适、便利与安全系统故障检修

电动门窗故障诊断与排除	工 作 任 务 单	班级：
		姓名：

1. 车辆信息记录

品牌		整车型号		生产年月	
驱动电机型号		动力蓄电池电量		行驶里程	
车辆识别码					

2. 作业场地准备

检查是否设置隔离栏	□是　□否
检查是否设置安全警示牌	□是　□否
检查灭火器压力、有效期是否符合要求	□是　□否
安装车辆挡块	□是　□否

3. 记录故障现象

4. 使用诊断仪读取故障码、数据流

故障码	
数据流	

5. 绘制电动门窗电动开关控制电路简图

6. 故障检测

检测对象	检测条件	检测值	标准值	结果判断

电动门窗故障诊断与排除		实习日期：	
姓名：	班级：	学号：	教师签名：
自评：□熟练□不熟练	互评：□熟练□不熟练	师评：□合格□不合格	
日期：	日期：	日期：	

电动门窗故障诊断与排除【评分细则】

序号	评分项	得分条件	分值	评分要求	自评	互评	师评
1	安全/5S/态度	□1. 能进行工位 5S 操作 □2. 能进行设备和工具的安全检查 □3. 能进行车辆安全防护操作 □4. 能进行工具的清洁、校准及存放操作 □5. 能进行"三不落地"操作	15	未完成 1 项扣 3 分	□熟练 □不熟练	□熟练 □不熟练	□合格 □不合格
2	专业技能	□1. 能正确确认故障现象 □2. 能正确测量辅助电池电压 □3. 能规范拆卸电动门窗插接器 □4. 能正确检查电动门窗插接器各端子之间的导通状态 □5. 能规范拆卸电动门窗的分开关插接器 □6. 能正确测量电动门窗分开关插接器各端子之间的导通状态 □7. 能规范拆卸电动门窗电动机的插接器 □8. 能正确检查电动门窗电动机的插接器 □9. 能规范修复电动门窗故障 □10. 能规范验证电动门窗功能	50	未完成 1 项扣 5 分	□熟练 □不熟练	□熟练 □不熟练	□合格 □不合格
3	工具及设备的使用能力	□1. 能正确使用故障诊断仪 □2. 能正确使用万用表	10	未完成 1 项扣 5 分	□熟练 □不熟练	□熟练 □不熟练	□合格 □不合格
4	资料、信息的查询能力	□1. 能正确查询线束插接器端子含义 □2. 能正确使用维修手册查询资料 □3. 能正确记录资料章节及页码 □4. 能正确记录所需维修信息	10	未完成 1 项扣 3 分，扣分不得超过 10 分	□熟练 □不熟练	□熟练 □不熟练	□合格 □不合格
5	判断和分析能力	□1. 能判断辅助电池电压是否正常 □2. 能判断电动门窗插接器各端子之间的导通状态 □3. 能判断电动门窗电动机的插接器导通情况	10	未完成 1 项扣 4 分，扣分不得超过 10 分	□熟练 □不熟练	□熟练 □不熟练	□合格 □不合格
6	表单填写与报告的撰写能力	□1. 字迹清晰 □2. 语句通顺 □3. 无错别字 □4. 无涂改 □5. 无抄袭	5	未完成 1 项扣 1 分	□熟练 □不熟练	□熟练 □不熟练	□合格 □不合格

总分：

实训任务 10-3　电动座椅及其加热系统故障诊断与排除

实训场地与器材

新能源汽车作业工位、新能源汽车（以北汽 EU5 为例）、万用表、诊断测试仪。

作业准备

1）新能源汽车停放指定工位，关闭发动机。
2）安装防护三件套等 5S 操作。

操作步骤

1）故障分析。电动座椅不能动作的主要原因有熔断器熔断、线路断路、座椅控制开关损坏等。首先检查熔断器是否熔断；若熔断器良好，则检查所在线路及其插接器是否正常，最后再检查座椅控制开关。

2）检查 20A 座椅熔断器。如图 4-17 所示，用万用表或目测检查 20A 座椅熔断器是否熔断，熔断则更换，若良好则检查控制电路的供电是否良好。

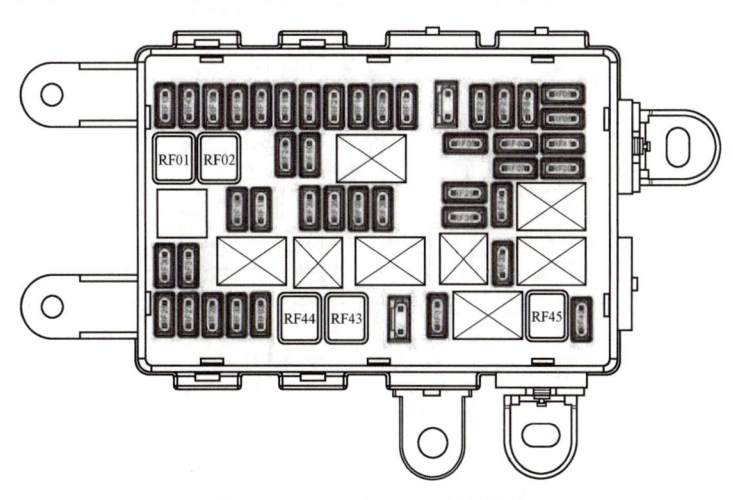

图 4-17　检查电动座椅熔断器

3）检查控制电路的供电。如图 4-18 所示，用万用表测量驾驶人电动座椅开关（S03）端子 5（正极）与车身接地点（负极）的电压，正常值为蓄电池电压（12V），否则应检查蓄电池与 20A 座椅熔断器、20A 座椅熔断器与驾驶人电动座椅开关（S03）端子 5 间线束是否断路、插接器连接是否牢固。

4）检查连接线束。如图 4-19 所示，用万用表检查蓄电池与 20A 座椅熔断器、20A 座椅熔断器与驾驶人电动座椅开关（S03）端子 5 间线束是否导通，如不导通则说明线束断路或与端子连接不良，应更换或检修；若导通，则要检查各插接器是否良好。

5）检查电动座椅控制开关。使电动座椅控制开关处于不同的调节位置，用万用表检查各端子的导通情况，应符合表 4-3 的要求，若导通状况不符合规定，则应更换电动座椅控制开关。

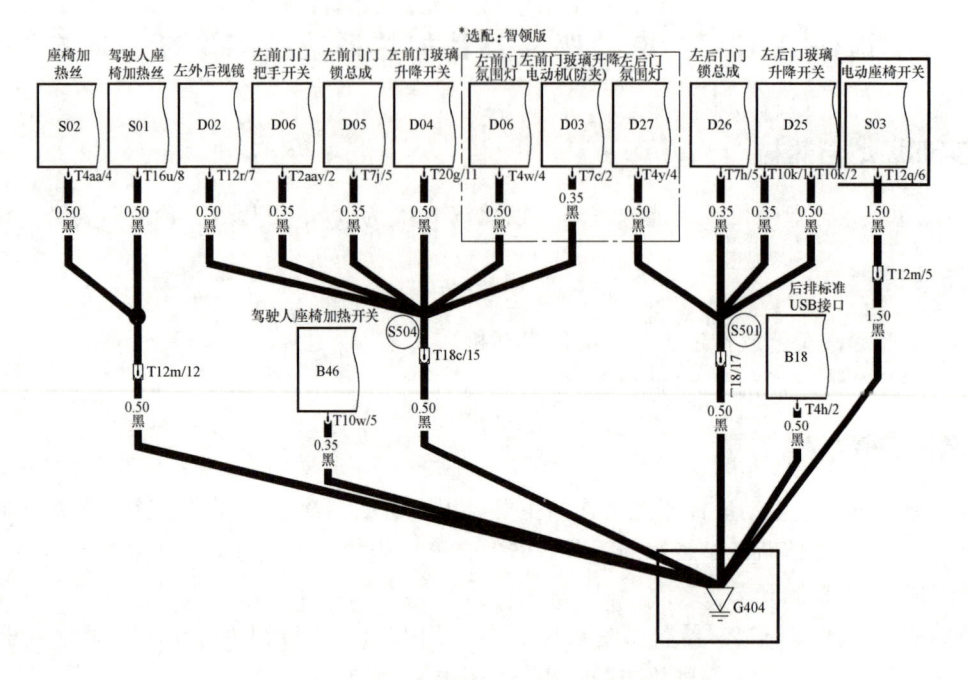

图 4-18 测量 S03 端子 5 与车身接地点的电压

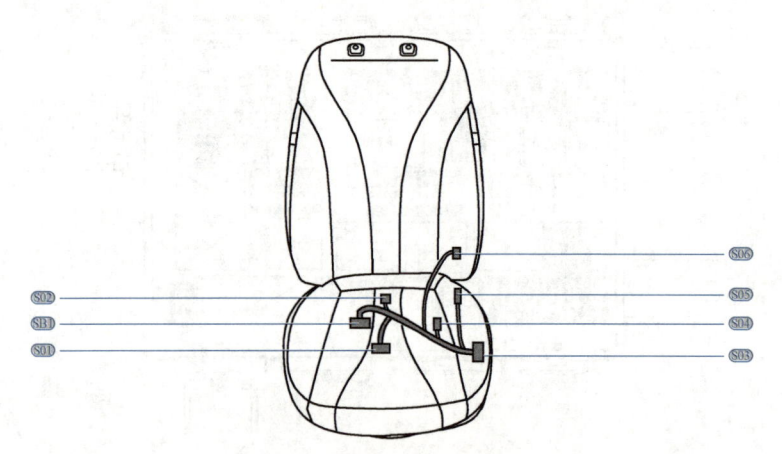

图 4-19 检查电动座椅连接线束

表 4-3 电动座椅开关检查

开关位置	动作	端子号						
		1	3	4	6	8	10	12
座椅前后调节	向前			←→				
	向后				←→			
座椅高度调节	向上		←→					
	向下				←→			
座椅靠背调节	向前	←————————————————→						
	向后				←→			

竣工检验

整理、恢复作业场地。

实训任务总结

电动座椅及其加热系统故障诊断与排除	工 作 任 务 单	班级：
		姓名：

1. 车辆信息记录

品牌		整车型号		生产年月	
驱动电机型号		动力蓄电池电量		行驶里程	
车辆识别码					

2. 作业场地准备

检查是否设置隔离栏	□是	□否
检查是否设置安全警示牌	□是	□否
检查灭火器压力、有效期是否符合要求	□是	□否
安装车辆挡块	□是	□否

3. 记录故障现象

4. 使用诊断仪读取故障码、数据流

故障码	
数据流	

5. 绘制电动座椅及其加热系统电路简图

6. 故障检测

检测对象	检测条件	检测值	标准值	结果判断

项目四　新能源汽车舒适、便利与安全系统故障检修

电动座椅及其加热系统故障诊断与排除		实习日期：	
姓名：	班级：	学号：	教师签名：
自评：□熟练□不熟练	互评：□熟练□不熟练	师评：□合格□不合格	
日期：	日期：	日期：	

电动座椅及其加热系统故障诊断与排除【评分细则】

序号	评分项	得分条件	分值	评分要求	自评	互评	师评
1	安全/5S/态度	□1. 能进行工位5S操作 □2. 能进行设备和工具的安全检查 □3. 能进行车辆安全防护操作 □4. 能进行工具的清洁、校准及存放操作 □5. 能进行"三不落地"操作	15	未完成1项扣3分	□熟练 □不熟练	□熟练 □不熟练	□合格 □不合格
2	专业技能	□1. 能正确确认故障现象 □2. 能正确测量辅助电池电压 □3. 能规范拆卸20A座椅熔断器 □4. 能正确检查20A座椅熔断器 □5. 能规范拆卸驾驶人电动座椅开关 □6. 能正确测量驾驶人电动座椅开关（S03）端子5（正极）与车身接地点（负极）的电压 □7. 能正确检查连接线束 □8. 能规范拆卸电动座椅控制开关 □9. 能正确检查电动座椅控制开关 □10. 能规范修复电动座椅故障 □11. 能规范验证电动座椅功能	50	未完成1项扣5分，扣分不得超过50分	□熟练 □不熟练	□熟练 □不熟练	□合格 □不合格
3	工具及设备的使用能力	□1. 能正确使用故障诊断仪 □2. 能正确使用万用表	10	未完成1项扣5分	□熟练 □不熟练	□熟练 □不熟练	□合格 □不合格
4	资料、信息的查询能力	□1. 能正确查询线束插接器端子含义 □2. 能正确使用维修手册查询资料 □3. 能正确记录资料章节及页码 □4. 能正确记录所需维修信息	10	未完成1项扣3分，扣分不得超过10分	□熟练 □不熟练	□熟练 □不熟练	□合格 □不合格
5	判断和分析能力	□1. 能判断辅助电池电压是否正常 □2. 能判断座椅熔断器是否正常 □3. 能判断驾驶人电动座椅开关（S03）端子5（正极）与车身接地点（负极）的电压是否正常 □4. 能判断电动座椅控制开关是否正常	10	未完成1项扣3分，扣分不得超过10分	□熟练 □不熟练	□熟练 □不熟练	□合格 □不合格
6	表单填写与报告的撰写能力	□1. 字迹清晰 □2. 语句通顺 □3. 无错别字 □4. 无涂改 □5. 无抄袭	5	未完成1项扣1分	□熟练 □不熟练	□熟练 □不熟练	□合格 □不合格

总分：

实训任务 10-4　电动后视镜故障诊断与排除

扫一扫

电动后视镜故障诊断与排除

实训场地与器材

新能源汽车作业工位、新能源汽车（以北汽 EU5 为例）、万用表、诊断测试仪。

作业准备

1）新能源汽车停放指定工位。
2）安装防护三件套等 5S 操作准备。

操作步骤

1）故障分析。电动后视镜都不工作的主要原因：熔断器熔断、线路断路、控制开关损坏等。

2）检查 20A 电动后视镜熔断器。用万用表或目测检查 20A 电动后视镜熔断器是否熔断（图 4-20），熔断则更换，若良好则检查控制电路的供电是否良好。

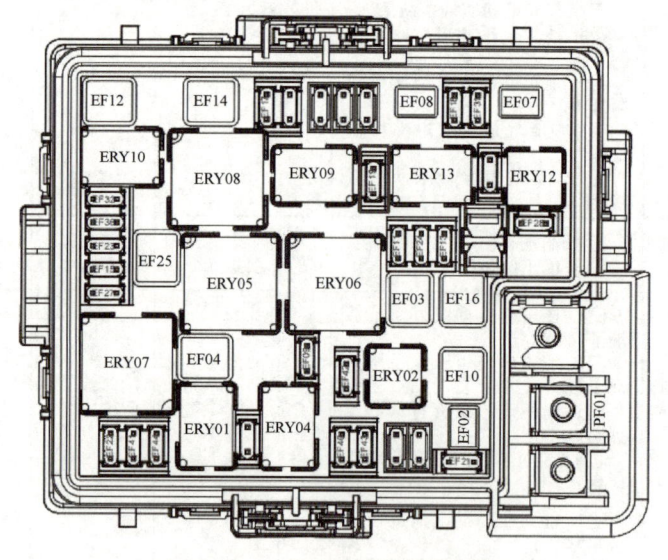

图 4-20　检查电动后视镜熔断器

3）检查控制电路的供电。如图 4-21 所示，用万用表测量电动后视镜开关（I14）端子 8（正极）与车身接地点（负极）的电压，正常值为蓄电池电压（12V），否则应检查蓄电池与 20A 电动后视镜熔断器、20A 电动后视镜熔断器与电动后视镜开关（I14）端子 8 间线束是否断路、插接器连接是否牢固。

4）检查连接线束。如图 4-22 所示，用万用表检查蓄电池与 20A 电动后视镜熔断器、20A 电动后视镜熔断器与电动后视镜开关（I14）端子 8 间线束是否导通，如不导通则说明线束断路或与端子连接不良，应更换或检修；若导通，则要检查各插接器是否良好。

项目四 新能源汽车舒适、便利与安全系统故障检修

护套	7283-6484
端子	7116-4660-02
序号	定义
1	背光照明
2	右外后视镜水平调节信号
3	右外后视镜公共线
4	左外后视镜水平调节信号
5	左外后视镜公共线
6	外后视镜垂直调节信号
7	接地
8	电源
9	接地
10	接地
11	—
12	—

图 4-21 检查电动后视镜控制电路的供电

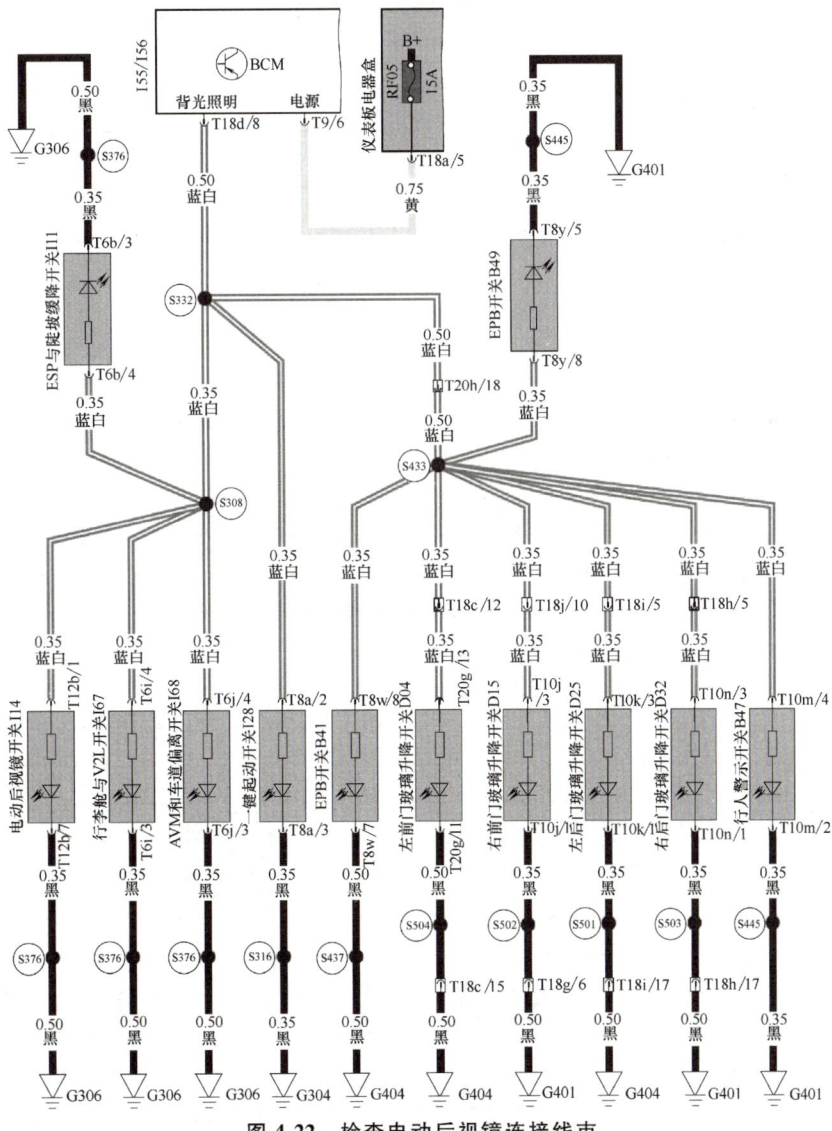

图 4-22 检查电动后视镜连接线束

113

5）检查电动后视镜控制开关。使电动后视镜控制开关处于不同的调节位置，用万用表检查各端子的导通情况，应符合表4-4要求，若导通状况不符合规定，则应更换电动后视镜控制开关。

表 4-4　电动后视镜开关检查

开关位置	动作	1	2	3	4	5	6	7	8	9	10
左后视镜调整	右				←	←		→	→		
	左				←	→		←	→		
	下						←	→			
	上					←		→			
右后视镜调整	右		←					→	→		
	左		←					←	→		
	下						←	→			
	上						←	→			

竣工检验

整理、恢复作业场地。

实训任务总结

项目四　新能源汽车舒适、便利与安全系统故障检修

电动后视镜故障诊断与排除	工 作 任 务 单	班级：
		姓名：

1. 车辆信息记录

品牌		整车型号		生产年月	
驱动电机型号		动力蓄电池电量		行驶里程	
车辆识别码					

2. 作业场地准备

检查是否设置隔离栏	□是　□否
检查是否设置安全警示牌	□是　□否
检查灭火器压力、有效期是否符合要求	□是　□否
安装车辆挡块	□是　□否

3. 记录故障现象

4. 使用诊断仪读取故障码、数据流

故障码	
数据流	

5. 绘制电动后视镜电路简图

6. 故障检测

检测对象	检测条件	检测值	标准值	结果判断

115

电动后视镜故障诊断与排除			实习日期：		
姓名：		班级：		学号：	教师签名：
自评：□熟练□不熟练		互评：□熟练□不熟练		师评：□合格□不合格	
日期：		日期：		日期：	

电动后视镜故障诊断与排除【评分细则】

序号	评分项	得分条件	分值	评分要求	自评	互评	师评
1	安全/5S/态度	□1. 能进行工位 5S 操作 □2. 能进行设备和工具的安全检查 □3. 能进行车辆安全防护操作 □4. 能进行工具的清洁、校准及存放操作 □5. 能进行"三不落地"操作	15	未完成1项扣3分	□熟练 □不熟练	□熟练 □不熟练	□合格 □不合格
2	专业技能	□1. 能正确确认故障现象 □2. 能正确测量辅助电池电压 □3. 能规范拆卸 20A 电动后视镜熔断器 □4. 能正确检查 20A 电动后视镜熔断器 □5. 能正确测量控制电路的供电 □6. 能正确检查连接线束 □7. 能规范拆卸电动后视镜开关 □8. 能正确检查电动后视镜开关 □9. 能规范修复电动后视镜故障 □10. 能规范验证电动后视镜功能	50	未完成1项扣 5 分，扣分不得超过 50 分	□熟练 □不熟练	□熟练 □不熟练	□合格 □不合格
3	工具及设备的使用能力	□1. 能正确使用故障诊断仪 □2. 能正确使用万用表	10	未完成1项扣 5 分	□熟练 □不熟练	□熟练 □不熟练	□合格 □不合格
4	资料、信息的查询能力	□1. 能正确查询线束插接器端子含义 □2. 能正确使用维修手册查询资料 □3. 能正确记录资料章节及页码 □4. 能正确记录所需维修信息	10	未完成1项扣 3 分，扣分不得超过 10 分	□熟练 □不熟练	□熟练 □不熟练	□合格 □不合格
5	判断和分析能力	□1. 能判断辅助电池电压是否正常 □2. 能判断电动后视镜熔断器是否正常 □3. 能判断电动后视镜连接线束是否正常 □4. 能判断电动后视镜控制开关是否正常	10	未完成1项扣 3 分，扣分不得超过 10 分	□熟练 □不熟练	□熟练 □不熟练	□合格 □不合格
6	表单填写与报告的撰写能力	□1. 字迹清晰 □2. 语句通顺 □3. 无错别字 □4. 无涂改 □5. 无抄袭	5	未完成1项扣 1 分	□熟练 □不熟练	□熟练 □不熟练	□合格 □不合格

总分：

实训任务 10-5　电动天窗故障诊断与排除

实训场地与器材

新能源汽车作业工位、新能源汽车（以北汽 EU5 为例）、万用表、诊断测试仪。

作业准备

1）新能源汽车停放指定工位。
2）安装防护三件套等 5S 操作准备。

操作步骤

电动天窗常见故障有天窗漏水，天窗系统不工作，天窗系统中途停止工作，天窗运行缓慢、时停时走等。

（1）天窗系统不工作

1）故障原因：20A 熔丝故障、电动天窗继电器故障、连接导线故障。

2）诊断思路：

① 检查 20A 熔丝是否正常，不正常查明原因，维修或更换。

② 若正常，检查电动天窗继电器，不正常，更换。

③ 正常，检查连接导线。

（2）天窗系统中途停止工作

1）故障原因：电动天窗控制开关和继电器故障、电动天窗电动机和限位开关故障、连接导线故障。

2）诊断思路：

① 检查电动天窗控制开关的工作情况，不正常，更换。

② 正常，检查电动天窗继电器，不正常，更换。

③ 正常，检查连接导线。

（3）天窗运行缓慢、时停时走

1）故障原因：电源电压不够。

2）诊断思路：检查蓄电池的电量，不足给蓄电池充电。

（4）主要部件的检修

下面以北汽 EU5 电动天窗为例进行检修。

1）天窗功能的检查：

① 检查滑动开启操作情况：将点火开关转至 ON 位置，电动天窗开关位于 OPEN 侧时，检查电动天窗是否滑动并完全打开。

② 检查滑动关闭操作情况：将点火开关转至 ON 位置，电动天窗开关位于 CLOSE 侧时，检查电动天窗是否滑动并完全关闭。

③ 检查斜升操作情况：将点火开关转至 ON 位置，电动天窗开关位于 UP 侧时，检查电

动天窗是否斜升。

④ 检查斜降操作情况：将点火开关转至 ON 位置，电动天窗开关位于 DOWN 侧时，检查电动天窗是否斜降。

2）天窗继电器和开关的检查：

① 断开电动天窗继电器和开关插接器，检查电动天窗继电器和开关配线侧插接器各端子间的电压和导通情况，若检测结果不符合要求，则检测相关电路。电动天窗继电器和开关插接器如图 4-23 所示。

图 4-23 电动天窗继电器和开关插接器

② 插回电动天窗继电器和开关插接器，从插接器背面检测电动天窗继电器和开关配线侧插接器各端子间的电压和导通性，如图 4-24 所示，若检测结果不符合要求，则检测相关电路。

图 4-24 插接器各端子间的电压和导通性

3）天窗电动机与限位开关总成的检查：

① 天窗电动机工作情况检查：将蓄电池正极与电动天窗电动机 2 端子连接，负极与 1 端子连接，电动机顺时针转动；反之，电动机应能逆时针转动，且没有异常声音，说明电动机正常。若不符合要求，应更换天窗电动机。

② 限位开关导通情况检查：1 号限位开关在 OFF 位置时，电动天窗限位开关 3、6 端子不导通；1 号限位开关在 ON 位置时，电动天窗限位开关 3、6 端子应导通；2 号限位开关在

OFF 位置时，电动天窗限位开关 5、6 端子不导通；2 号限位开关在 ON 位置时，电动天窗限位开关 5、6 端子应导通；若导通情况不符合要求，则应更换天窗限位开关。

竣工检验

整理、恢复作业场地。

实训任务总结

电动天窗故障诊断与排除	工 作 任 务 单	班级：
		姓名：

1. 车辆信息记录

品牌		整车型号		EU5	生产年月	
驱动电机型号		动力蓄电池电量			行驶里程	
车辆识别码						

2. 作业场地准备

检查是否设置隔离栏	□是	□否
检查是否设置安全警示牌	□是	□否
检查灭火器压力、有效期是否符合要求	□是	□否
安装车辆挡块	□是	□否

3. 记录故障现象

4. 使用诊断仪读取故障码、数据流

故障码	
数据流	

5. 绘制电动天窗电路简图

6. 故障检测

检测对象	检测条件	检测值	标准值	结果判断

项目四 新能源汽车舒适、便利与安全系统故障检修

电动天窗故障诊断与排除			实习日期：	
姓名：	班级：		学号：	教师签名：
自评：□熟练□不熟练	互评：□熟练□不熟练		师评：□合格□不合格	
日期：	日期：		日期：	

电动天窗故障诊断与排除【评分细则】

序号	评分项	得分条件	分值	评分要求	自评	互评	师评
1	安全/5S/态度	□1. 能进行工位 5S 操作 □2. 能进行设备和工具的安全检查 □3. 能进行车辆安全防护操作 □4. 能进行工具的清洁、校准及存放操作 □5. 能进行"三不落地"操作	15	未完成1项扣3分	□熟练 □不熟练	□熟练 □不熟练	□合格 □不合格
2	专业技能	□1. 能正确认故障现象 □2. 能正确测量辅助电池电压 □3. 能规范拆卸 20A 电动天窗熔断器 □4. 能正确检查 20A 电动天窗熔断器 □5. 能规范拆卸电动天窗继电器 □6. 能正确测量电动天窗继电器 □7. 能正确检查连接线束 □8. 能规范拆卸电动天窗控制开关 □9. 能正确检查电动天窗控制开关 □10. 能正确检查天窗电动机工作情况 □11. 能正确检查电动天窗限位开关导通情况 □12. 能规范修复电动天窗故障 □13. 能规范验证电动天窗功能	50	未完成1项扣4分，扣分不得超过50分	□熟练 □不熟练	□熟练 □不熟练	□合格 □不合格
3	工具及设备的使用能力	□1. 能正确使用故障诊断仪 □2. 能正确使用万用表	10	未完成1项扣5分	□熟练 □不熟练	□熟练 □不熟练	□合格 □不合格
4	资料、信息的查询能力	□1. 能正确查询线束插接器端子含义 □2. 能正确使用维修手册查询资料 □3. 能正确记录资料章节及页码 □4. 能正确记录所需维修信息	10	未完成1项扣3分，扣分不得超过10分	□熟练 □不熟练	□熟练 □不熟练	□合格 □不合格
5	判断和分析能力	□1. 能判断辅助电池电压是否正常 □2. 能判断电动天窗熔丝是否正常 □3. 能判断电动天窗连接线束是否正常 □4. 能判断电动天窗控制开关是否正常 □5. 能判断电动天窗限位开关导通情况	10	未完成1项扣3分，扣分不得超过10分	□熟练 □不熟练	□熟练 □不熟练	□合格 □不合格
6	表单填写与报告的撰写能力	□1. 字迹清晰 □2. 语句通顺 □3. 无错别字 □4. 无涂改 □5. 无抄袭	5	未完成1项扣1分	□熟练 □不熟练	□熟练 □不熟练	□合格 □不合格

总分：

任务二　刮水器与洗涤器故障诊断与排除

【学习目标】

知识目标：

1）理解刮水洗涤系统功能。
2）理解刮水洗涤系统工作原理。
3）知道刮水器和洗涤器功能检查的方法。
4）理解刮水器和洗涤器故障分析方法。

技能目标：

1）能够识读刮水洗涤系统电路图。
2）能够操作和检查刮水器和洗涤器功能。
3）能够诊断与排除刮水器和洗涤器故障。

素质目标：

1）操作过程中互相学习，进行团队合作，探索新鲜事物。
2）通过对刮水洗涤系统故障的诊断与排除，养成规范操作、认真严谨的工作态度。
3）在诊断故障过程中，尽量避免盲目拆卸，以免造成人力、材料和时间的浪费，防止因不正确的操作和拆装导致新故障的产生，同时善于总结排除故障的规律。

【任务描述】

一辆新能源汽车，客户反映其刮水器不动、洗涤器不喷水，来到店里进行检修，经检查洗涤器功能、诊断仪诊断后，显示故障码 B112A11，含义为前清洗开关卡滞。针对车辆故障，您应当用什么方法和思路对车辆进行检修？

【相关知识】

一、刮水器故障诊断与排除

1. 刮水洗涤系统功能介绍

刮水洗涤系统主要有两种功能，分别为刮水功能与洗涤功能。其中，刮水功能包括前部刮水功能、后窗刮水功能、自动刮水功能。

前部刮水功能是标配功能，通常包括除雾档、间歇档、低速档、高速档等。如图 4-25 所示，洗涤功能主要包括前风窗玻璃的清洗、后风窗玻璃的清洗与前照灯清洗。

图 4-25　洗涤功能

2. 刮水洗涤系统结构

刮水洗涤系统操纵杆共有 5 个档位，从上到下依次为 HI、LO、AUTO、OFF、MIST，分别表示高速刮水、低速刮水、自动刮水、关闭风窗玻璃刮水器、单次刮水。

目前常见的车型，刮水洗涤系统部件包括刮水器开关、刮水器电动机与连杆、前刮水片、前刮水臂、洗涤储液罐、刮水组件、前风窗喷嘴总成、喷洗泵、风窗喷洗电动机、雨量传感器等，如图 4-26 所示。

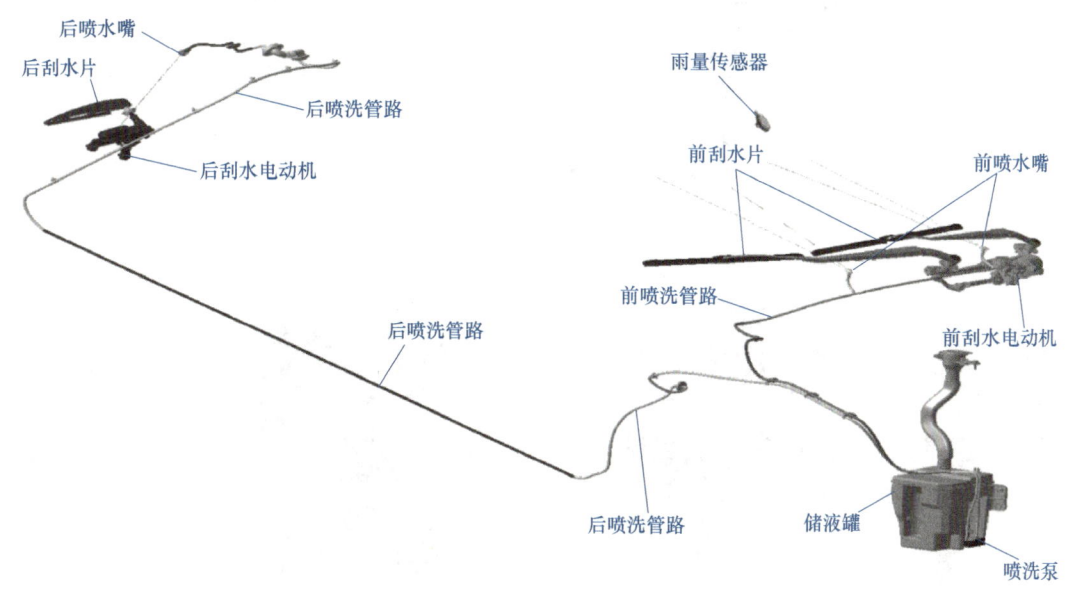

图 4-26 刮水洗涤系统结构示意图

（1）雨量传感器　配备有自动刮水系统的车辆在前风窗玻璃处配置有雨量传感器，雨量传感器有两个作用，一是检测雨量，二是检测光线，实现自动前照灯的自动灯光切换控制。如图 4-27 所示。

图 4-28 所示为雨量传感器结构原理图。雨量传感器主要由发射红外线的发光二极管和接收反射线的光电二极管组成。检测方法基于从风窗玻璃反射的红外线。

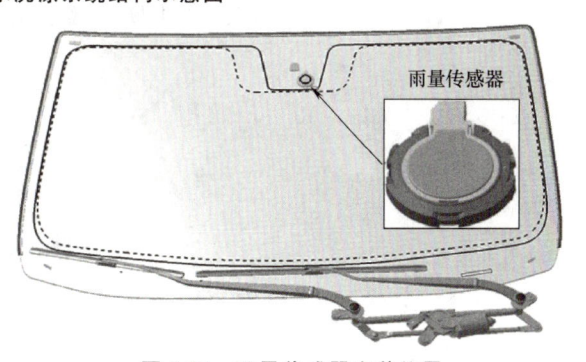

图 4-27 雨量传感器安装位置

如图 4-29 所示，雨量传感器为局部互联网（Local Interconnect Network，LIN）模块，通过 LIN 网络将雨量等信息传输给 BCM，BCM 根据 LIN 信号控制前刮水器以最佳的擦拭时间在间歇、低速、高速模式下运行。

（2）刮水器电动机　图 4-30 所示为刮水器电动机结构示意图，刮水器电动机为永磁电动机，通过蜗轮蜗杆减速传动装置降低电动机输出转速，在减速传动装置的蜗轮上有一凸轮板开关，使得每次刮水器开关关闭后刮水器电动机都会停在同样的位置（刮水器最低位）。

图 4-31 所示为刮水洗涤系统喷水泵，喷水泵也称为喷水电动机，它安装在玻璃洗涤液

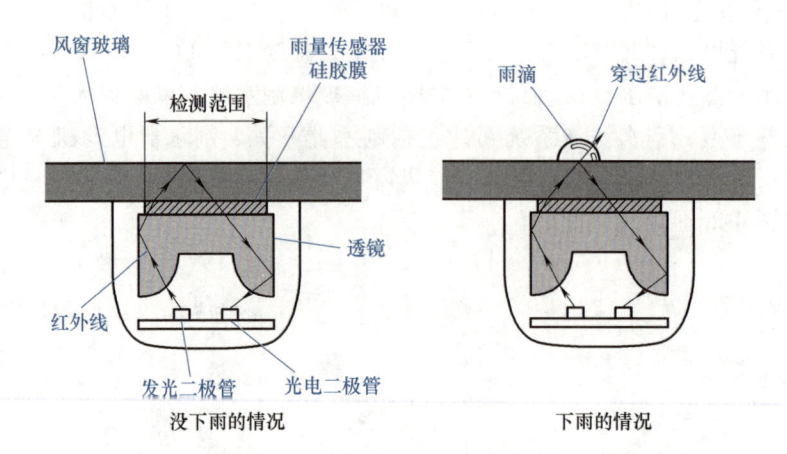

图 4-28 雨量传感器原理图

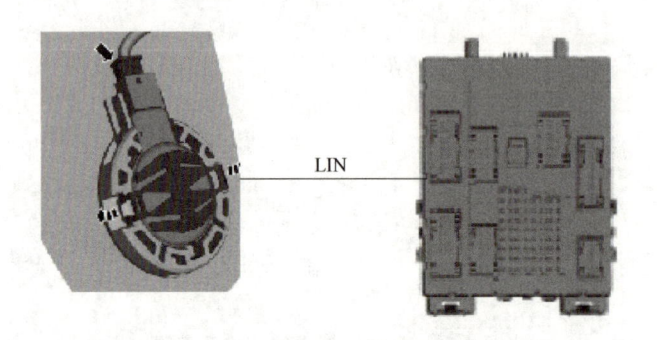

图 4-29 雨量传感器信号传输

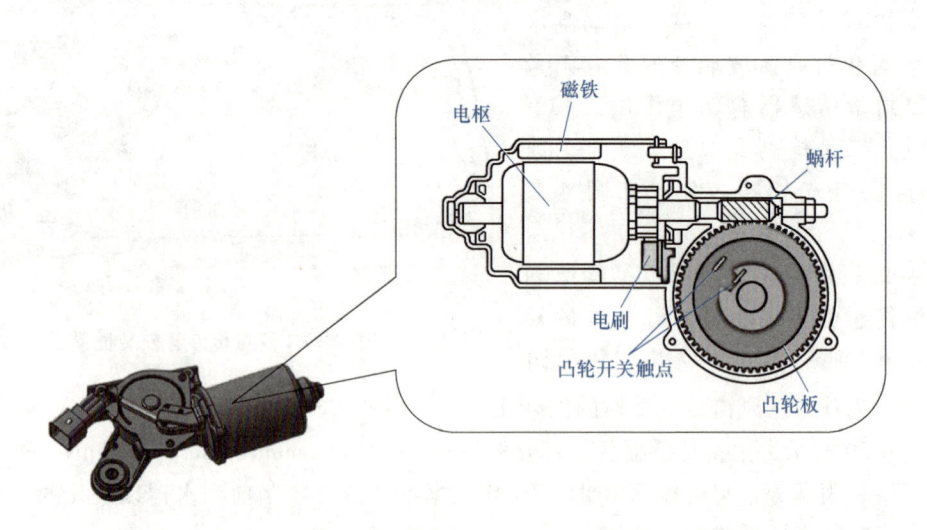

图 4-30 刮水器电动机结构示意图

的储液罐出口,泵工作将洗涤液泵出,并通过管路输送到喷水嘴实现功能。电动机驱动水泵正转与反转实现水流向不同出口位置,从而实现前风窗喷水或后风窗喷水。

(3)刮水器开关 如图 4-32 所示,常见的刮水器开关为机械触点式开关,其内部布置

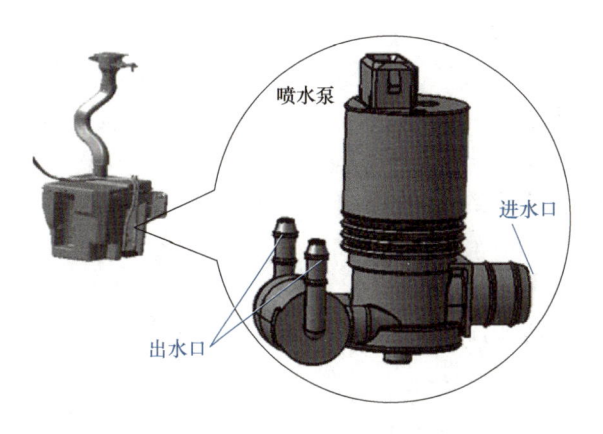

图 4-31　刮水洗涤系统喷水泵示意图

开关档位	T40/7	T40/8
OFF位置	1	1
MIST位置	0	0
INT/AUTO位置	1	0
LO位置	0	0
HI位置	0	1

图 4-32　机械式刮水器开关结构图

有复杂的电路，驾驶人操作开关的过程是机械开关不同组合接通不同电路的过程，而不同电路组合提供给 BCM 不同的接线端子信号。

如图 4-33 所示，有些车型配备的刮水器开关自身就是一个模块，通过网络与 BCM 传输指令信息。

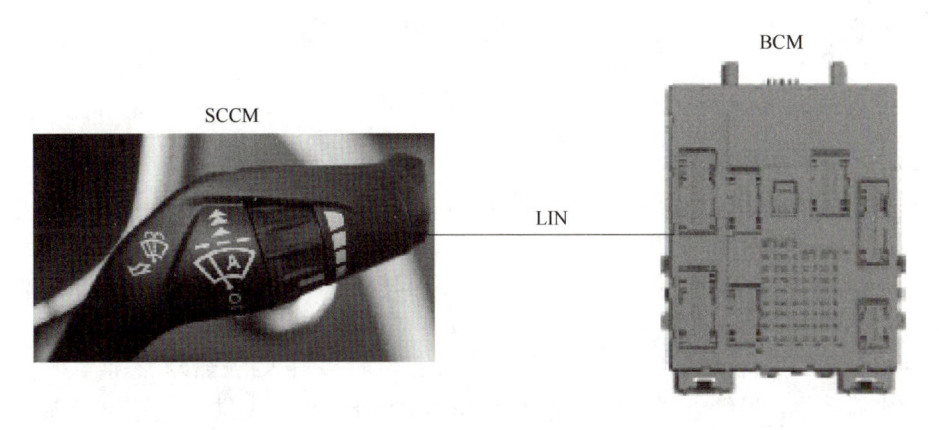

图 4-33　模块式刮水器开关

125

3. 刮水洗涤系统工作原理

输入信号分析：

- 刮水器开关为机械式刮水器开关，开关信号传输给转向管柱控制模块（Steering Column Control Module，SCCM）。
- 雨量传感器通过 LIN 网络与 SCCM 传输雨量与光强度信息。

控制模块分析：

- 刮水洗涤系统控制模块为 BCM。
- 前刮水器电动机既是执行器，同时也为 LIN 网络模块，输出与前刮水洗涤、后刮水器电动机在自动模式下的联动信号。
- GWM 为网关。

输出信号分析：

- 刮水器电动机的工作受控于刮水器继电器，而继电器受控于 BCM。
- 当网络出现故障时，刮水器系统会失效，此时 SCCM 通过硬线可直接控制刮水器电动机在最高速档位工作。
- 前后刮水器洗涤电动机受控于前刮水器电动机（模块）。
- 照照灯洗涤电动机受控于前照灯洗涤继电器，继电器受控于 BCM。

图 4-34 所示为某车型刮水洗涤系统原理。

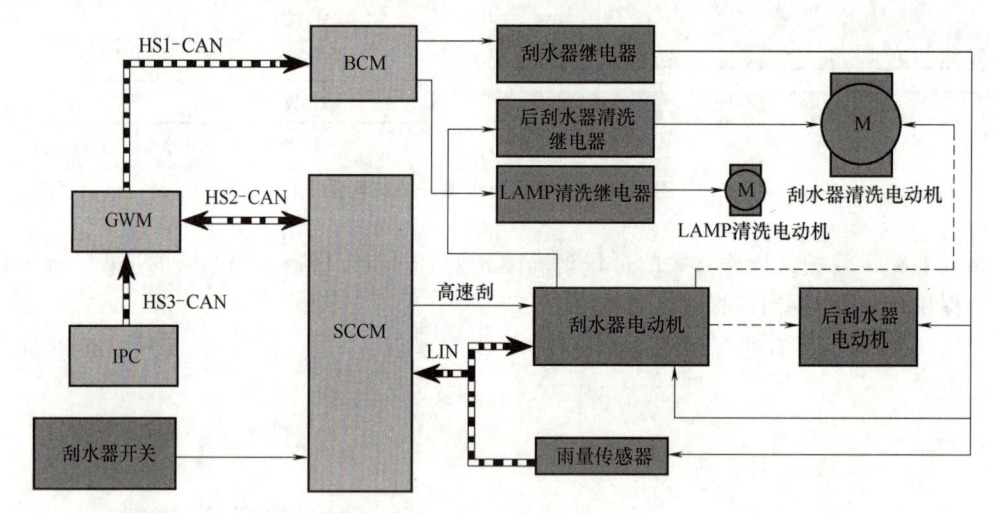

图 4-34 刮水洗涤系统原理图

4. 刮水洗涤系统电路图分析

图 4-35 所示为北汽 EU5 汽车刮水洗涤系统电路，由电源、熔丝 RF19/7.5A、熔丝 RF27/15A、熔丝 EF19/20A、雨量光传感器、低速刮水器继电器 ERY08、高速刮水器继电器 ERY09、车身控制模块（BCM）、刮水器组合开关 I24、前刮水器电动机 U12 和前洗涤电动机 U18 组成。从图中可获得如下信息：

- 刮水器开关为机械式开关，通过硬线传输给 BCM 驾驶人的操作状态信息。
- 刮水器高、低速继电器由低压蓄电池 B+和熔丝 EF19/20A 供电，由 BCM 控制内部搭铁。
- 前洗涤电动机由 BCM 直接控制。

项目四　新能源汽车舒适、便利与安全系统故障检修

- 雨量光传感器只有在点火开关处于"ON"位置时才起作用。通过 LIN 网络与 BCM 通信。

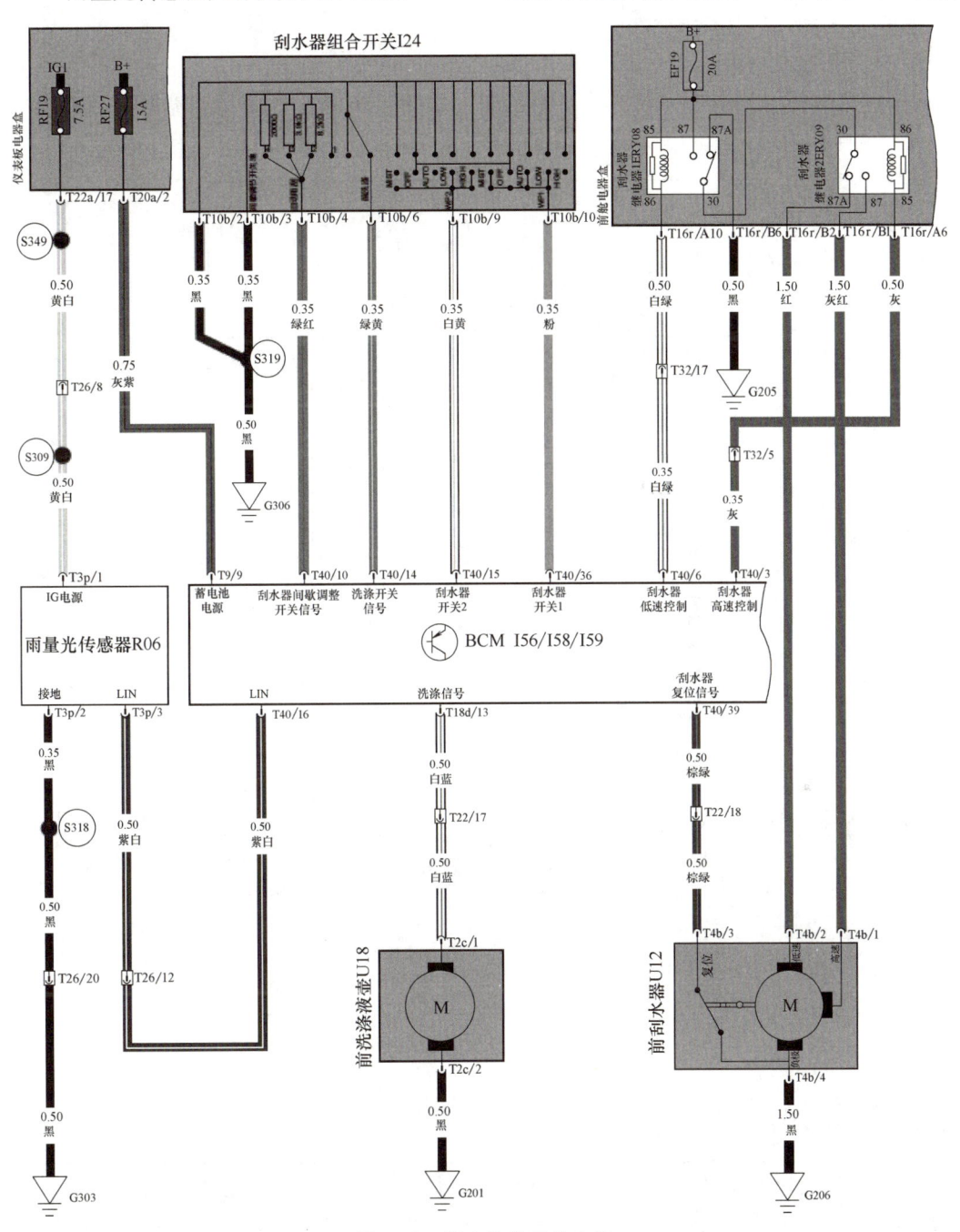

图 4-35　刮水洗涤系统电路

二、洗涤器故障诊断与排除

1. 洗涤器功能检查

起动/停止按键处于"RUN"模式时，向转向盘方向拨动刮水器操纵杆，洗涤电动机开始工作，前风窗洗涤喷嘴开始喷水，松开即停止喷水，前刮水器继续刮刷几次后自动停止。

向转向盘方向拨动刮水器操纵杆并保持住，则洗涤器持续喷水，最长可持续喷水 12s，之后自动停止。

2. 洗涤器故障分析

查看维修手册，分析刮水洗涤系统电路图，如图 4-36 所示，分析故障原因可能为导线故障或控制单元故障。

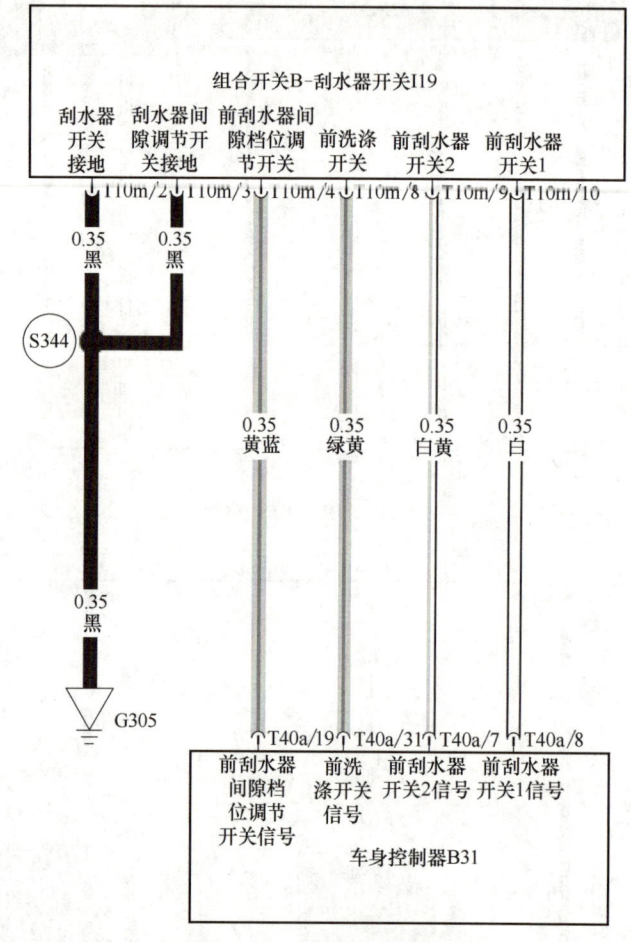

图 4-36 刮水洗涤系统部分电路

你知道吗？

随着汽车技术的发展，汽车结构日益复杂，汽车电子技术、电控系统也越来越复杂，因此单凭经验诊断汽车故障越来越难。在汽车故障维修排除中，查找故障点和原因的时间占 70% 左右，而维修和排除故障的时间只占 30% 左右。在汽车故障诊断中要善于遵循以下原则：搞清故障现象、询问故障来由、熟悉工作原理、排除特殊情况、仔细逻辑分析、坚持从简到繁、适宜由表及里、判断准确合理、忌讳大拆乱拆、切勿随意换件。在诊断故障过程中，尽量避免盲目拆卸，以免造成人力、材料和时间的浪费，防止因不正确的操作和拆装导致新故障的产生，同时要善于总结排除故障的规律。

> **课堂讨论：**
>
> 同学们，故障分析时，要善于思考和总结导致故障产生的深层原因，在分析故障产生的原因方面你有哪些技巧和经验？接下来就让我们分享一下吧！

【实训任务十一】 刮水器与洗涤器故障诊断与排除

实训任务 11-1 刮水器与喷水装置电路识读与功能操作

实训场地与器材

新能源汽车作业工位、新能源汽车（以北汽 EU5 为例）、工作灯、常用工具、工具车、升降平台、诊断仪、万用表、示波器。零件与辅料：光照传感器、雨量传感器、刮水器电动机、刮水器臂总成。

作业准备

1）新能源汽车和防护三件套等 5S 操作准备。
2）工位配套隔离带、安全警告标志牌、灭火器、绝缘杆、绝缘垫、高压部件清洗液、护目镜、头盔、绝缘手套。
3）资料准备：维修手册、用户手册、其他资料。

扫一扫 刮水器电路识读

操作步骤

1）停车入位，安装防护三件套等 5S 操作。
2）查找用户手册，查看操作刮水器与喷水装置的方法，确认各档位及功能情况。
3）查找维修手册，识读刮水洗涤电路图。
① 先看全图，把单独的系统框出来，并列出（请另备纸张书写）。
② 分析各系统的工作过程、相互间的联系（请另备纸张书写）。
③ 运用回路原则，找到各系统的电源、熔丝、开关、控制装置、用电设备、导线、搭铁或电源负极等组成部分，绘制刮水洗涤系统电路简图（请另备纸张画图），并分析电路走向。
④ 总结和分析电路（请另备纸张书写）。
⑤ 在实车上找到电路图相关部件、继电器、熔丝等。
4）查找维修手册中刮水洗涤电路图，分析电路图，并填写工单。
① 如图 4-35 和图 4-36 所示，T40a/39 接收到搭铁信号，此时刮水器电动机处于（　　）位置。
② 配备后刮水器单清洗电动机的车型，其后刮水清洗功能是靠（　　）工作实现的。
③ 在刮水器电动机工作过程中，如果刮水器的外部运转阻力增大，那么，此时电动机的电

流将（　　），电动机电压将（　　），电动机温度将（　　），容易造成（　　）故障。

④ 刮水器开关为机械式开关，通过（　　）传输给 BCM 驾驶人的操作状态信息，刮水器高、低速继电器由（　　）和熔丝（　　）供电，由（　　）控制内部搭铁，前洗涤电动机由（　　）直接控制。雨量光传感器只有在点火开关处于（　　）位置才起作用，通过（　　）网络与（　　）通信。

⑤ 请结合电路图，描述刮水器组合开关各档位是如何实现切换的（请另备纸张书写）。

⑥ 如图 4-35 和图 4-36 所示，刮水器低速继电器线圈短路，那么刮水器系统高速运转功能是否有效，为什么？（请另备纸张书写）

⑦ 请查询资料列举开式前刮水器系统的系统结构与工作原理（请另备纸张书写）。

竣工检验

整理、恢复作业场地。

实训任务总结

刮水器与喷水装置电路识读与功能操作		工 作 任 务 单		班级：	
^		^		姓名：	

1. 车辆信息记录

品牌		整车型号		生产年月	
驱动电机型号		动力蓄电池电量		行驶里程	
车辆识别码					

2. 作业场地准备

检查是否设置隔离栏	□正常 □不正常
检查是否设置安全警示牌	□正常 □不正常
检查灭火器压力、有效期是否符合要求	□正常 □不正常
安装车辆挡块	□正常 □不正常

3. 操作和检查刮水洗涤系统

操作和检查刮水器工作情况（MIST）	□正常 □不正常
操作和检查刮水器工作情况（OFF）	□正常 □不正常
操作和检查刮水器工作情况（INT）	□正常 □不正常
操作和检查刮水器工作情况（LO）	□正常 □不正常
操作和检查刮水器工作情况（HI）	□正常 □不正常
操作和检查刮水器停止情况	□正常 □不正常
操作和检查刮水器刮拭状况	□正常 □不正常
检查洗涤器储液罐液位情况，如不足，需添加	□正常 □不正常
操作洗涤器喷水，检查喷嘴有无堵塞情况	□正常 □不正常
检查洗涤器喷射力	□正常 □不正常
检查洗涤器喷射位置	□正常 □不正常
操作调整风窗玻璃喷射位置	□正常 □不正常

4. 查阅维修手册，识读刮水洗涤系统电路图

分析全图，列出单独的系统	□正常 □不正常
分析各系统的工作过程、相互间的联系	□正常 □不正常
运用回路原则，找到各系统的电源、熔丝、开关、控制装置、用电设备、导线、搭铁或电源负极等组成部分，绘制刮水洗涤系统电路简图，并分析电路走向。	□正常 □不正常
总结和分析电路	□正常 □不正常
在实车上找到电路图相关部件、继电器、熔丝等	□正常 □不正常

131

刮水器与喷水装置电路识读与功能操作			实习日期:			
姓名:		班级:		学号:		教师签名:
自评：□熟练□不熟练		互评：□熟练□不熟练		师评：□合格□不合格		
日期:		日期:		日期:		

刮水器与喷水装置电路识读与功能操作【评分细则】

序号	评分项	得分条件	分值	评分要求	自评	互评	师评
1	安全/5S/态度	□1. 能进行工位 5S 操作 □2. 能进行设备和工具的安全检查 □3. 能进行车辆安全防护操作 □4. 能进行工具的清洁、校准及存放操作 □5. 能进行"三不落地"操作	15	未完成1项扣3分	□熟练 □不熟练	□熟练 □不熟练	□合格 □不合格
2	专业技能	□1. 能正确操作和检查刮水器工作情况（MIST） □2. 能正确操作和检查刮水器工作情况（OFF） □3. 能正确操作和检查刮水器工作情况（INT） □4. 能正确操作和检查刮水器工作情况（LO） □5. 能正确操作和检查刮水器工作情况（HI） □6. 能正确操作和检查刮水器停止情况 □7. 能正确操作和检查刮水器刮拭状况 □8. 能正确检查洗涤器储液罐液位情况，如不足，需添加 □9. 能正确操作洗涤器喷水，检查喷嘴有无堵塞情况 □10. 能正确检查洗涤器喷射力 □11. 能正确检查洗涤器喷射位置 □12. 能正确操作调整风窗玻璃喷射位置 □13. 能正确识读刮水洗涤系统电路图，把相关系统部件列出 □14. 能正确分析各系统的工作过程、相互间的联系 □15. 能正确运用回路原则，绘制刮水洗涤系统电路简图 □16. 能正确总结和分析刮水洗涤系统电路 □17. 根据维修手册指示，能正确地在实车上找到电路图相关部件、继电器、熔丝	75	未完成1项扣5分，扣分不得超过75分	□熟练 □不熟练	□熟练 □不熟练	□合格 □不合格
3	工具及设备的使用能力	□1. 能够正确举升车辆 □2. 能正确使用手灯	10	未完成1项扣5分	□熟练 □不熟练	□熟练 □不熟练	□合格 □不合格

总分:

实训任务 11-2　刮水器故障诊断与排除

实训场地与器材

新能源汽车作业工位、新能源汽车（以北汽 EU5 为例）、工作灯、常用工具、工具车、升降平台、诊断仪、万用表、示波器。

扫一扫　刮水器故障诊断与排除

作业准备

1）新能源汽车和防护三件套等 5S 操作。
2）工位配套隔离带、安全警告标志牌、灭火器、绝缘杆、绝缘垫、高压部件清洗液、护目镜、头盔、绝缘手套。
3）资料准备：维修手册、用户手册、其他资料。

操作步骤

1）停车入位。
2）操作并确认刮水器功能。
3）刮水器故障检查步骤。

① 检查蓄电池电压。如图 4-37 所示，检查蓄电池是否存在电压不足现象，如有，需对蓄电池进行充电或更换蓄电池。

② 检查刮水器臂固定螺母。如图 4-38 所示，检查刮水器臂固定螺母是否松动，如有松动，需按规定力矩紧固螺母。

图 4-37　检查蓄电池电压　　　　图 4-38　检查刮水器臂固定螺母

③ 检查刮水洗涤系统熔丝。如图 4-39 所示，检查刮水洗涤系统熔丝 EF19/20A 是否熔断，如熔断需更换熔丝。

④ 检查刮水系统继电器。如图 4-40 所示，检查低速刮水器继电器 ERY08、高速刮水器继电器 ERY09 是否工作，若继电器不工作，需更换继电器。

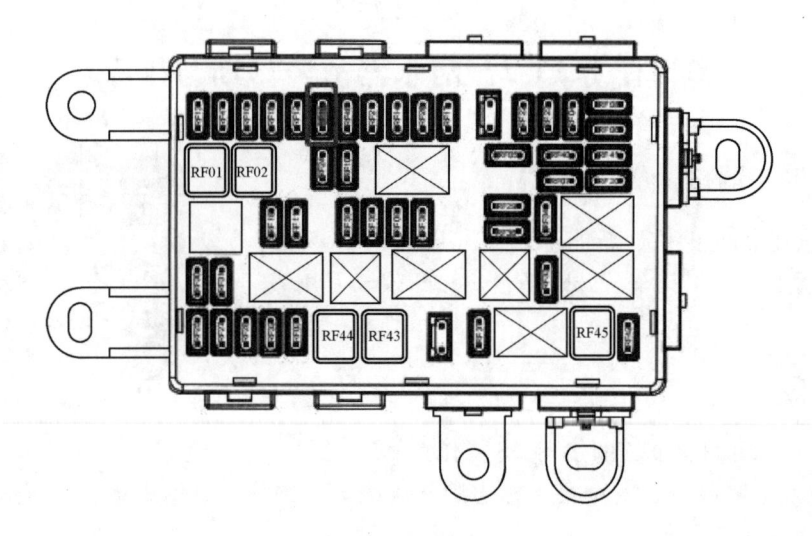

图 4-39 检查刮水洗涤系统熔丝

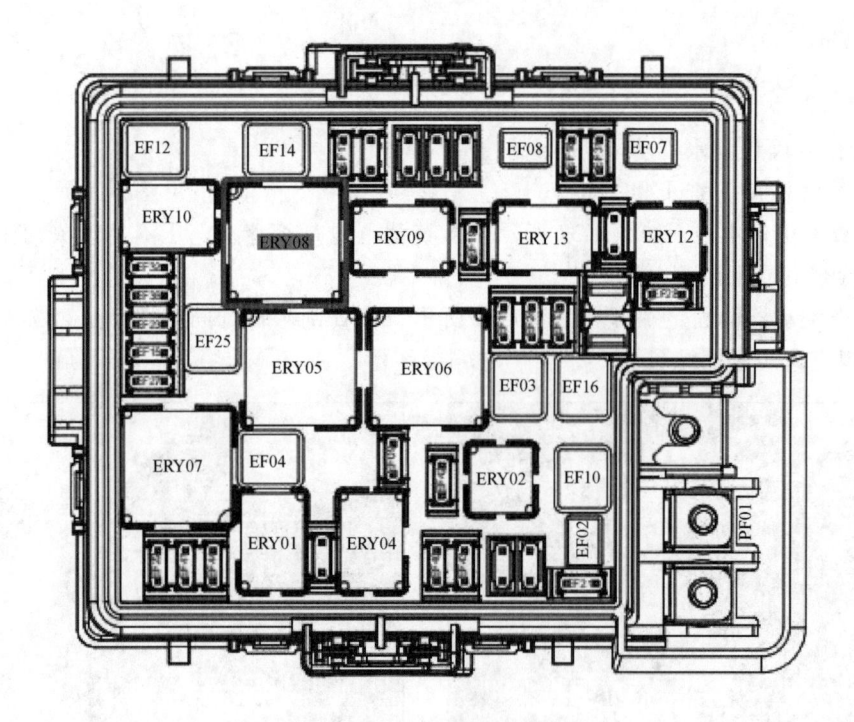

图 4-40 检查刮水器继电器

⑤ 检查刮水器电动机摇臂。如图 4-41 所示，检查刮水器电动机上的摇臂螺母是否松动，若有松动，需按规定力矩紧固螺母。

⑥ 检查刮水器电动机。如图 4-42 所示，检查刮水器电动机是否损坏，若损坏，需更换刮水器电动机。

⑦ 检查刮水组件。检查刮水组件是否损坏，若损坏，需更换刮水组件。

⑧ 检查操作。正确检修操作后，检查故障是否再现。

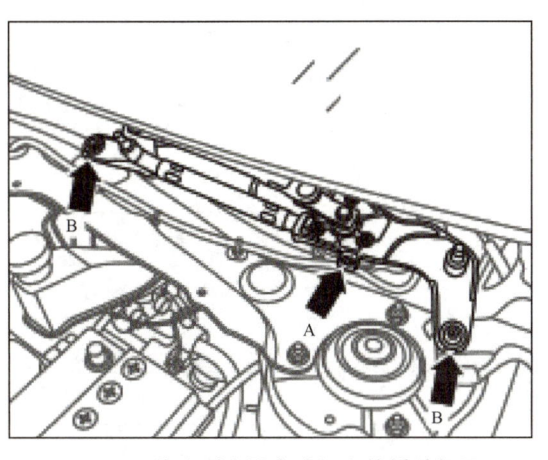

图 4-41　检查刮水器电动机上的摇臂螺母

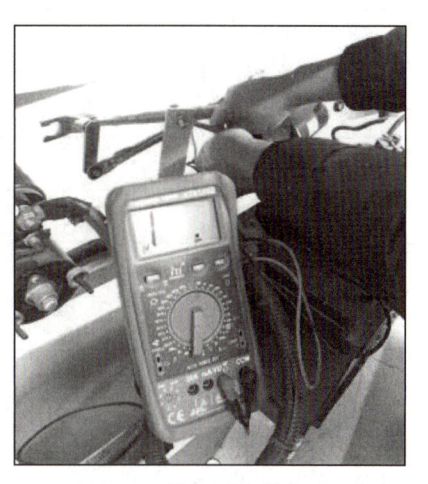

图 4-42　检查刮水器电动机

竣工检验

整理、恢复作业场地。

实训任务总结

刮水器故障诊断与排除		工 作 任 务 单	班级：
^^		^^	姓名：

1. 车辆信息记录

品牌		整车型号		生产年月	
驱动电机型号		动力蓄电池电量		行驶里程	
车辆识别码					

2. 作业场地准备

检查是否设置隔离栏	□是	□否
检查是否设置安全警示牌	□是	□否
检查灭火器压力、有效期是否符合要求	□是	□否
安装车辆挡块	□是	□否

3. 记录故障现象

4. 使用诊断仪读取故障码、数据流

故障码	
数据流	

5. 绘制刮水器电路简图

6. 故障检测

检测对象	检测条件	检测值	标准值	结果判断

项目四 新能源汽车舒适、便利与安全系统故障检修

刮水器故障诊断与排除		实习日期：	
姓名：	班级：	学号：	教师签名：
自评：□熟练□不熟练	互评：□熟练□不熟练	师评：□合格□不合格	
日期：	日期：	日期：	

刮水器故障诊断与排除【评分细则】

序号	评分项	得分条件	分值	评分要求	自评	互评	师评
1	安全/5S/态度	□1. 能进行工位 5S 操作 □2. 能进行设备和工具的安全检查 □3. 能进行车辆安全防护操作 □4. 能进行工具的清洁、校准及存放操作 □5. 能进行"三不落地"操作	15	未完成1项扣3分	□熟练 □不熟练	□熟练 □不熟练	□合格 □不合格
2	专业技能	□1. 能正确确认故障现象 □2. 能正确测量辅助电池电压 □3. 能正确检查刮水器臂固定螺母有无松动 □4. 能正确检查刮水洗涤系统熔丝 □5. 能正确检查低速刮水器继电器 ERY08 □6. 能正确检查高速刮水器继电器 ERY09 □7. 能正确检查刮水器电动机摇臂 □8. 能正确检查刮水器电动机 □9. 能正确检查刮水组件 □10. 能规范修复刮水器故障部位 □11. 能规范验证刮水器功能	50	未完成1项扣5分，扣分不得超过50分	□熟练 □不熟练	□熟练 □不熟练	□合格 □不合格
3	工具及设备的使用能力	□1. 能正确使用故障诊断仪 □2. 能正确使用万用表	10	未完成1项扣5分	□熟练 □不熟练	□熟练 □不熟练	□合格 □不合格
4	资料、信息的查询能力	□1. 能正确查询线束插接器端子含义 □2. 能正确使用维修手册查询资料 □3. 能正确记录查询资料章节及页码 □4. 能正确记录所需维修信息	10	未完成1项扣3分，扣分不得超过10分	□熟练 □不熟练	□熟练 □不熟练	□合格 □不合格
5	判断和分析能力	□1. 能判断辅助电池电压是否正常 □2. 能判断刮水洗涤系统熔丝供电是否正常 □3. 能判断低速雨刮继电器 ERY08、高速雨刮继电器 ERY09 是否正常	10	未完成1项扣3分，扣分不得超过10分	□熟练 □不熟练	□熟练 □不熟练	□合格 □不合格
6	表单填写与报告的撰写能力	□1. 字迹清晰 □2. 语句通顺 □3. 无错别字 □4. 无涂改 □5. 无抄袭	5	未完成1项扣1分	□熟练 □不熟练	□熟练 □不熟练	□合格 □不合格

总分：

实训任务 11-3　洗涤器故障诊断与排除

实训场地与器材

新能源汽车作业工位、新能源汽车（以北汽 EU5 为例）、工作灯、常用工具、工具车、升降平台、诊断仪、万用表、示波器、玻璃水。

作业准备

1）新能源汽车和防护三件套等 5S 操作。
2）工位配套隔离带、安全警告标志牌、灭火器、绝缘杆、绝缘垫、高压部件清洗液、护目镜、头盔、绝缘手套。
3）资料准备：维修手册、用户手册、其他资料。

操作步骤

1）停车入位。
2）操作并确认洗涤器功能。起动/停止按键处于"RUN"模式时，向转向盘方向拨动刮水器操纵杆，检查前风窗洗涤喷嘴是否喷水，松开是否停止喷水。向转向盘方向拨动刮水器操纵杆并保持住，检查洗涤器是否持续喷水，最长可持续喷水 12s。
3）打开工作灯，查找并排除洗涤器故障。

洗涤器故障检查步骤：

① 检查蓄电池电压。检查蓄电池是否存在电压不足现象，如有，需对蓄电池进行充电或更换蓄电池。

② 诊断故障码（Diagnostic Trouble Code，DTC）检测，如图 4-43 所示。

- 关闭起动/停止按键及所有用电器。
- 将诊断仪 BDS 连接至车辆诊断接口上。
- 打开起动/停止按键至 RUN 档。
- 用诊断仪读取和清除 DTC。
- 关闭起动/停止按键及所有用电器，3～5s 后重新打开起动/停止按键。
- 用诊断仪读取 DTC。
- 如果检测到 DTC，则说明车辆有故障，进行相应的诊断步骤。如果没有检测到 DTC，则说明先前检测到的故障为偶发性故障。

图 4-43　DTC 检测

③ 断开刮水器组合开关插头 T10m，检查刮水器组合开关插头 T10m 是否有裂痕和异常，针脚是否腐蚀、生锈，如图 4-44 所示，如是，清洁插头及针脚；否，则进行下一步。

④ 点火开关置于 LOCK 位置时，断开车身控制器插头 T40a，测量 T10m/6 针脚与 T40a/31 针脚之间线束是否导通，如图 4-45 所示，如是，进行下一步；否，则维修故障导线。

⑤ 点火开关置于 LOCK 位置时，测量 T40a/31 针脚与车身接地之间是否短路，如图 4-46 所示，如是，维修故障导线；否，则进行下一步。

⑥ 更换刮水器组合开关，重新进行诊断，读取故障码，确认故障码及症状是否存在。如是，进行下一步；否，则故障排除。

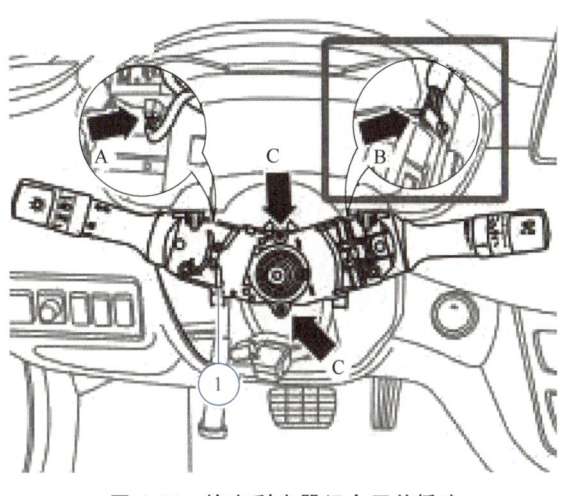

图 4-44 检查刮水器组合开关插头

⑦ 更换车身控制器，重新进行诊断，读取故障码，确认故障码及症状是否存在。如是，从其他症状查找原因；否，则故障排除。

图 4-45 测量 T10m/6 针脚与 T40a/31 针脚之间线束　　图 4-46 测量 T40a/31 针脚与车身接地之间是否短路

竣工检验

整理、恢复作业场地。

实训任务总结

_____
_____
_____
_____
_____
_____

洗涤器故障诊断与排除	工作任务单	班级：
		姓名：

1. 车辆信息记录

品牌		整车型号		生产年月	
驱动电机型号		动力蓄电池电量		行驶里程	
车辆识别码					

2. 作业场地准备

检查是否设置隔离栏	□是	□否
检查是否设置安全警示牌	□是	□否
检查灭火器压力、有效期是否符合要求	□是	□否
安装车辆挡块	□是	□否

3. 记录故障现象

4. 使用诊断仪读取故障码、数据流

故障码	
数据流	

5. 绘制洗涤器电路简图

6. 故障检测

检测对象	检测条件	检测值	标准值	结果判断

项目四　新能源汽车舒适、便利与安全系统故障检修

洗涤器故障诊断与排除			实习日期：	
姓名：		班级：	学号：	教师签名：
自评：□熟练□不熟练		互评：□熟练□不熟练	师评：□合格□不合格	
日期：		日期：	日期：	

洗涤器故障诊断与排除【评分细则】

序号	评分项	得分条件	分值	评分要求	自评	互评	师评
1	安全/5S/态度	□1. 能进行工位 5S 操作 □2. 能进行设备和工具的安全检查 □3. 能进行车辆安全防护操作 □4. 能进行工具的清洁、校准及存放操作 □5. 能进行"三不落地"操作	15	未完成 1 项扣 3 分	□熟练 □不熟练	□熟练 □不熟练	□合格 □不合格
2	专业技能	□1. 能正确确认故障现象 □2. 能正确测量辅助电池电压 □3. 能规范拆卸刮水器组合开关插头 T10m □4. 能正确检查刮水器组合开关插头 T10m □5. 能规范拆卸车身控制器插头 T40a □6. 能正确测量 T10m/6 针脚与 T40a/31 针脚之间线束 □7. 能正确测量 T40a/31 针脚与车身接地之间是否短路 □8. 能正确更换刮水器组合开关 □9. 能规范修复洗涤器故障部位 □10. 能规范验证洗涤器功能	50	未完成 1 项扣 5 分	□熟练 □不熟练	□熟练 □不熟练	□合格 □不合格
3	工具及设备的使用能力	□1. 能正确使用故障诊断仪 □2. 能正确使用万用表	10	未完成 1 项扣 5 分	□熟练 □不熟练	□熟练 □不熟练	□合格 □不合格
4	资料、信息的查询能力	□1. 能正确查询线束插接器端子含义 □2. 能正确使用维修手册查询资料 □3. 能正确记录查询资料章节及页码 □4. 能正确记录所需维修信息	10	未完成 1 项扣 3 分，扣分不得超过 10 分	□熟练 □不熟练	□熟练 □不熟练	□合格 □不合格
5	判断和分析能力	□1. 能判断辅助电池电压是否正常 □2. 能判断刮水洗涤系统熔丝供电是否正常 □3. 能判断 T10m/6 针脚与 T40a/31 针脚之间线束导通情况 □4. 能判断 T40a/31 针脚与车身接地之间有无短路情况	10	未完成 1 项扣 3 分，扣分不得超过 10 分	□熟练 □不熟练	□熟练 □不熟练	□合格 □不合格
6	表单填写与报告的撰写能力	□1. 字迹清晰 □2. 语句通顺 □3. 无错别字 □4. 无涂改 □5. 无抄袭	5	未完成 1 项扣 1 分	□熟练 □不熟练	□熟练 □不熟练	□合格 □不合格

总分：

任务三　智能门锁与防盗系统故障诊断与排除

【学习目标】

知识目标：
1) 理解无钥匙进入及起动系统结构组成。
2) 掌握无钥匙进入及起动系统、智能门锁系统的原理。
3) 理解防盗系统的功能和工作原理，掌握防盗系统的触发条件。

技能目标：
1) 能够识读无钥匙进入及起动系统、智能门锁系统电路图。
2) 能够操作和检查无钥匙进入及起动系统、智能门锁系统。
3) 能够诊断与排除无钥匙进入及起动系统故障、智能门锁系统故障。
4) 能够操作和检查防盗系统。

素质目标：
1) 操作过程中互相学习，进行团队合作，探索新鲜事物。
2) 通过对无钥匙进入与起动系统故障和智能门锁系统故障的诊断排除，锻炼发现问题、分析问题和解决问题的能力，培养故障诊断思维。
3) 要加强自身的防盗意识，不让犯罪分子有可乘之机。同时要牢记，偷窃行为是违反法纪的，是涉及一个人道德品质的大问题，要增强法制观念，偷窃行为对自己、对他人、对社会都是不利的。

【任务描述】

一辆纯电动汽车，客户反映其装配了无钥匙进入及起动系统，该车无钥匙进入功能失效，无法控制车门的解锁和闭锁。经诊断仪初步诊断，显示故障码 DTCU021400，含义是通信故障。针对车辆故障，你认为应当用什么方法和思路对车辆进行检修？

【相关知识】

一、无钥匙进入与起动系统故障诊断与排除

1. 无钥匙进入与起动系统结构

无钥匙进入与起动（Passive Entry Passive Start，PEPS）系统结构组成如图 4-47 所示。PEPS 系统由一键起动开关、电子转向柱锁（ESCL）、前室内低频天线、后室内低频天线、PEPS 控制模块及车门外把手开关构成。与 PEPS 系统相关的系统有 BCM 和组合仪表模块（Instrument Cluster Module，ICM）。BCM 即车身控制系统，执行解闭锁以及防盗喇叭控制功能；ICM 将 PEPS、ESCL 等控制器警示信息显示出来，同时具有网关（GateWay，GW）功能与网关控制器进行通信。通过智能远程控制器（Telematics BOX，T-BOX）实时采集车辆 PEPS 系统的数据信息。

（1）一键起动开关　一键起动开关分为 OFF 档、ACC 档、ON 档。

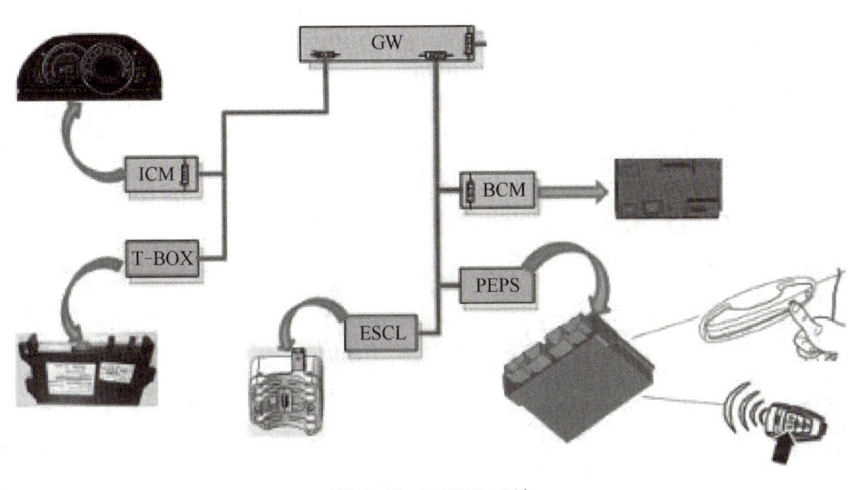

项目四　新能源汽车舒适、便利与安全系统故障检修

图 4-47　PEPS 系统

（2）天线　PEPS 系统共有两个天线，分别用来感应钥匙位置和识别钥匙密钥。安装位置如图 4-48 所示。

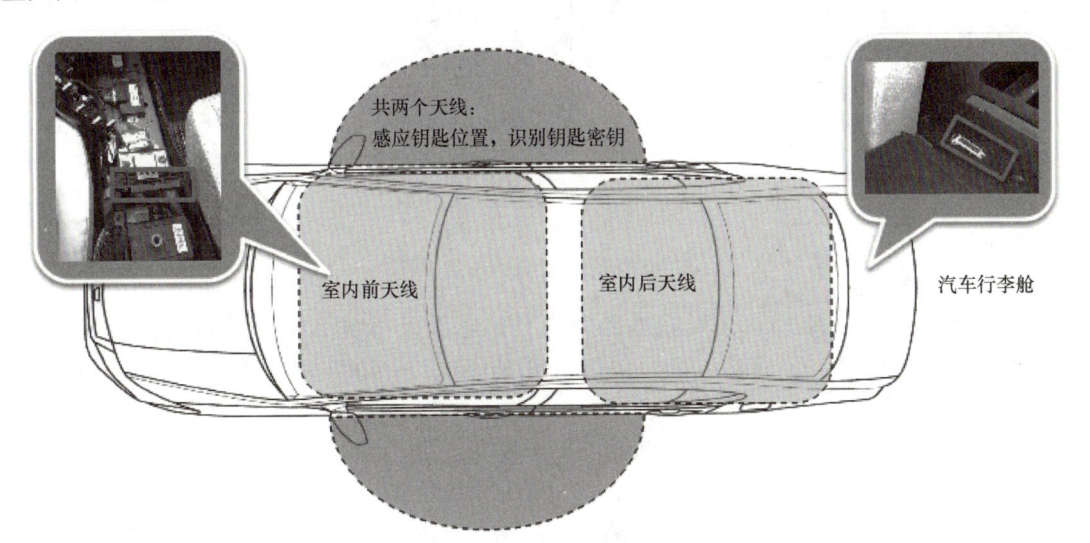

图 4-48　PEPS 系统天线

（3）无钥匙进入及起动控制器　无钥匙进入及起动控制器如图 4-49 所示，又称为 PEPS 控制模块、PEPS ECU，是 PEPS 系统的核心元件，控制整个 PEPS 系统的工作。该控制器安装在后行李舱右侧装饰板内，与 EBUS 车身舒适系统通过 CAN 线相连。

（4）电子转向柱锁　电子转向柱锁（ESCL）是电子控制转向柱锁止和解除的装置。转向柱锁芯采用电动控制，转向柱

图 4-49　无钥匙进入及起动控制器

143

锁和其控制单元集成在一起,安装在转向柱上。转向柱锁控制单元搜索到合法的钥匙信息,便会松开电子锁,转向柱即可自由移动。

2. 无钥匙进入与起动系统工作原理

(1) 无钥匙进入工作原理 如图 4-50 所示,无钥匙进入及起动系统通过车辆和钥匙之间的低频和高频信号来验证用户是否合法。验证的方法是车辆向用户携带的钥匙发送低频的随机数据,然后钥匙向车辆发送加密的射频响应信号进行验证。

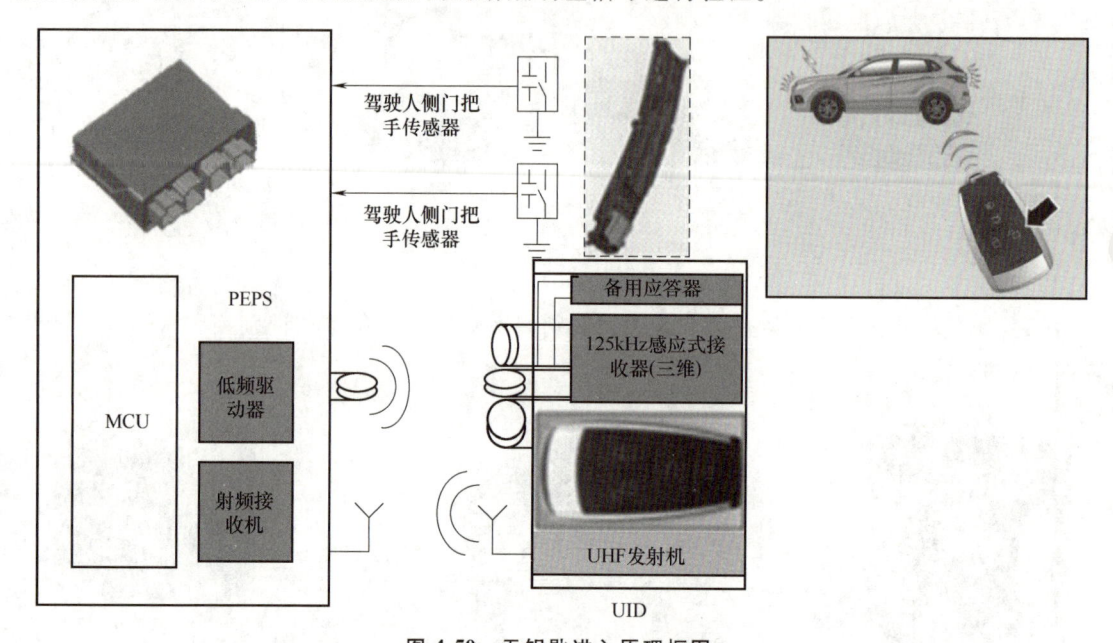

图 4-50 无钥匙进入原理框图

1) 天线扫描方式原理。天线扫描触发条件:①按下驾驶人侧、前排乘员侧门把手;②按下起动/停止按键;③最后一扇门关闭(钥匙不允许锁在车里,否则门锁电动机不上锁,发出声音警告)。

天线扫描顺序:一共两根天线(天线 1、天线 2),其扫描顺序如下:
拉动驾驶人侧门把手天线扫描顺序为:驾驶人侧门把手→车内低频天线。
拉动前排乘员侧门把手天线扫描顺序为:前排乘员侧门把手→车内低频天线。
动力装置启动认证时天线扫描顺序为:车内低频天线。

2) 被动进入的逻辑:
① 车门为上锁状态,驾驶人触摸门把手解锁按键。
② PEPS 发送 LF 信号检测钥匙是否合法。
③ 钥匙合法则发送 RF 响应。
④ PEPS 获得 RF 响应及正确认证结果。
⑤ PEPS 发送解锁请求给 BCM。

3) 被动退出的逻辑:
① 车门为解锁状态,驾驶人触摸门把手按键。
② PEPS 发送 LF 信号检测钥匙是否合法。
③ 钥匙合法则发送 RF 响应。

④ PEPS 获得 RF 响应及正确认证结果。

⑤ PEPS 发送闭锁请求给 BCM。

（2）无钥匙起动工作原理　如图 4-51 所示，当驾驶人按下一键起动开关（Start/Stop Switch Button，SSB），SSB 触发天线扫描，判断钥匙的位置及其合法性。若钥匙合法，则发送 RF 响应，PEPS 获得 RF 响应及认证结果，检查是否满足起动条件，若满足，PEPS 请求 ESCL 解锁转向柱锁。

PEPS 与 ESCL 进行认证，认证成功 ESCL 解锁且整车上电，CAN 总线发送认证状态。

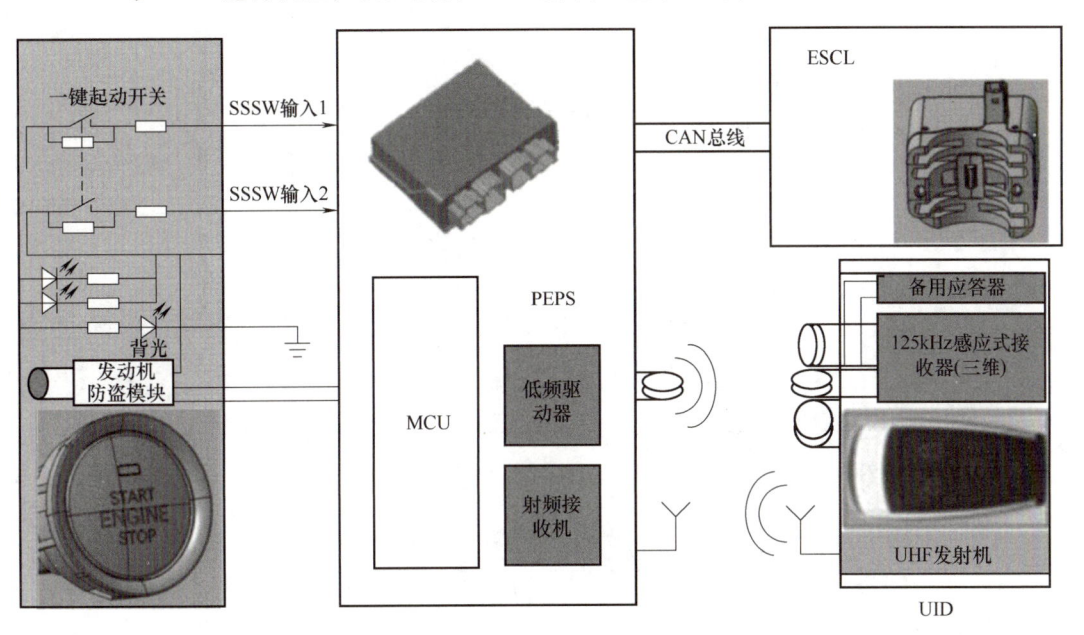

图 4-51　无钥匙起动工作原理框图

3. 无钥匙进入与起动系统电路图识读

北汽 EU5 汽车无钥匙进入与起动系统电路图如图 4-52 所示，从图 4-52 中可获得如下信息：

- PEPS 控制模块由蓄电池 B+ 通过熔丝 RF30 和 RF31 提供电源，内部控制起动继电器工作。
- 一键起动开关 I28、左前门把手开关 D06、右前门把手开关 D17、制动开关 U21、行李舱锁电动机 B26 等通过硬线传输操作状态信息给 PEPS 控制模块。
- PEPS 控制模块通过 CAN 线与 EBUS 车身舒适系统相连，接收多功能天线 B08、行李舱天线 B19 信号，通过 EBUS 车身舒适系统请求 ESCL 解锁转向柱锁。
- 转向柱锁（ESCL）由蓄电池 B+ 通过熔丝 RF29 提供电源，接收 EBUS 车身舒适系统 CAN 信号，完成解锁和上锁功能。

二、智能门锁系统故障诊断与排除

1. 中央门锁的组成

为了方便驾驶人和乘客开关车门，现在大部分轿车中都安装了中央控制门锁系统。安装了中央门锁后，驾驶人可以在锁住或打开自己车门的同时锁住或打开其他的车门，而除了中

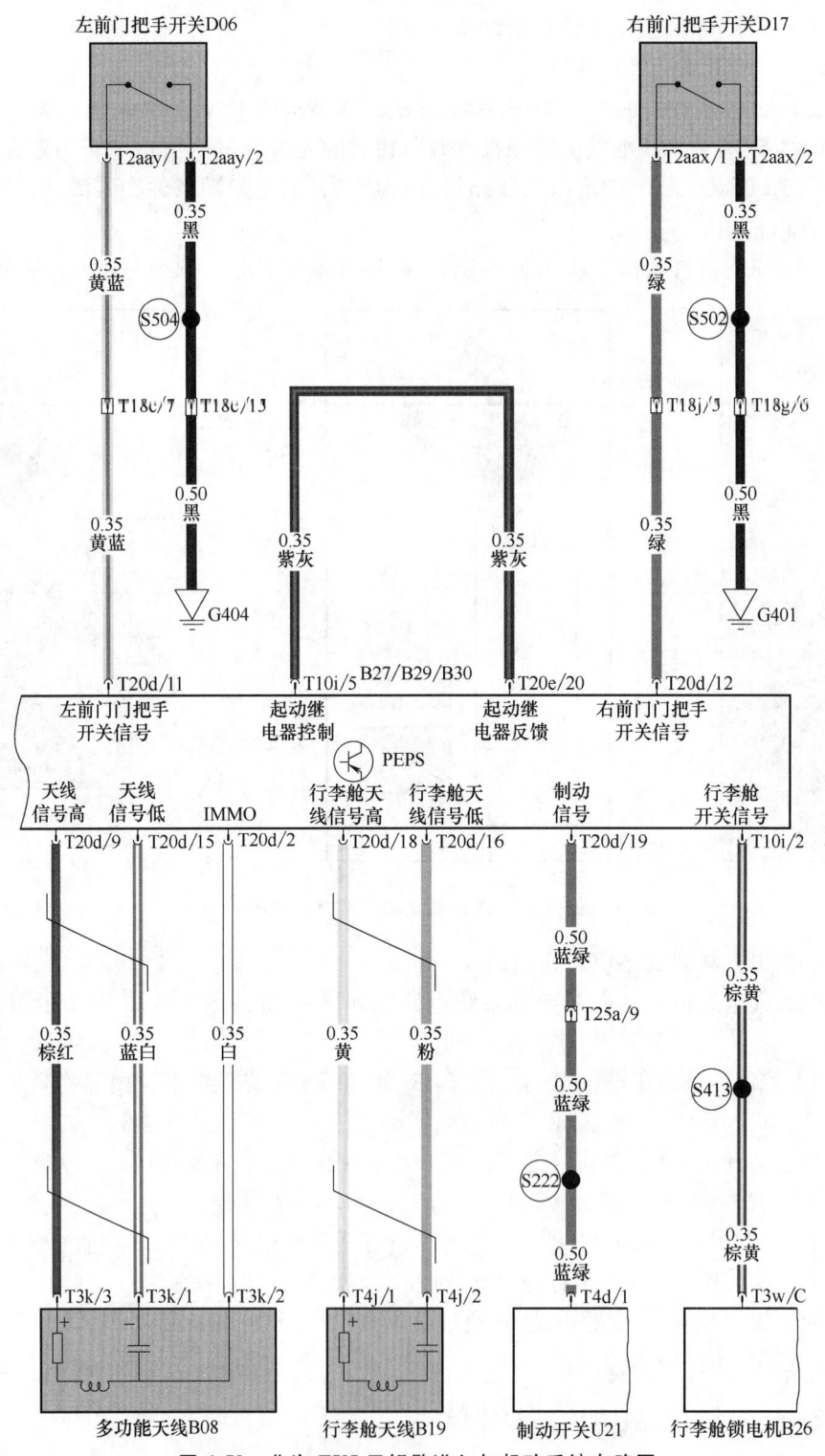

图 4-52 北汽 EU5 无钥匙进入与起动系统电路图

央门锁控制外，乘客还可以利用各车门的机械式弹簧锁来开关车门。中央门锁具有四门门锁及行李舱盖锁控制、四门门锁状态检测、行李舱盖门锁状态检测、前舱盖状态检测、碰撞解锁、行车自动落锁等功能。

（1）中央门锁的组成　中央门锁系统一般包括门锁控制开关、钥匙操纵开关、门锁总成、行李舱开启器及门锁控制器等。

1）门锁控制开关。门锁控制开关一般安装在驾驶人侧前门内的扶手上，可以在车内将所有车门进行闭锁和解锁操作。

2）门锁总成。门锁总成主要由门锁传动机构、门锁位置开关、外壳等组成。门锁传动机构主要由门锁电动机、蜗轮齿轮组等组成。门锁电动机是门锁的执行器，当门锁电动机转动时，蜗杆带动蜗轮转动，蜗轮推动锁杆，车门被锁上或打开，然后蜗轮在回位弹簧的作用下返回原位置，防止操纵门锁按钮时电动机工作。

门锁位置开关位于门锁总成内，用来检测车门的锁紧状态，它由一个触点片和一个开关底座组成。当锁杆推向锁门位置时，位置开关断开，推向开门位置时接通。即当车门关闭时，此开关断开，当车门打开时，此开关接通。

3）钥匙操纵开关。钥匙操纵开关装在每个前门的钥匙门上，当从外面用钥匙开门或关门时，钥匙控制开关便发出开门或锁门的信号给门锁控制ECU或门锁控制继电器。

4）行李舱开启器开关。一般该开关位于仪表板下面或驾驶人座椅左侧车厢底板上，拉动此开关便能打开行李舱门。行李舱的钥匙门靠近其开启器，推压钥匙门，断开行李舱内主开关，此时再拉开启器开关也不能打开行李舱门。将钥匙插进钥匙门内顺时针旋转打开钥匙门，主开关接通，这样便可用行李舱门开启器打开行李舱。

5）行李舱开启器。行李舱开启器装在行李舱门上，一般用电磁线圈代替电动机，由轭铁、插棒式铁心、电磁线圈和支架组成。当电磁线圈通电时，插棒式铁心将轴拉入并打开行李舱门。线路断路器用以防止电磁线圈因电流过大而过热。

（2）中央门锁的工作原理　常见的中央门锁控制形式有继电器式、集成电路（IC）-继电器式、电脑（ECU）控制式等。

1）继电器控制的中央门锁控制系统。当用钥匙转动锁芯，门锁开关中的"开启"触点闭合时，电流便经过蓄电池的正极、熔丝、开锁继电器线圈后经门锁开关搭铁，开锁继电器开关闭合，电流经过门锁电动机或门锁电磁线圈搭铁，四个车门同时打开。当用钥匙转动锁芯，门锁开关中的"锁止"触点闭合时，锁止继电器通电使其开关闭合，四个车门同时锁住。门锁开关受车速的控制，可以实现自动闭锁。

2）集成电路（IC）-继电器控制的中央门锁系统。门锁控制器由一块集成电路（IC）和两个继电器组成，IC电路可以根据各种开关发出的信号来控制两个继电器的工作情况。此电路中的D和P代表驾驶人侧和前排乘客人侧。

2. 遥控门锁的工作原理及检查

（1）遥控门锁的工作原理　遥控门锁的发射器发出微弱电波，此电波由汽车天线接收后送至中央门锁系统中的ECU进行识别对比，若识别对比后的代码一致，ECU将信号送至执行器来完成相应的动作。

遥控门锁的工作过程如下：手持式高频发射器通过向车内控制模块/发射器发送无线电波，闭锁和开锁车门。发射器的有效范围为5～10m，取决于是否有物体（如其他车辆）挡住无线电波。

发射器有闭锁、开锁功能，且只有当点火开关关闭时工作。

1）按开锁按钮可起到如下作用：开锁车门、转向信号灯闪烁两次、控制模块禁用。
2）按闭锁按钮可起到如下作用：锁闭车门、转向信号灯闪烁一次、控制模块启用。发射器电池可以更换。发射器电池的设计寿命至少3年。
3）自动锁车（安全锁）。遥控门锁系统具有自动锁车功能。在控制模块/接收器处于启用状态时，用遥控器开锁车门，车门将在30s后自动重新锁闭，除非发生如下事件：车门打开、点火开关接通、行李舱打开、发动机罩打开。
4）自动落锁功能。车辆起动行驶过程中，车速达到20km/h（该速度值可以通过多媒体显示屏设置项进行设置）时，车门自动上锁。

（2）遥控门锁的检查 在按发射器开锁按钮后，控制模块/接收器将使驻车灯闪烁，指示遥控门锁和防盗系统信息。

1）正常条件。如果既没有侵入，也没有检测到故障，当按开锁按钮时，控制模块/接收器将发出状态正常信号。驻车灯将闪烁两次，每次闪亮0.5s，两次闪烁之间的间隔也是0.5s。
2）故障指示。如果遥控门锁和防盗系统有故障，当按开锁按钮时，控制模块/接收器将发出故障信号。驻车灯将闪烁两次，每次闪亮1s，两次闪烁之间的间隔是0.5s。
3）报警指示。如果自上次按闭锁按钮后有人侵入，则在按开锁按钮时，控制模块/接收器将发出有人侵入信号。驻车灯将闪烁两次，每次闪亮0.5s，两次闪烁之间的间隔为1.5s。
4）发送闭锁信息后，发射器下次启用控制模块/接收器时，将消除报警和故障信息。

3. 智能门锁的检修

各个车型的中央门锁电路区别较大，因此在进行检修时要结合具体的维修手册进行，但检修的方法和检修部位基本相似。下面以北汽EU5系列纯电动汽车的中央门锁系统为例分析中央门锁的检修过程。图4-53所示为北汽EU5轿车门锁系统的电路图。

三、防盗系统故障诊断与排除

1. 防盗系统的功用

汽车防盗器可分为机械式和电子式两种，机械式防盗器是用机械的方法对油路、变速杆、转向盘、制动器等进行控制，如变速杆锁是锁住变速杆使其不能移动，转向盘锁也叫拐杖锁，挂在转向盘和离合器踏板之间等，这些方法，虽然费用低，但是使用不便，安全性差，已经逐渐被淘汰。

当前主要采用的是电子式防盗器，按系统中是否使用微机处理系统，电子防盗系统可分为普通电子防盗系统和微机控制防盗系统。目前，中低档汽车上所采用的防盗系统多为振动触发的普通电子防盗系统，中高档汽车采用的防盗系统多为微机控制的电子钥匙式发动机防盗系统。

电子防盗功能用于防止他人非法盗用车辆。智能钥匙内的收发器芯片配有电子代码，并将此代码发送至车辆。只有芯片的电子代码与车辆登记的ID代码一致时，才能起动驱动电机。如果使用编码不正确的钥匙（或其他工具），车辆无法起动。

当电子式防盗系统工作时，如有非法移动车辆、划破玻璃、破坏点火开关锁芯、拆卸轮胎和音响、打开车门、打开行李舱门等现象，防盗器立刻报警。这种防盗系统的功能简单，

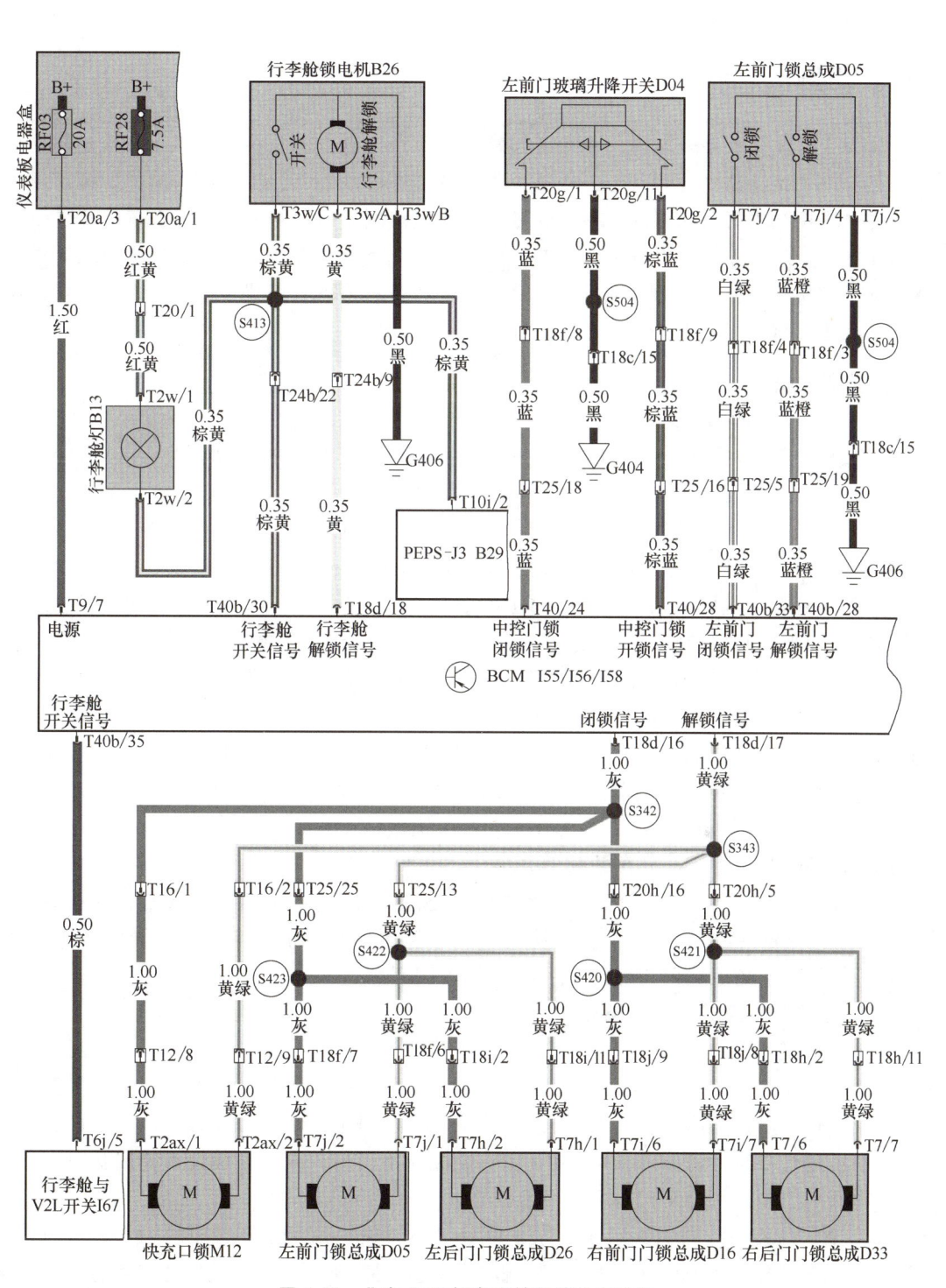

项目四　新能源汽车舒适、便利与安全系统故障检修

图 4-53　北汽 EU5 轿车门锁系统的电路图

只能报警和恐吓窃车贼，不能阻止车辆被开走或搬走，所以人们又从两个方面入手来加强防盗系统的功能：一是使中央门锁功能增强，如测量门锁钥匙电阻、加装密码锁、遥控器增加保险功能等；二是增强汽车的锁止功能，如使电机无法工作、使发动机无法工作、使发动机 ECU 处于非工作状态等。

149

你知道吗？

> 随着汽车技术水平的提高和竞争的加剧，汽车维修行业正从传统的单一修车迈向现代化。其引进了先进的修理技术，一改往日汽车维修企业脏、乱、差的工作环境，通过规范化的流程、现代化的技术手段、整洁的服务，使我国汽车维修行业发生了本质的改变。汽车维修行业的人才专业化是非常重要的，除了要重点培养自己的实践动手能力，还要懂原理，有一定的逻辑分析能力。此外还要培养自身的服务意识和法律意识，在汽车修理工作中综合运用各项能力，更好地为顾客服务。

2. 防盗报警

（1）报警状态的触发条件

1）按压遥控钥匙的闭锁键和解锁键时，遥控钥匙向车辆中的接收器发送已编码的无线电信号：按闭锁键可激活报警系统，按解锁键可关闭报警系统。

2）使用被动进入和离开功能也可以实现车辆报警系统的激活和关闭：按门把手外侧表面可激活报警系统，按门把手内侧表面可关闭报警系统。

3）通过遥控钥匙锁车后，仪表上的防盗报警指示灯开始闪烁，整车进入设防状态，所有的车门都处于被监控的状态。如果发现有车门被非法打开，警报会被激发。

4）只有在所有车门和行李舱都处于闭锁状态的情况下，车辆防盗报警功能才能被激活。若用遥控钥匙锁车时，车辆转向灯闪烁3次，表明车辆未进入防盗报警状态，此时应该检查车门和行李舱是否已关闭严密，如果均已关闭严密，仍不能激活防盗报警功能，可到北汽新能源特约经销商处进行检修，避免因防盗报警故障而发生车内财物丢失。

（2）报警状态触发后的解除方法 按下遥控钥匙的开锁键，解除防盗报警状态，转向灯闪烁以及喇叭鸣笛停止，汽车开锁。

（3）动力防盗指示灯（黄色） "起动/停止按键"处于"RUN"模式时，指示灯亮起大约3s进行自检，自检后熄灭。车辆防盗指示灯位于仪表板前部中央，车辆设防成功后，此指示灯闪烁，车辆成功解锁后此指示灯停止闪烁。

3. 防盗系统的组成和工作原理

（1）电子防盗系统的组成 电子防盗系统包括三个部分：开关和传感器、控制系统和执行机构，主要部件有防盗ECU和天线、振动传感器、报警喇叭、点火系统切断电路、转向灯控制电路、防盗指示灯、遥控器、制动控制电路、中控门锁控制电路。当用钥匙锁好车门后，系统进行自检，防盗灯点亮，30s后防盗灯开始闪烁，表明系统进入警戒状态。当第三方试图开启门锁或打开车门时系统则发出警报。

（2）电子防盗系统的工作原理 防盗ECU的主要输入信号由遥控模块、左右车门锁芯开关和4个车门微开开关提供。如果有人非法开启车门，车门微开开关接通，并将此信号发送给防盗ECU，而遥控模块和车门锁芯开关并没有将开门信号发送给防盗ECU，所以防盗ECU即判断为非法进入，于是接通报警喇叭和警告灯的电路。

当防盗系统启用时，若遥控门锁接收器（Remote Control Door Lock Receiver，RCDLR）检测到未授权的进入，系统将使报警器响起，车外灯闪烁。未授权的进入包括下列情况：车门打开、强行进入行李舱、强行进入发动机舱、点火开关从锁止位置转换。

当有如下操作可关闭防盗系统：接收到来自发射器的开锁信息；检测到钥匙操作。

如果在出现如下状况前，控制模块/接收器检测到点火电压，将触发报警：接收到来自发射器的开锁信息；检测到钥匙操作。

【实训任务十二】 智能门锁与防盗系统故障诊断与排除

实训任务 12-1　无钥匙进入与门锁系统电路识读与功能操作

实训场地与器材

新能源汽车作业工位和举升机、新能源汽车（以北汽 EU5 为例）、工作灯。

扫一扫 ➡ 无钥匙进入与门锁系统功能操作

作业准备

1）检查举升机。
2）新能源汽车和防护三件套等 5S 操作准备。

操作步骤

1）停车入位，整车举升到位。
2）打开工作灯，查找驱动电机位置。
3）检查并操作无钥匙进入与门锁系统。

① 无钥匙解锁：车辆在锁止状态，携带有效的智能遥控钥匙，在车辆前门把手约 1m 范围内，用手按把手上的按钮，车辆会自动解锁。

② 钥匙上锁：携带智能遥控钥匙，在车辆前门把手约 1m 范围内，起动/停止按键处于"ACC"或"OFF"模式，所有车门、前机舱盖、行李舱门都关好，然后轻触前门把手上的按钮，全车锁止并进入设防状态。

③ 智能钥匙遗忘车内：当有一把智能钥匙留在车内（不含行李舱区域）时，当任一车门从打开到四门都关闭后，在车外使用另一把智能钥匙遥控闭锁，或携带另一把智能钥匙按压车门把手请求开关进行锁止时，组合仪表显示屏会提示智能钥匙遗忘车内信息，不执行锁止请求。

④ 当起动/停止按键处于"RUN"模式，任一车门从打开到四门都关闭，检测到车内没有智能钥匙，组合仪表会提示钥匙不在车内。

⑤ 用遥控钥匙操纵中央门锁系统。

⑥ 在车内可用中央门锁按键操纵中央门锁系统。

⑦ 所有车门锁止后，仍可在车内单独开启每扇车门。当四个车门有任一侧车门处于打开状态时，则无法通过按键 🔒 进行车门锁止操作。

⑧ 将制动踏板踩到底，并保持在该位置；将换档旋钮移入"N"位；按下起动/停止按键一次，即开启"START"模式。

4）识读无钥匙进入与门锁系统电路。

① 查找维修手册，识读无钥匙进入与门锁系统电路图。

② 先看全图，把单独的系统框出来，并列出（请另备纸张书写）。

③ 分析各系统的工作过程、相互间的联系（请另备纸张书写）。

④ 运用回路原则，找到各系统的电源、熔丝、开关、控制装置、用电设备、导线、搭铁或电源负极等组成部分，绘制无钥匙进入与门锁系统电路简图（请另备纸张画图），并分析电路走向。

⑤ 总结和分析电路（请另备纸张书写）。

⑥ 在实车上找到电路图相关部件、继电器、熔丝等。

竣工检验

整理、恢复作业场地。

实训任务总结

项目四　新能源汽车舒适、便利与安全系统故障检修

无钥匙进入与门锁系统电路识读与功能操作	工作任务单	班级：
		姓名：

1. 车辆信息记录

品牌		整车型号		生产年月	
驱动电机型号		电池电量		行驶里程	
车辆识别码					

2. 作业场地准备

检查是否设置隔离栏	□是 □否
检查是否设置安全警示牌	□是 □否
检查灭火器压力、有效期是否符合要求	□是 □否
安装车辆挡块	□是 □否

3. 操作和检查无钥匙进入与门锁系统功能

无钥匙解锁功能	□正常 □不正常
钥匙上锁功能	□正常 □不正常
智能钥匙遗忘车内，不执行锁止请求	□正常 □不正常
当起动/停止按键处于"RUN"模式，任一车门从打开到四门都关闭，检测到车内没有智能钥匙，组合仪表会提示钥匙不在车内	□正常 □不正常
用遥控钥匙操纵中央门锁系统	□正常 □不正常
用中央门锁按键操纵中央门锁系统	□正常 □不正常
所有车门锁止后，仍可在车内单独开启每扇车门。当四个车门有任一侧车门处于打开状态时，则无法通过按键 🔒 进行车门锁止操作	□正常 □不正常
将制动踏板踩到底，并保持在该位置；将换档旋钮移入"N"位；按下起动/停止按键一次，即开启"START"模式	□正常 □不正常

4. 查找维修手册，识读无钥匙进入与门锁系统电路图

分析全图，列出单独的系统	□正常 □不正常
分析各系统的工作过程、相互间的联系	□正常 □不正常
运用回路原则，找到各系统的电源、熔丝、开关、控制装置、用电设备、导线、搭铁或电源负极等组成，绘制无钥匙进入与门锁系统电路简图，并分析电路走向	□正常 □不正常
总结和分析电路	□正常 □不正常
在实车上找到电路图相关部件、继电器、熔丝等	□正常 □不正常

153

无钥匙进入与门锁系统电路识读与功能操作		实习日期：	
姓名：	班级：	学号：	教师签名：
自评：□熟练 □不熟练	互评：□熟练 □不熟练	师评：□合格 □不合格	
日期：	日期：	日期：	

无钥匙进入与门锁系统电路识读与功能操作【评分细则】

序号	评分项	得分条件	分值	评分要求	自评	互评	师评
1	安全/5S/态度	□1. 能进行工位 5S 操作 □2. 能进行设备和工具的安全检查 □3. 能进行车辆安全防护操作 □4. 能进行工具的清洁、校准及存放操作 □5. 能进行"三不落地"操作	15	未完成1项扣3分，扣分不得超过15分	□熟练 □不熟练	□熟练 □不熟练	□合格 □不合格
2	专业技能	□1. 能正确操作和检查无钥匙解锁 □2. 能正确操作和检查钥匙上锁 □3. 能正确操作和检查智能钥匙遗忘车内功能 □4. 能正确操作和检查智能钥匙不在车内功能 □5. 能正确操作和检查用遥控钥匙操纵中央门锁系统 □6. 能正确操作和检查用中央门锁按键操纵中央门锁系统 □7. 能正确操作和检查当四个车门有任一侧车门处于打开状态情况 □8. 能正确操作和检查一键起动功能 □9. 能正确识读无钥匙进入与门锁系统电路图，并把相关系统部件列出 □10. 能正确分析各系统的工作过程、相互间的联系 □11. 能正确运用回路原则，绘制无钥匙进入与门锁系统电路简图 □12. 能正确总结和分析无钥匙进入与门锁系统电路 □13. 根据维修手册指示，能正确地在实车上找到电路图相关部件、继电器、熔丝	75	未完成1项扣5分，扣分不得超过75分	□熟练 □不熟练	□熟练 □不熟练	□合格 □不合格
3	工具及设备的使用能力	□1. 能操作智能钥匙 □2. 能正确使用手灯	10	未完成1项扣3分，扣分不得超过10分	□熟练 □不熟练	□熟练 □不熟练	□合格 □不合格

总分：

实训任务 12-2　无钥匙进入系统故障诊断与排除

实训场地与器材

新能源汽车作业工位、新能源汽车（以北汽 EU5 为例）、工作灯、常用工具、工具车、升降平台、诊断仪、万用表、示波器。

作业准备

1）新能源汽车和防护三件套等 5S 操作。
2）工位配套隔离带、安全警告标志牌、灭火器、绝缘杆、绝缘垫、高压部件清洗液、护目镜、头盔、绝缘手套。
3）资料准备：维修手册、用户手册、其他资料。

操作步骤

1）停车入位。
2）操作和确认无钥匙进入系统功能。
3）打开工作灯，查找并排除无钥匙进入系统故障。

故障现象：一辆北汽 EU5 纯电动汽车，该车装配了无钥匙进入及起动系统，该车无钥匙进入功能失效，无法控制车门的解锁和闭锁。经诊断仪初步诊断，显示故障码 DTC U021400，含义为通信故障。

诊断步骤：

① 点火开关置于 OFF 状态，断开蓄电池负极电缆，如图 4-54 所示。

② 断开网关控制器连接插头 T40c 和无钥匙起动系统控制器连接插头 T20e，如图 4-55 所示，检查连接插头是否有裂痕和异常，针脚是否腐蚀、生锈。如是清洁插头及针脚。如无，进行下一步。

③ 测量网关控制器连接插头 T40c/16 针脚和 T40c/15 针脚与无钥匙起动系统控制器连接插头 T20e/10 针脚和 T20e/20 针脚之间是否导通，如图 4-56 所示。如果导通，正常，进行下一步；如果不导通，需维修故障导线。

图 4-54　断开蓄电池负极电缆

④ 连接网关控制器连接插头 T40c 和无钥匙起动系统控制器连接插头 T20e。
⑤ 连接蓄电池负极电缆，点火开关置于 RUN 状态。
⑥ 测量无钥匙起动系统控制器连接插头 T6q/2 针脚和 T6q/5 针脚与车身接地之间是否有蓄电池电压。如正常，进行下一步。如不正常，需维修故障导线。

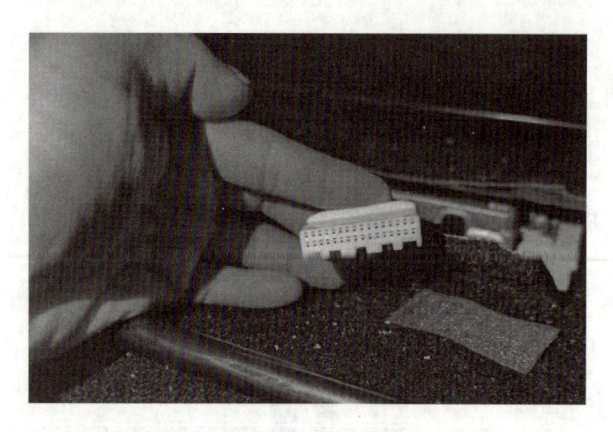

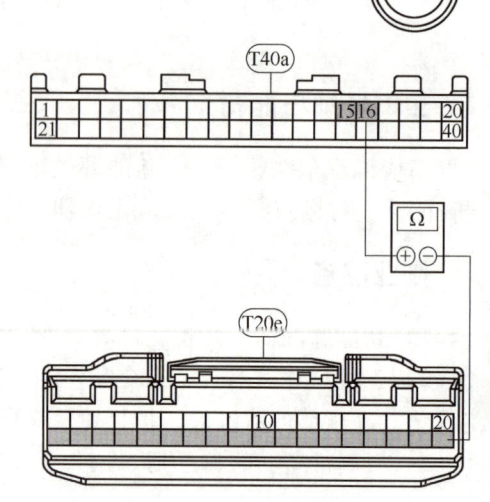

图 4-55 断开插头　　　　　　　　　图 4-56 测量端子导通情况

⑦ 测量无钥匙起动系统控制器连接插头 T20d/16 针脚、T20d/10 针脚与车身接地之间是否有蓄电池电压。如正常，进行下一步。若不正常，需要维修故障导线。

⑧ 测量无钥匙起动系统控制器连接插头 T6q/1 针脚和 T6q/6 针脚与车身接地之间是否导通。如果导通，正常，进行下一步；如果不导通，需维修故障导线。

⑨ 重新配置无钥匙起动系统控制器和网关控制器，重新进行诊断，读取故障码，确认故障码及症状是否存在。如存在，进行下一步；如正常，完成故障排除。

⑩ 更换网关控制器，重新进行诊断，读取故障码，确认故障码及症状是否存在。如存在，进行下一步；如正常，完成故障排除。

⑪ 更换无钥匙起动系统控制器，重新进行诊断，读取故障码，确认故障码及症状是否存在。如存在，从其他症状查找原因。如正常，完成故障排除。

竣工检验

整理、恢复作业场地。

实训任务总结

项目四　新能源汽车舒适、便利与安全系统故障检修

| 无钥匙进入系统故障诊断与排除 | 工 作 任 务 单 | 班级： |
| | | 姓名： |

1. 车辆信息记录

品牌		整车型号		生产年月	
驱动电机型号		电池电量		行驶里程	
车辆识别码					

2. 作业场地准备

检查是否设置隔离栏	□是　□否
检查是否设置安全警示牌	□是　□否
检查灭火器压力、有效期是否符合要求	□是　□否
安装车辆挡块	□是　□否

3. 记录故障现象

4. 使用诊断仪读取故障码、数据流

| 故障码 | |
| 数据流 | |

5. 绘制无钥匙进入系统电路简图

6. 故障检测

检测对象	检测条件	检测值	标准值	结果判断

157

无钥匙进入系统故障诊断与排除				实习日期：			
姓名：		班级：		学号：		教师签名：	
自评：□熟练□不熟练		互评：□熟练□不熟练		师评：□合格□不合格			
日期：		日期：		日期：			

无钥匙进入系统故障诊断与排除【评分细则】

序号	评分项	得分条件	分值	评分要求	自评	互评	师评
1	安全/5S/态度	□1. 能进行工位 5S 操作 □2. 能进行设备和工具的安全检查 □3. 能进行车辆安全防护操作 □4. 能进行工具的清洁、校准及存放操作 □5. 能进行"三不落地"操作	15	未完成1项扣3分	□熟练 □不熟练	□熟练 □不熟练	□合格 □不合格
2	专业技能	□1. 能正确认故障现象 □2. 能正确测量辅助电池电压 □3. 能规范断开网关控制器连接插头 T40c 和无钥匙起动系统控制器连接插头 T20e □4. 能正确检查连接插头 □5. 能正确检查网关控制器连接插头 T40c/16 针脚和 T40c/15 针脚与无钥匙起动系统控制器连接插头 T20e/10 针脚和 T20e/20 针脚之间是否导通 □6. 能规范断开网关控制器连接插头 T40c 和无钥匙起动系统控制器连接插头 T20e □7. 能正确检查无钥匙起动系统控制器连接插头 T6q/2 针脚和 T6q/5 针脚与车身接地之间电压 □8. 能正确检查无钥匙起动系统控制器连接插头 T20d/16 针脚、T20d/10 针脚与车身接地之间电压 □9. 能正确检查无钥匙起动系统控制器连接插头 T6q/1 针脚和 T6q/6 针脚与车身接地之间导通情况 □10. 能规范修复无钥匙进入系统故障部位 □11. 能规范验证无钥匙进入系统功能	50	未完成1项扣5分，扣分不得超过50分	□熟练 □不熟练	□熟练 □不熟练	□合格 □不合格
3	工具及设备的使用能力	□1. 能正确使用故障诊断仪 □2. 能正确使用万用表	10	未完成1项扣5分	□熟练 □不熟练	□熟练 □不熟练	□合格 □不合格
4	资料、信息的查询能力	□1. 能正确查询线束插接器端子含义 □2. 能正确使用维修手册查询资料 □3. 能正确记录查询资料章节及页码 □4. 能正确记录所需维修信息	10	未完成1项扣3分，扣分不得超过10分	□熟练 □不熟练	□熟练 □不熟练	□合格 □不合格
5	判断和分析能力	□1. 能判断辅助电池电压是否正常 □2. 能判断网关控制器连接插头和无钥匙起动系统控制器针脚连接情况 □3. 能判断无钥匙起动系统控制器连接插头针脚供电情况	10	未完成1项扣3分，扣分不得超过10分	□熟练 □不熟练	□熟练 □不熟练	□合格 □不合格
6	表单填写与报告的撰写能力	□1. 字迹清晰 □2. 语句通顺 □3. 无错别字 □4. 无涂改 □5. 无抄袭	5	未完成1项扣1分	□熟练 □不熟练	□熟练 □不熟练	□合格 □不合格

总分：

实训任务 12-3　智能门锁系统故障诊断与排除

实训场地与器材

新能源汽车作业工位、新能源汽车（以北汽 EU5 为例）、工作灯、常用工具、工具车、升降平台、诊断仪、万用表、示波器。

作业准备

1）新能源汽车和防护三件套等 5S 操作准备。
2）工位配套隔离带、安全警告标志牌、灭火器、绝缘杆、绝缘垫、高压部件清洗液、护目镜、头盔、绝缘手套。
3）资料准备：维修手册、用户手册、其他资料。

扫一扫
智能门锁系统故障诊断与排除

操作步骤

1）停车入位。
2）操作和确认智能门锁系统功能。
3）打开工作灯，查找并排除智能门锁系统故障。

故障现象：一辆 EU5 纯电动汽车，客户反映其驾驶人门锁不能上锁，来到店里进行检修。针对车辆故障，经诊断仪诊断，DTC 显示为 B114211，含义为机械闭锁开关粘连，你应当用什么方法和思路对车辆进行检修？

诊断步骤：

① 操作机械钥匙在驾驶人侧车门进行解锁动作，检查是否有卡滞现象。如是，进行第 6 步；否进行第 2 步。

② 起动/停止按键处于 OFF 状态时，断开左前门锁总成插头（D05）T7j，检查左前门锁总成插头（D05）T7j 是否有裂痕和异常，针脚是否腐蚀、生锈。如是，清洁插头及针脚；否，进行第 3 步。

③ 断开车身控制器插头（I58）T40b，测量车身控制器插头（I58）T40b/28、T40b/33 针脚与左前门锁总成插头（D05）T7j/4、T7j/7 针脚之间导线是否导通。如是，进行第 4 步；否，维修故障导线。

④ 断开蓄电池负极电缆，测量左前门锁总成插头（D05）T7j/4、T7j/7 针脚与蓄电池正极之间是否出现短路情况。如是，维修故障导线；否，进行第 5 步。

⑤ 测量左前门锁总成插头（D05）T7j/4、T7j/7 针脚与车身接地之间是否出现短路情况。如是，维修故障导线；否，进行第 6 步。

⑥ 更换左前门锁总成，重新进行诊断，读取故障码，确认故障码及症状是否存在。如是，进行第 7 步；否，故障排除。

⑦ 更换车身控制器，重新进行诊断，读取故障码，确认故障码及症状是否存在。如是，从其他症状查找原因；否，故障排除。

竣工检验

整理、恢复作业场地。

实训任务总结

智能门锁系统故障诊断与排除	工 作 任 务 单	班级：
		姓名：

1. 车辆信息记录

品牌		整车型号		生产年月	
驱动电机型号		电池电量		行驶里程	
车辆识别码					

2. 作业场地准备

检查是否设置隔离栏	□是 □否
检查是否设置安全警示牌	□是 □否
检查灭火器压力、有效期是否符合要求	□是 □否
安装车辆挡块	□是 □否

3. 记录故障现象

4. 使用诊断仪读取故障码、数据流

故障码	
数据流	

5. 绘制智能门锁系统电路简图

6. 故障检测

检测对象	检测条件	检测值	标准值	结果判断

智能门锁系统故障诊断与排除			实习日期：		
姓名：		班级：	学号：		教师签名：
自评：□熟练□不熟练		互评：□熟练□不熟练	师评：□合格□不合格		
日期：		日期：	日期：		

智能门锁系统故障诊断与排除【评分细则】

序号	评分项	得分条件	分值	评分要求	自评	互评	师评
1	安全/5S/态度	□1. 能进行工位5S操作 □2. 能进行设备和工具的安全检查 □3. 能进行车辆安全防护操作 □4. 能进行工具的清洁、校准及存放操作 □5. 能进行"三不落地"操作	15	未完成1项扣3分	□熟练 □不熟练	□熟练 □不熟练	□合格 □不合格
2	专业技能	□1. 能正确确认故障现象 □2. 能正确测量辅助电池电压 □3. 能正确操作机械钥匙在驾驶人侧车门进行解锁动作，检查是否有卡滞现象 □4. 能规范断开左前门锁总成连接插头 □5. 能正确检查左前门锁总成连接插头 □6. 能规范断开车身控制器插头 □7. 能正确检查车身控制器插头（I58）T40b/28、T40b/33针脚与左前门锁总成插头（D05）T7j/4、T7j/7针脚之间导线 □8. 能正确检查左前门锁总成插头（D05）T7j/4、T7j/7针脚与蓄电池正极之间是否出现短路情况 □9. 能正确检查左前门锁总成插头（D05）T7j/4、T7j/7针脚与车身接地之间是否出现短路情况 □10. 能规范更换左前门锁总成 □11. 能规范修复智能门锁系统故障部位 □12. 能规范验证智能门锁系统功能	50	未完成1项扣5分，扣分不得超过50分	□熟练 □不熟练	□熟练 □不熟练	□合格 □不合格

（续）

序号	评分项	得分条件	分值	评分要求	自评	互评	师评
3	工具及设备的使用能力	□1. 能正确使用故障诊断仪 □2. 能正确使用万用表	10	未完成1项扣5分	□熟练 □不熟练	□熟练 □不熟练	□合格 □不合格
4	资料、信息的查询能力	□1. 能正确查询线束插接器端子含义 □2. 能正确使用维修手册查询资料 □3. 能正确记录资料章节及页码 □4. 能正确记录所需维修信息	10	未完成1项扣3分，扣分不得超过10分	□熟练 □不熟练	□熟练 □不熟练	□合格 □不合格
5	判断和分析能力	□1. 能判断辅助电池电压是否正常 □2. 能判断车身控制器插头与左前门锁总成连接插头导线连接情况 □3. 能判断左前门锁总成插头供电情况 □4. 能判断左前门锁总成插头接地情况	10	未完成1项扣3分，扣分不得超过10分	□熟练 □不熟练	□熟练 □不熟练	□合格 □不合格
6	表单填写与报告的撰写能力	□1. 字迹清晰 □2. 语句通顺 □3. 无错别字 □4. 无涂改 □5. 无抄袭	5	未完成1项扣1分	□熟练 □不熟练	□熟练 □不熟练	□合格 □不合格

总分：

项目四习题

项目五
新能源汽车空调系统检修

任务一　汽车空调系统认知与使用操作

【学习目标】

知识目标：

1) 掌握汽车空调系统的功用、组成。
2) 理解与汽车空调系统相关的物理参数。
3) 能够说出汽车空调各子系统的基本原理。
4) 能够正确说出汽车空调系统的使用方法。

技能目标：

1) 能够结合实车说明汽车空调系统的组成部件。
2) 能够结合车主使用手册正确操作汽车空调系统。

素质目标：

1) 通过学习我国在履行全球有关汽车空调的环境保护公约方面的贡献，树立爱国情怀和民族自信心。

2) 通过查阅车主使用手册，完成实际操作任务，培养良好的自主学习能力和团队合作意识。

【任务描述】

一位购买新能源汽车的车主想了解本车汽车空调的正确使用方法，销售经理安排你为他进行详细的讲解和演示指导，请你充分学习后完成此项任务。

【相关知识】

新能源汽车空调系统组成、功能，以及空调面板功能和使用请参考本系列教材中的

《新能源汽车使用与安全防护》，以下仅对空调系统的组成做简单介绍。

为实现功能，汽车空调通常由制冷系统、取暖系统、通风系统和空气净化系统组成，如图 5-1 所示。

1. 制冷系统

制冷系统用来降低车内的温度和湿度，提供凉爽的空气。新能源汽车制冷系统主要包括电动压缩机、冷凝器、储液干燥器、膨胀阀、蒸发器、制冷剂管路等部件。

2. 取暖系统

取暖系统用来提高车内的温度。传统燃油车一般采用发动机冷却液作为热源取暖。在新能源汽车上一般采用 PTC 电加热器作为热源，为提高采暖效率，热泵空调采暖是今后的发展方向。

3. 通风系统

通风系统用来调节车内空气的气流大小和换气量，由鼓风机、风门、风道等组成。

4. 空气净化系统

空气净化系统通过空调滤清器来过滤进入车内的空气，并对车内空气进行杀菌消毒，部分车型的空调还设置有负离子发生器以提供更多氧离子，使空气更加清新。

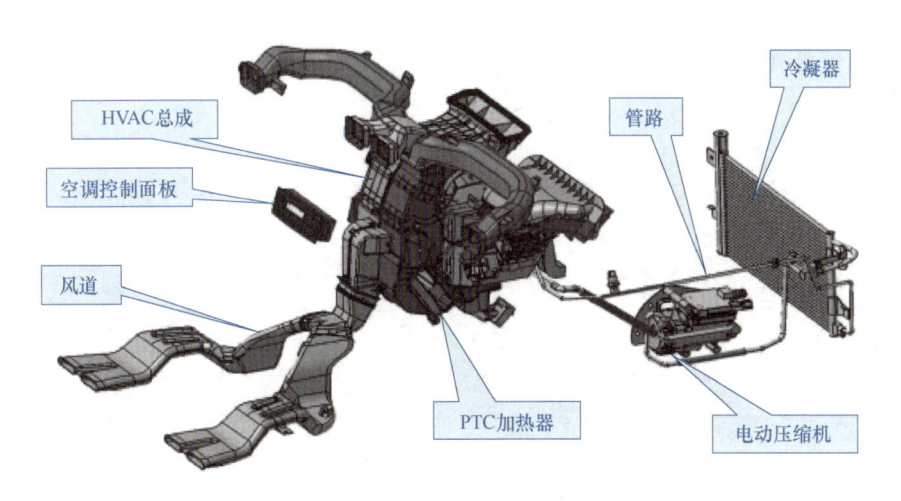

图 5-1 新能源汽车空调系统组成

小知识：

汽车空调 ION 是指空调负离子净化功能。由于空气中的 PM2.5 颗粒非常小，无法被滤网过滤掉，通过 ION 空气净化功能产生高压电对空气释放负电，由于空气中的 PM2.5 级别小颗粒部分会带电，所以带电颗粒互相吸附成较大杂质颗粒，然后在通过滤网时被拦截，这样可有效提升进入车厢空气的洁净度。此功能会产生更多负氧离子，使车内空气更新鲜。此功能最初只在中高级车型上才会配置，近年来随着国产汽车技术的快速发展，这类功能在国产品牌汽车上也得到快速普及。

【实训任务十三】 新能源汽车空调系统认知与操作

实训场地与器材

新能源汽车整车 4 辆,作业工位 4 个,工作灯 4 个。

作业准备

1)确认车辆空调系统处于正常状态。
2)准备北汽新能源 EU5 整车和防护三件套等。
3)准备学习工作页和车主使用手册。
4)提前拆卸前排乘客侧杂物箱及饰板。

操作步骤

1)停车入位,开启机舱盖,安装翼子板布、前格栅布、转向盘套、座椅套、脚垫等车辆防护用具。
2)教师指导,按照工作页逐一识别汽车空调系统部件。
3)正确操作汽车空调系统控制面板。按照工单要求检查空调各项工作情况,做好记录。

竣工检验

完成任务后恢复车辆,整理工位,做好场地 5S 管理。

实训任务总结

扫一扫 ➡ 新能源汽车空调系统操作与认知

新能源汽车空调系统认知与操作	工 作 任 务 单	班级：	
		姓名：	

1. 车辆信息记录

品牌		整车型号		生产年月	
驱动电机型号		电池电量		行驶里程	
车辆识别码					

2. 作业场地准备

检查是否设置隔离栏	□是 □否
检查是否设置安全警示牌	□是 □否
检查灭火器压力、有效期是否符合要求	□是 □否
安装车辆挡块	□是 □否

3. 汽车空调系统部件认知记录

4. 汽车空调系统功能操作

新能源汽车空调系统认知与操作				实习日期：		
姓名：		班级：		学号：		教师签名：
自评：□熟练□不熟练		互评：□熟练□不熟练		师评：□合格□不合格		
日期：		日期：		日期：		

新能源汽车空调系统认知与操作【评分细则】

序号	评分项	得分条件	分值	评分要求	自评	互评	师评
1	安全/5S/态度	□1. 能进行工位 5S 操作 □2. 能进行设备和工具的安全检查 □3. 能进行车辆和个人安全防护 □4. 能进行工具的清洁、校准及存放操作 □5. 能进行"三不落地"操作	15	未完成1项扣3分	□熟练 □不熟练	□熟练 □不熟练	□合格 □不合格
2	专业技能	1. 部件认知 □电动压缩机及供电线 □冷凝器 □储液干燥器 □膨胀阀 □蒸发器 □空调滤清器 □鼓风机 □PTC 加热器 □除霜、正面出风、脚下出风口 □空调控制面板 2. 空调系统操作 □正确说明空调面板各按键含义(9个按键) □开启制冷并调节温度 □开启暖风并调节温度 □切换内外循环 □切换不同出风模式并检查出风是否正常(9个位置) □开启/关闭前风窗玻璃除霜 □开启/关闭后风窗玻璃除霜	75	未完成1项扣3分，扣分不得超过75分	□熟练 □不熟练	□熟练 □不熟练	□合格 □不合格
3	工具及设备的使用能力	□1. 能够正确使用举升机举升车辆 □2. 能正确使用手灯	10	未完成1项扣5分	□熟练 □不熟练	□熟练 □不熟练	□合格 □不合格

总分：

任务二　新能源汽车空调制冷系统维护与检修

【学习目标】

知识目标：
1）掌握汽车空调制冷系统的组成和基本原理。
2）掌握汽车空调制冷系统的部件结构及基本原理。
3）掌握汽车空调制冷系统的常见维护项目和性能检验方法。
4）了解汽车空调制冷系统常见的故障和检修方法。

技能目标：
1）能够结合实车说明汽车空调制冷系统的组成和制冷循环过程。
2）能够使用空调加注设备完成制冷剂回收、抽真空和加注工作。
3）能够使用专用工具设备对汽车空调制冷系统性能进行检查和评价。
4）能够诊断排除汽车空调制冷系统中常见的故障。

素质目标：
1）通过完成制冷剂回收加注任务，培养强烈的工作安全意识和环保意识。
2）通过完成汽车空调系统性能检查与评价任务，培养科学严谨的工作作风。
3）通过查阅维修资料、制订工作计划、完成工作任务，培养学生独立自主的学习能力和团队合作能力。

【任务描述】

一辆新能源汽车，行驶里程 5.2 万 km，车主抱怨最近感觉车辆制冷不足，请你根据检验情况判断该车是否制冷不足，若的确是制冷不足，请你解决此故障。

【相关知识】

一、制冷剂和冷冻机油

1. 制冷剂

制冷剂是制冷循环中传热的载体，通过状态变化吸收和放出热量，因此要求制冷剂在常温下很容易汽化，加压后很容易液化，同时在状态变化时要尽可能多地吸收或放出热量（较大的汽化或液化潜热）。同时制冷剂还应具备以下性质：不易燃易爆、无毒、无腐蚀性、对环境无害。

制冷剂的英文名称为 refrigerant，所以常用其首字母 R 来代表制冷剂，后面表示制冷剂名称，如 R12、R22、R134a 等。

你知道吗？

之前汽车用制冷剂是 R12（又称为氟立昂），这种制冷剂各方面的性能都很好，但是它会破坏大气中的臭氧层，使太阳光中的紫外线直接照射到地面，对植物和动物造成伤害。为积极履行国际环保公约，我国于 2007 年提前全面淘汰 R12，采用 R134a 作为汽车空调制冷剂，并根据环保公约将在 2024 年禁用 R134a，采用 R1234yf 或 CO_2 作为替代制冷剂。这充分展现了我国履行环保责任的决心，体现大国担当。

小知识:

R134a 在大气压下的沸点为 -26.9℃，在 98kPa 的压力下沸点为 -10.6℃。如果在常温常压的情况下将其释放，R134a 便会立即吸收热量开始沸腾并转化为气体，对 R134a 加压后，它也很容易转化为液体。R134a 的特性如图 5-2 所示。该曲线上方为气态，下方为液态，如果要使 R134a 从气态转变为液态，可以降低温度，也可以提高压力，反之亦然。

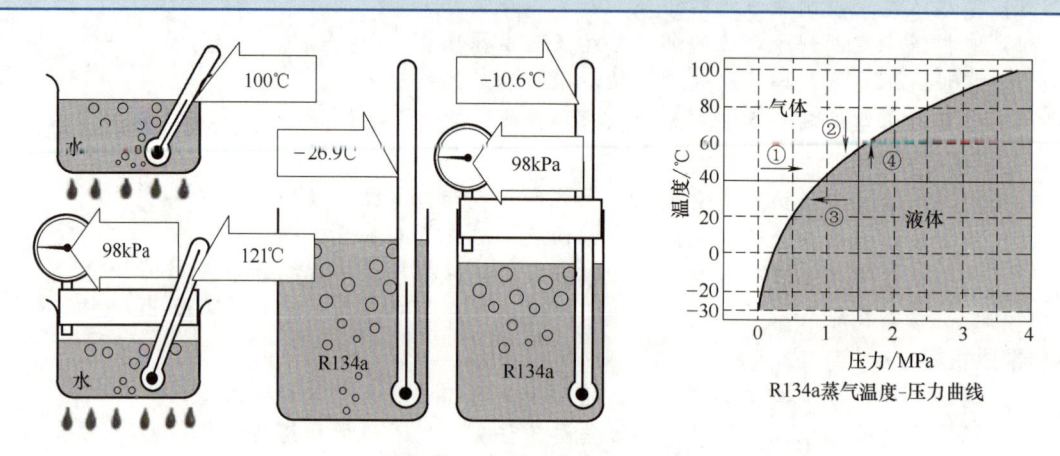

图 5-2 制冷剂 R134a 的特性

2. 冷冻机油

在空调制冷系统中有相对运动的部件，需要对其润滑。由于制冷系统中的工作条件比较特殊，所以需要专门的润滑油——冷冻机油。冷冻机油除了起到润滑作用以外，还可以起到冷却、密封和降低机械噪声的作用。制冷系统中的润滑油还有一个特殊的要求，就是要与制冷剂相容，并且随着制冷剂一起循环。因此在冷冻机油的选用上，一定要注意正确选用冷冻机油的型号，切不可乱用，否则将造成严重后果。

二、新能源汽车空调制冷循环

新能源汽车空调制冷系统由压缩机、冷凝器、储液干燥器、蒸发器、膨胀阀及管路等组成。与燃油车空调相比，新能源汽车压缩机采用高压电驱动，通过制冷循环改变制冷剂的状态，将车内热量转移到车外，实现降低车内温度的目的，如图 5-3 所示。

三、汽车空调制冷原理

汽车空调制冷循环由以下四个过程组成。

1. 压缩过程

低温低压的气态制冷剂被吸入压缩

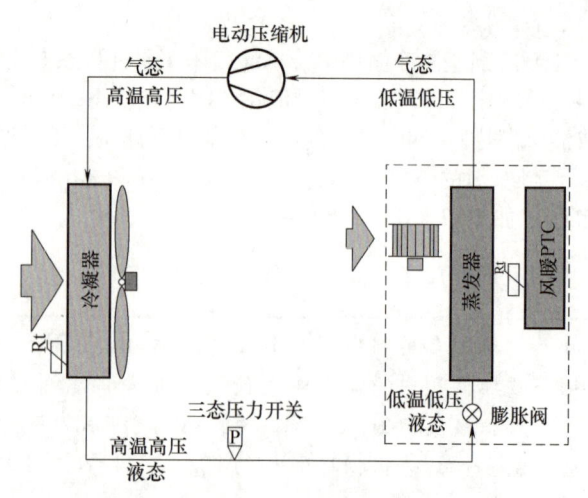

图 5-3 新能源汽车制冷系统循环示意图

机，经压缩后成为高温高压的气态制冷剂，此过程需要消耗机械能，目的是便于制冷剂下一阶段放热液化。

2. 冷凝放热过程

高温高压的气态制冷剂进入冷凝器后，冷凝器风扇带动空气吹过冷凝器的缝隙，将制冷剂的热量快速释放至大气中并使其液化。液化后的制冷剂进入储液干燥器，滤掉其中的杂质、水分，同时存储适量的液态制冷剂以备制冷负荷发生变化时制冷剂不会断流。

3. 节流膨胀过程

高温高压的液态制冷剂经过膨胀阀节流后，以低温低压的液态雾状形式喷入蒸发器。该过程使制冷剂降温降压，并通过膨胀阀开度大小来调节流量，从而控制制冷能力。

4. 蒸发吸热过程

低温低压的雾状制冷剂进入蒸发器后，由于制冷剂的压力急剧下降，很快蒸发汽化，吸收车内热量，使车内温度降低。同时蒸发器外部的鼓风机使空气不断通过蒸发器的缝隙，通过空气热交换吹出冷风。由蒸发器流出的气态制冷剂再进入压缩机重复上述过程，通过制冷剂将车内的热量不断转移到车外，实现降低车内温度的目的。

除制冷循环必要的部件外，实际汽车空调制冷循环管路中还需要设置制冷剂压力传感器、蒸发器温度传感器、高低压检修接口等，图5-4所示为新能源汽车常见的制冷循环示意图。

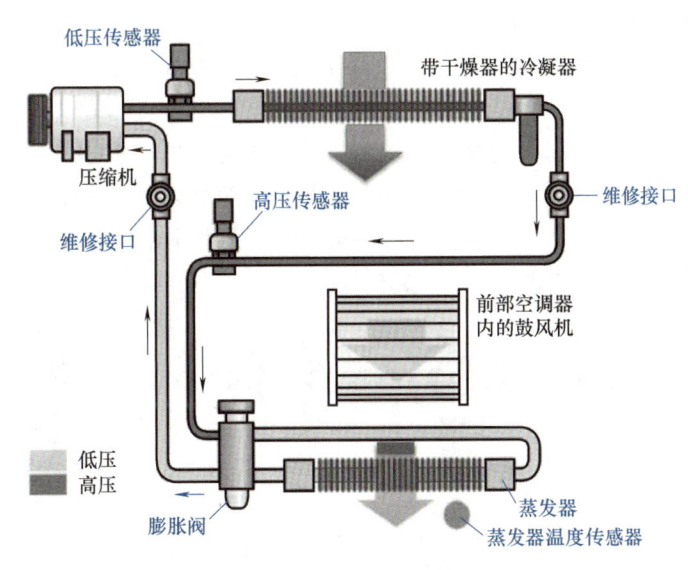

图5-4 新能源汽车制冷循环示意图

小知识：

通过汽车空调制冷原理可以知道，汽车空调并不能产生"冷"，只是将车内的热量转移到车外，从而使车内温度下降。这个过程是需要消耗能量的，因此无论是家用空调还是车用空调，都不要将温度设置过低，这样可以有效节约能源，同时也会缩小车内和车外的温差，减少人体冷热交替时的不适。

四、汽车空调制冷系统部件的结构与原理

1. 压缩机

图 5-5 所示为目前常见的新能源汽车用电动压缩机总成结构图，由压缩机（机械）、压缩机驱动电动机、驱动电动机控制器三部分组成。其中压缩机电动机采用新能源汽车动力蓄电池的高压电作为驱动电源。

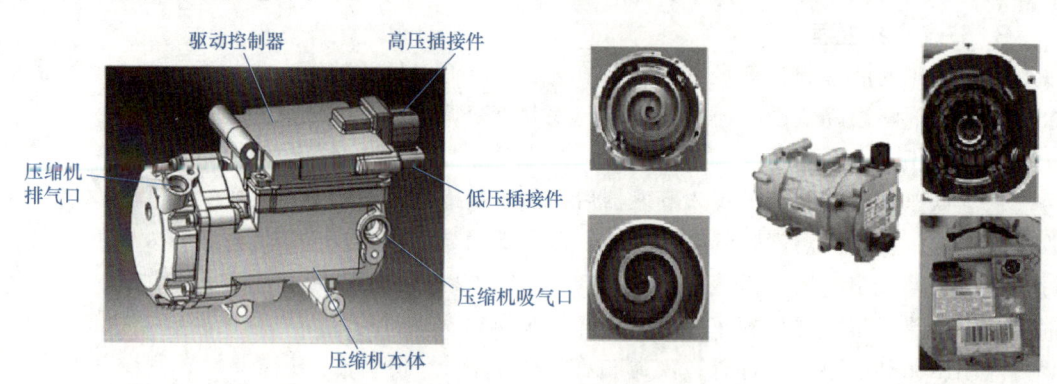

图 5-5　新能源汽车用电动压缩机总成结构示意图

电动机通常采用交流电动机，通过控制器将动力蓄电池的高压直流电逆变成高压交流电，驱动电动机运转，这样有利于实现对电动机的转速与转矩控制，从而实现空调压缩机的变频控制。

图 5-6 所示为新能源汽车常用涡旋式压缩机，该压缩机属于定排量压缩机，依靠驱动电动机的输入转速与转矩控制，实现变频。压缩机内部由固定不动的静盘与电动机驱动偏心轮驱动（圆周摆动）的动盘组成。动盘与静盘的相对位置发生改变，以完成吸气、压缩、排气的过程。

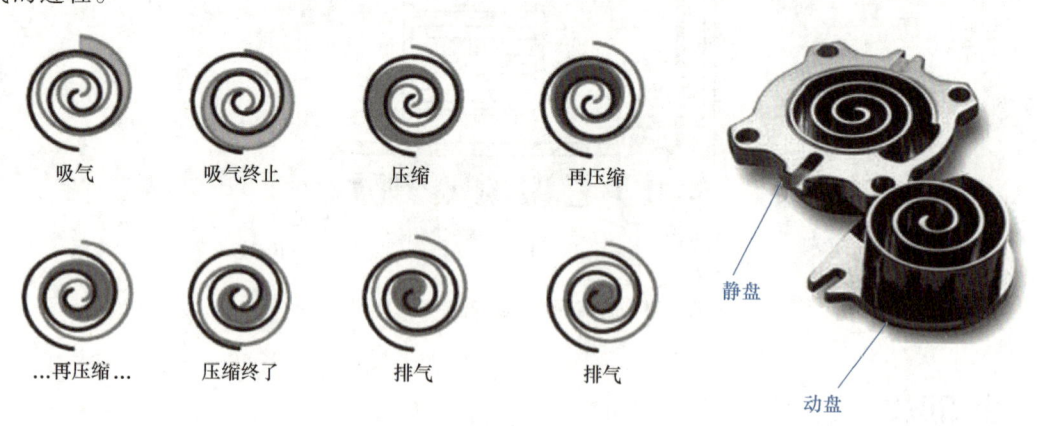

图 5-6　涡旋式压缩机工作原理

2. 冷凝器与储液干燥器

图 5-7 所示为新能源汽车冷凝器与储液干燥器的实物图和结构，从图中可以看出目前常见的冷凝器与储液干燥器大都采用集成式的布局。

图 5-7 冷凝器与储液干燥器

采用膨胀阀式节流装置的空调制冷循环系统,其储液干燥器安装在空调制冷循环的高压端,位于冷凝器至膨胀阀之间。采用节流孔管式节流装置的空调制冷循环系统,其储液干燥器安装在蒸发器至压缩机之间的低压端。

(1) 冷凝器类型与工作原理　图 5-8 所示是常见的汽车空调冷凝器,有管片式、管带式及平行流式三种结构形式。管片式冷凝器是汽车空调中常用的一种冷凝器,制造工艺简单,但其散热效率较低。管带式冷凝器是将扁平管弯曲成蛇形管而制成的,它的散热效率高于管片式冷凝器。平行流式冷凝器也是一种管带式结构,它更适应 R134a 制冷剂。

图 5-9 所示为冷凝器工作原理示意图。冷凝器风扇转动带走冷凝器内部制冷剂的热量,促进制冷剂液化。

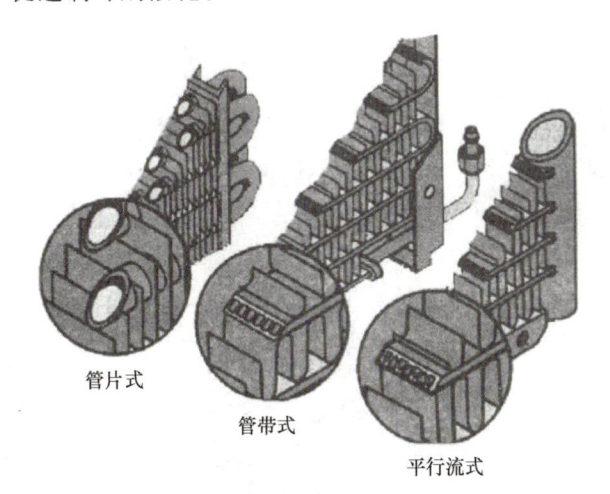

图 5-8　冷凝器的分类

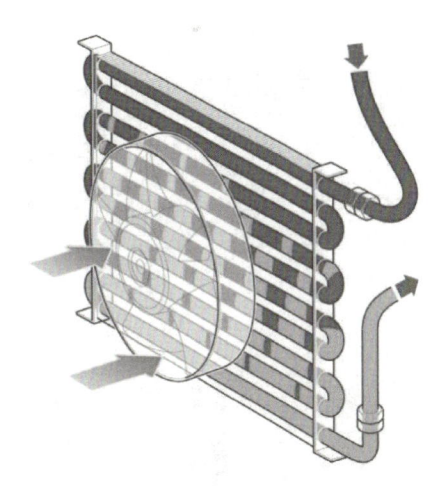

图 5-9　冷凝器工作原理示意图

(2) 储液干燥器　如图 5-10 所示,其用于膨胀阀式制冷循环系统,为保证输送到膨胀阀的制冷剂为液态制冷剂,所以出口端的管子插入瓶体底部,而入口在上部。

储液干燥器的作用:

1) 对制冷剂进行过滤。将系统中经常出现的杂质、脏物如锈蚀、污垢、金属微粒等过滤掉,这些杂质会损坏压缩机气缸壁和轴承,还会堵塞过滤网和膨胀阀。

2)吸收系统中的湿气。汽车空调系统中要求湿气越少越好,因为湿气会造成"冰塞"并腐蚀系统的管道和压缩机等,使之不能正常工作。

3)根据需要分离液态和气态制冷剂。由于汽车空调正常工作时,制冷剂的供给量大于蒸发器的需要量,所以高压侧液态制冷剂要有一定的储存量。

3. 膨胀阀

新能源汽车空调制冷系统的膨胀阀与传统车型相同,最常用的为 H 型膨胀阀,如图 5-11 所示。

H 型膨胀阀中有一个膜片,膜片的左方有一个热敏杆,热敏杆的周围是蒸发器出口处的制冷剂,制冷剂温度的变化(制冷负荷变化)可通过热敏杆使膜片右方的气体的压力发生变化,从而使阀门的开度变化,调节制冷剂的流量以适应制冷负荷的变化。当空调制冷系统刚刚开启或热负荷大时,感温元件内的制冷剂压力较大。膜片克服弹簧力和蒸发器出口处制冷剂的压力,推动顶杆和传动杆向下打开球阀,直到一平衡位置,这就增大了高压制冷剂进入蒸发器的流量。当空调制冷系统热负荷小或者需要关闭时,感温元件内的制冷剂压力变小,弹簧力和蒸发器出口处制冷剂的压力之和大于感温元件的膜片压力,于是顶杆和传动杆向上移动,直到一平衡位置,以关小球阀开口,这样就减小了高压制冷剂进入蒸发器的流量。

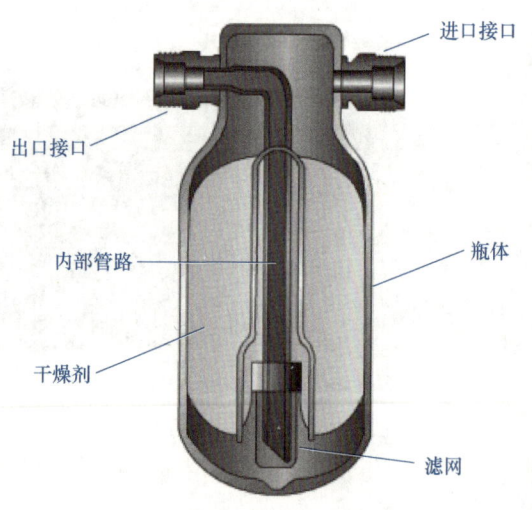

图 5-10 储液干燥器结构原理图

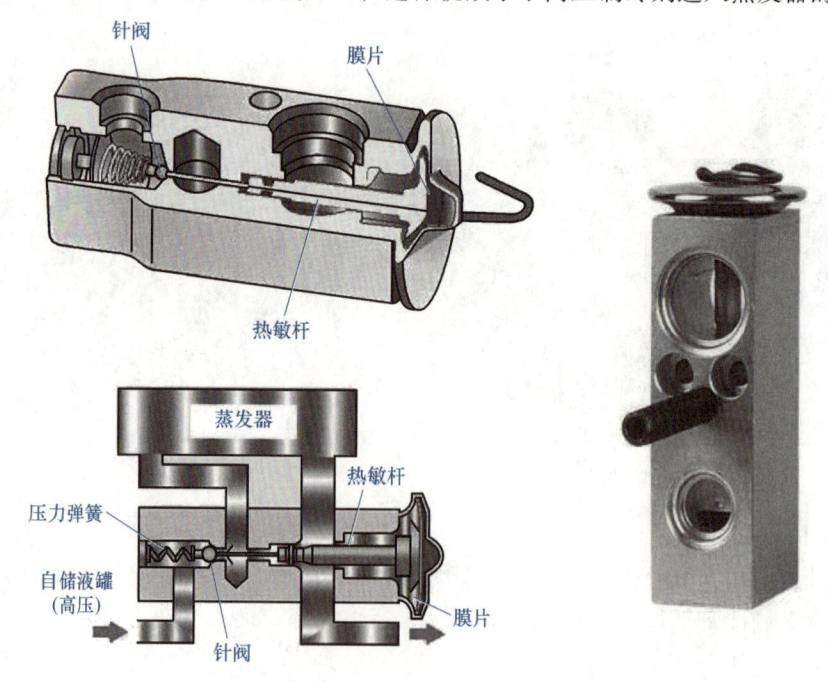

图 5-11 H 型膨胀阀外观与结构图

4. 蒸发器

汽车车厢内的空间小,为此要求空调蒸发器具有制冷效率高、尺寸小、重量轻等特点。蒸发器的功用是将经过节流降压后的液态制冷剂在蒸发器内沸腾汽化,吸收蒸发器表面空气的热量而降温,风机再将冷风吹到车厢内,达到降温的目的。图 5-12 所示为蒸发器总成。

汽车空调蒸发器一般采用铜质或铝质材料以提升换热效率,为提高汽车空调蒸发器的性能,常对其表面进行亲水膜处理。由于汽车空调蒸发器表面温度低于环境空气的露点温度,通过蒸发器表面的空气就会在蒸发器表面冷凝析出水,如图 5-12 所示。凝露水会增加风压损失,使出风量减少、制冷量减少。而亲水膜的作用是使原来珠状冷凝变成膜状冷凝,使蒸发器的风阻减少,风量增加,功耗下降,噪声下降,制冷量增加。

图 5-13 所示为蒸发器的工作原理图,蒸发器也是热交换器。当制冷剂由液态变为气态时,通过汽化吸收蒸发器外部空气的热量,从而达到冷却车厢内空气的目的。

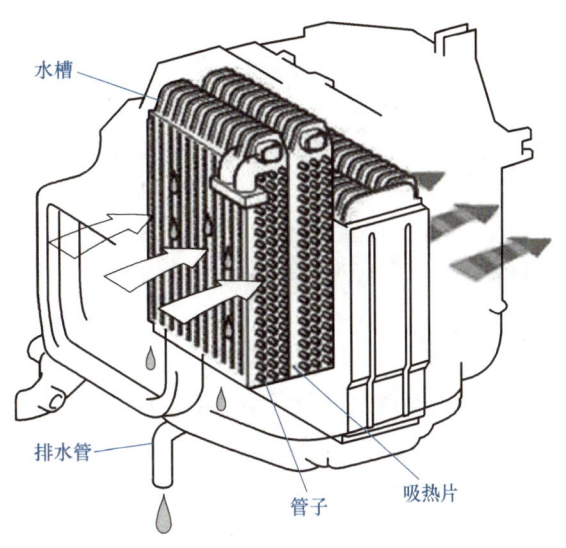

图 5-12 汽车蒸发器总成

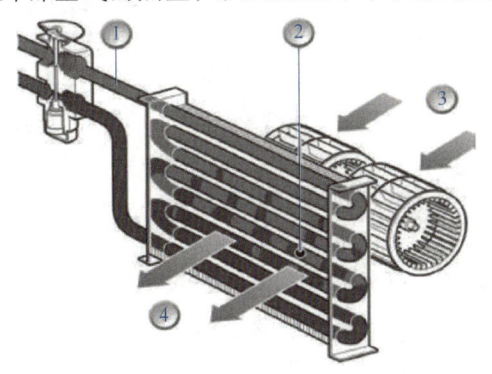

图 5-13 蒸发器工作原理
1—热制冷剂气体　2—冷制冷剂液体　3—热空气　4—冷空气

【实训任务十四】　新能源汽车空调制冷系统维护与检修

实训任务 14-1　汽车空调系统部件检查与性能检查

实训场地与器材

新能源汽车整车、作业工位、工作灯、电子卤素检漏仪或氮气检测瓶、温度计、湿度计、汽车空调高低压表组。

扫一扫 汽车空调系统部件检查与性能检查

作业准备

1) 确认车辆空调系统处于正常状态。
2) 准备北汽新能源 EU5 整车和防护三件套等。
3) 准备学习工作页和维修手册。
4) 提前准备好实训相关的工具和设备。

操作步骤

1) 使用维修资料查询车辆维修信息。
2) 停车入位，按照以下内容和步骤开展汽车空调系统检查和性能检测。

① 部件直观检查。

a) 冷凝器检查：图 5-14 所示为脏污的冷凝器，冷凝器的换热好坏直接影响汽车空调的制冷效果，对于冷凝器的检测有以下几方面内容。

• 冷凝器管及翅片外表面有无造成散热不良的污垢，若脏污严重需要先清理后再进行下一步检查。

• 检查管路连接位置、冷凝器四周及表面有无裂缝、损坏或机油渗漏。如果有，更换冷凝器。

• 检查冷凝器内脏堵或管外弯瘪情况。若发现压缩机排气压力过高，不能正常制冷，管外有结霜、结露现象，说明管内脏堵或管外受压变形造成节流。

• 检查散热片有无弯曲。如果有，用平头旋具将其矫正。

图 5-14 空调冷凝器检查

• 必要时用检漏仪检查冷凝器的泄漏情况。

注意：潮气或杂物进入制冷循环系统会降低冷却能力并产生异常噪声。循环系统任何拆开部件的开口都应当及时盖住，以免潮气和杂物进入。

在更换冷凝器时，应当根据维修手册的要求加入少许冷冻机油到制冷循环系统。

b) 蒸发器检查：蒸发器直接与车厢内的空气进行热交换。它传递热量的强弱对制冷效果有很大的影响。蒸发器的检查内容如下。

• 观察蒸发器外表是否有积垢、异物等。
• 检查肋片有无弯曲，如有用平头旋具对弯曲部位矫正。
• 用检测仪检查其是否泄漏。
• 检查冷凝水排水管道是否通畅。
• 蒸发器如有损坏、裂纹和漏油应对蒸发器进行更换。

② 压缩机、膨胀阀和连接管路检查。

a) 制冷系统运行时，听压缩机内部是否有杂音，杂音通常都是由压缩机内部零件损坏引起的。

b) 检查压缩机、膨胀阀的表面和管路连接处是否有油渍，如图 5-15 所示。如果有油渍，说明该处有泄漏，应紧固该连接处或更换该处的零件。

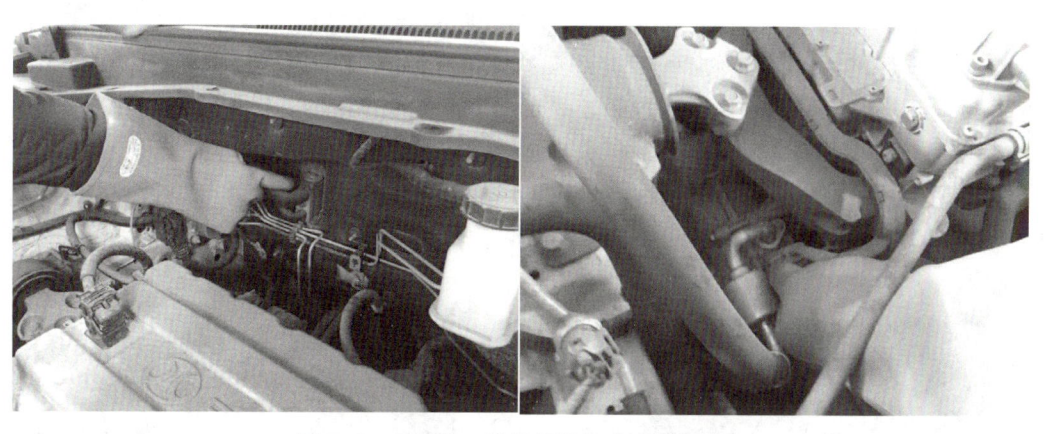

图 5-15　压缩机、膨胀阀的管路连接处检查

③ 制冷剂纯度检查。空调制冷系统管路中的制冷剂质量直接影响空调制冷效果，由于各种原因制冷剂很难做到 100% 的纯度，但是其中的杂质如果过多将会对制冷系统工作状态造成影响，所以，对制冷剂进行种类和纯度检查也显得尤为重要。

图 5-16 所示为一种空调制冷剂鉴别仪，此种制冷剂鉴别仪可以鉴别 5 种成分：R134a、R12、R22、HC、AIR（空气）。纯度以百分数显示，精度为 0.1%。

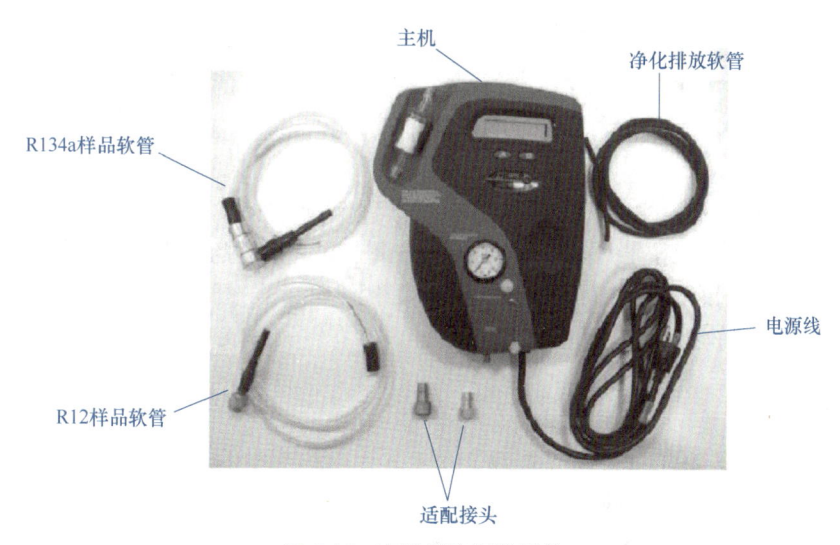

图 5-16　空调制冷剂鉴别仪

空调制冷剂鉴别仪的操作方法如下：

a）检查采样过滤器是否出现红色或者黑色的脏污，如有需更换。

b）检查通气口和取样口有无堵塞。

c）接通电源，进行暖机。

d）按 A 和 B 键进行海拔设置。

e）根据提示，选取取样管安装至低压管路，采集制冷剂，等待几分钟后，显示检测结果。当前绝大多数新能源汽车空调所使用的制冷剂为 R134a。所检测的制冷剂种类为 R134a 时，纯度应高于 98%，空气含量小于 1%，此时才能使用回收加注机进行制冷剂的回收作业。

④ 空调制冷系统泄漏检查。目前汽车空调检漏通常采用的方法有真空保压检漏、电子卤素检漏仪检漏、荧光检漏、加压测试检漏等，图 5-17 所示为电子卤素检漏仪。在检漏前首先调整检漏仪的灵敏度，将探头置于被测点的下方，围绕被测点缓慢移动探头。通过闪光灯和蜂鸣器的闪烁频率判断制冷剂是否有泄漏。

采用加压检漏时，一定要使用惰性气体，确保安全。氮气是比较常见的惰性气体，因此通常使用氮气瓶和空调压力表来进行加压检漏，规范的做法是将氮气加压注入管路，并进行保压测试。

图 5-17　电子卤素检漏仪　　　　图 5-18　液氮加压检漏

如图 5-18 所示，用加压设备在制冷装置中充入 1.5MPa 的氮气，关闭阀门，保持 1h，如果压力表指示的压力下降，则制冷装置存在泄漏问题，应在各接头处和可疑位置涂抹肥皂水，查找泄漏点。

⑤ 汽车空调制冷系统性能检查。参照《汽车空调制冷剂回收、净化、加注工艺规范》（JT/T 774—2010），可以按照以下步骤对新能源汽车空调系统的性能进行检查和评价。也可以参照具体车型维修手册的有关规定进行检测和评价。

a）将车辆停放在阴凉处，将干湿球温度计放置在空调进风口位置。

b）打开车窗、车门。

c）打开机舱盖。

d）打开所有空调出风口，调节到全开。

e）设置空调处于以下工作状态：外循环位置、强冷、A/C 开、风机转速最高（HI），若是自动空调应设为手动并将温度设定为最低值。

f）将温度计探头放置在空调出风口内 50mm 处。

g）启动空调制冷系统，使压力表指针稳定。

h）待温度计显示数值趋于稳定后，读取压力表和温度计的显示值，将所测得的高低侧压力、相对湿度、空调进风温度、出风温度与汽车制造商提供的空调性能参数或图表上的参数进行比较（图 5-19、图 5-20），如压力表、温度计显示的高、低侧压力和空调出风温度不在规定的范围内，应对制冷装置做进一步的诊断和检修。

⑥ 空调出风口风量检查。进行出风口温度测试时，可同时进行出风口风量检查。将风量仪安放到空调出风口，检查该鼓风机转速下的出风口风量，即可判断鼓风机以及空调滤芯的状态，如图 5-21 所示。

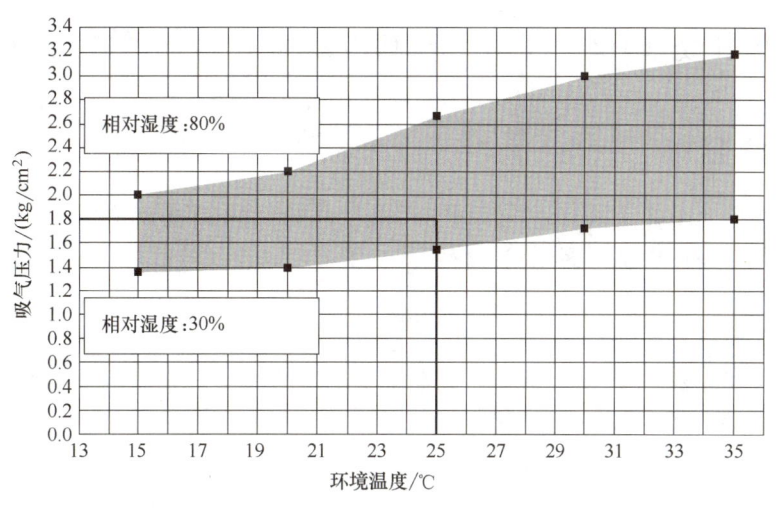

图 5-19 吸气压力与环境温度

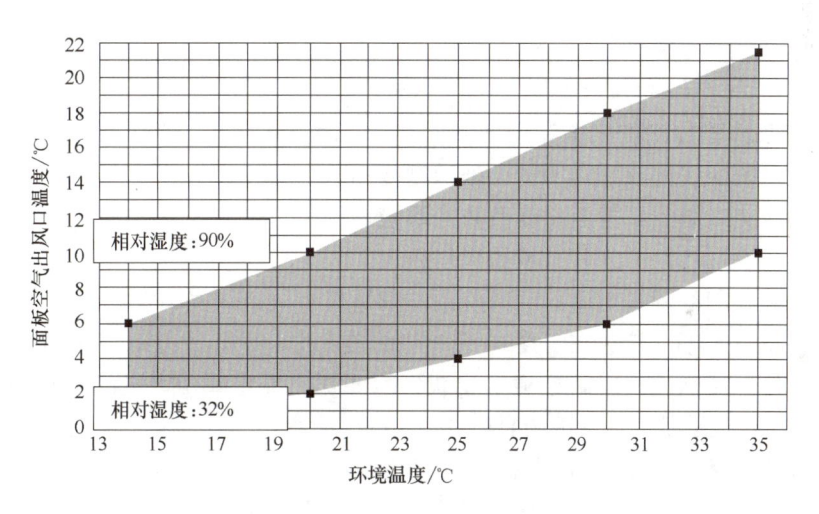

图 5-20 空调出风温度与环境温度

图 5-21 新能源汽车空调出风口风量检查

实训任务 14-2　汽车空调制冷系统制冷剂回收与加注

实训场地与器材

新能源汽车整车、作业工位、工作灯、汽车空调高低压表组、汽车空调一体化加注机、汽车空调制冷剂、冷冻机油、卤素检漏仪。

作业准备

1）检查需要使用的汽车空调制冷剂数量和型号是否符合要求。
2）准备北汽新能源 EU5 整车和防护三件套等。
3）准备学习工作页和维修手册。
4）检查一体化加注机供电状态、冷冻机油和制冷剂余量。

扫一扫
汽车空调制冷系统制冷剂回收与加注

操作步骤

1）回收和加注制冷剂的安全注意事项。
① 不要在密闭的空间或靠近明火处处理制冷剂。
② 接触制冷剂时必须戴橡胶手套和防护眼镜。
③ 避免液体的制冷剂进入眼睛或溅到皮肤上。
④ 不要将制冷剂的罐底对着人，有些制冷剂罐底有紧急放气装置。
⑤ 不要将制冷剂罐直接放在温度高于 40℃ 的热水中。
⑥ 如果液体制冷剂进入眼睛或碰到皮肤，不要揉，要立即用大量的冷水冲洗，随后到医院找医生进行专业处理，不要试图自己进行处理。

2）在空调制冷系统开启补充制冷剂时应注意的问题。
① 如果制冷剂不足，可能引起压缩机润滑不足，造成压缩机损坏，应注意避免这种情况发生。
② 空调系统运转时，如果开启高压阀将引起制冷剂倒流入制冷剂容器，使制冷剂容器破裂，因此只允许开启低压阀。
③ 如果将制冷剂容器倒置，制冷剂将以液态进入空调管路，造成压缩机液击，损坏压缩机，所以制冷剂必须以气态充入。
④ 制冷剂不要充入过量，否则将造成制冷不良、动力蓄电池耗电量增加等故障。

3）使用高低压表组回收和加注制冷剂。
制冷剂加注工作分为两种，一种是制冷系统内部制冷剂不足，进行补充；另一种是制冷系统中无制冷剂，重新加注。下面介绍重新加注制冷剂的步骤。
① 安装歧管压力表。将绿色软管的一端接压力表的中部，另一端接真空泵，如图 5-22 所示。
② 打开歧管压力表高压侧和低压侧两侧阀门，开启真空泵抽真空，抽真空至歧管压力

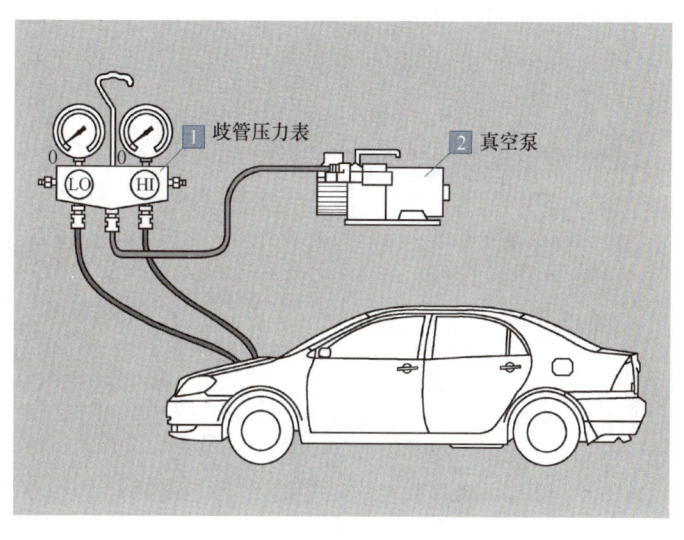

图 5-22 连接压力表和真空泵

表低压侧显示为 750mmHg（1mmHg=133.322Pa）或更高，保持 750mmHg 或更高的显示压力抽真空 10min，如图 5-23 所示。

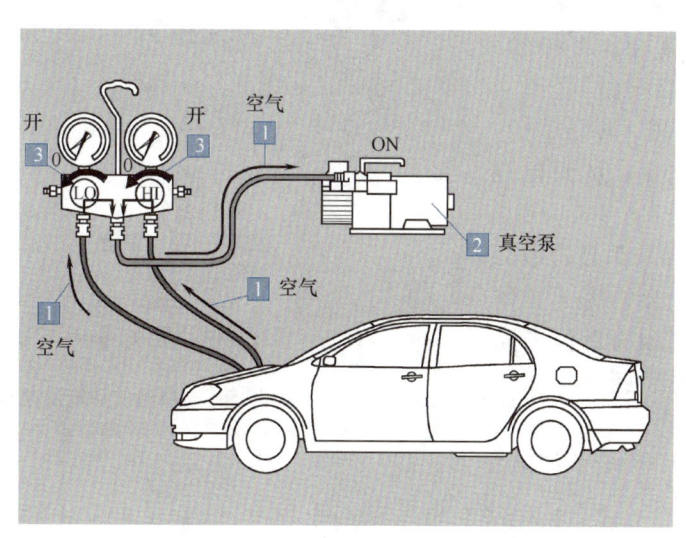

图 5-23 抽真空

③ 关闭歧管压力表高压侧和低压侧两侧的阀门，关闭真空泵，如图 5-24 所示。

④ 检查系统密封性：真空泵停止后，高压侧和低压侧两侧的阀门关闭 5min 后歧管压力表的读数应保持不变。

提示：如果显示压力增加，则有空气进入空调系统，检查 O 形圈和空调系统的连接状况。

注意：如果抽真空不足，空调管道内的水分会冻结，这将阻碍制冷剂的流动并导致空调系统内部生锈。

⑤ 安装制冷剂罐。

a）连接阀门和制冷剂罐。检查加注罐连接部件的盘根，逆时针转动手柄升起针阀，逆时针转动阀盘升起阀盘，如图 5-25 所示。

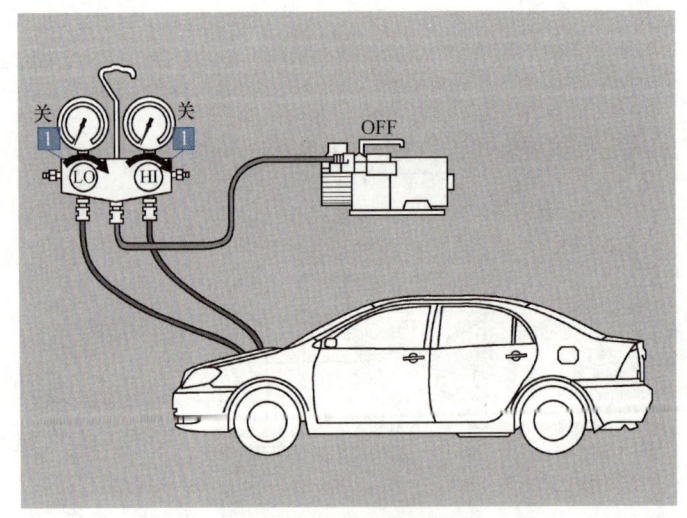

图 5-24 关闭真空泵

注意：要在针阀升起前安装加注罐，否则针阀会插进加注罐从而导致制冷剂泄漏，把阀门旋进加注罐直到和盘根紧密接触，然后紧固阀盘以卡住阀门。

注意：不要顺时针转动手柄，否则针将插进加注罐，从而导致制冷剂泄漏。

b）把加注罐安装到歧管压力表上。如图 5-26 所示，完全关闭歧管压力表低压侧和高压侧的阀门；把制冷剂罐安装到歧管压力

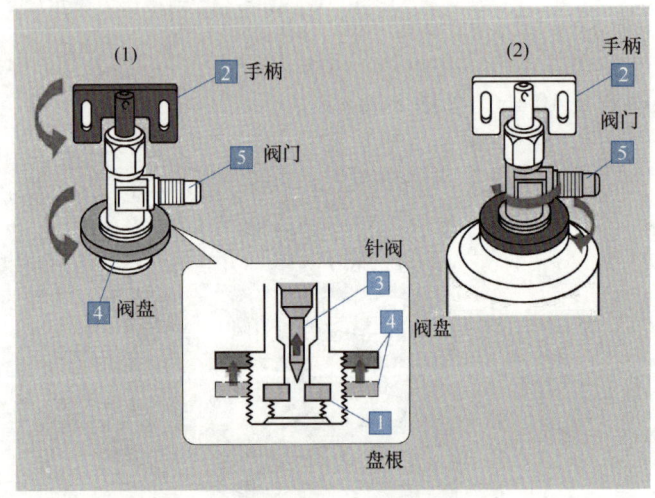

图 5-25 连接阀门和制冷剂罐

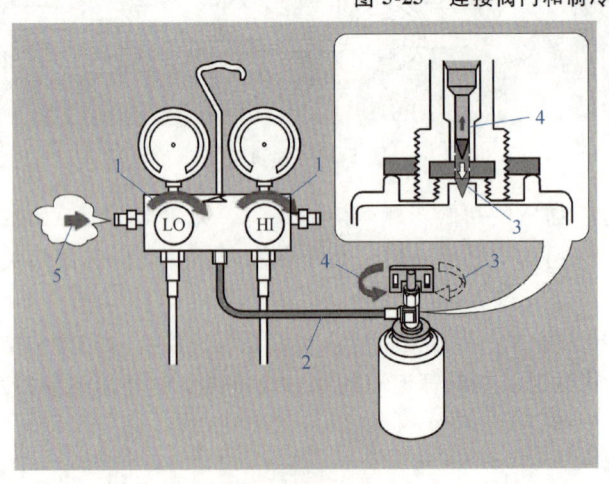

图 5-26 把加注罐安装到歧管压力表上
1—高低压阀门 2—连接软管 3—针阀顺时针旋转 4—针阀逆时针旋转 5—排出管路空气

表中间的绿色加注软管；顺时针转动手柄直到针阀在制冷剂罐上钻个孔；逆时针转动手柄退出针阀；按下歧管压力表的空气驱除阀放出空气直到制冷剂从阀门流出。

⑥ 从高压侧加注制冷剂。如图 5-27 所示，打开高压侧阀门加入制冷剂直到低压表到大约 0.98MPa，加注后，关闭阀门。

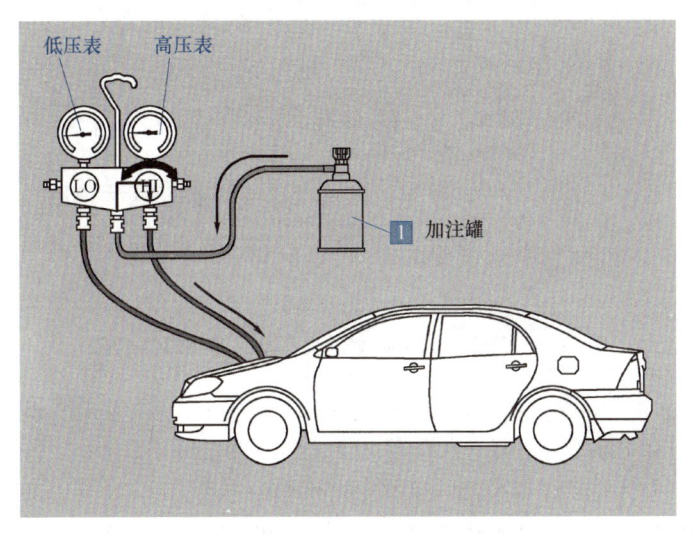

图 5-27 从高压侧加注制冷剂

注意：不要起动压缩机，也不要打开低压侧阀门。

⑦ 从低压侧加注制冷剂。如图 5-28 所示，关闭高压侧阀门后，起动空调制冷系统，打开歧管压力表，从低压侧加入车型规定量的制冷剂。

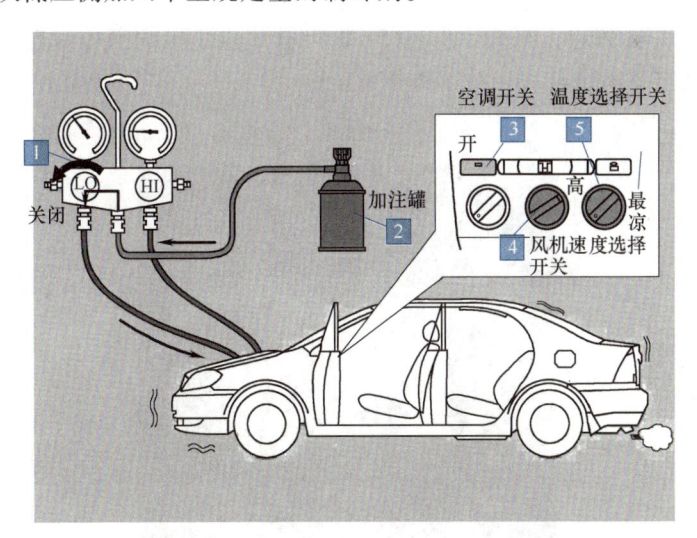

图 5-28 打开低压侧阀门加注制冷剂

注意：低压侧加注制冷剂时制冷剂罐倒置将使制冷剂以液态进入压缩机，压缩液体将损坏压缩机；不要加注过量，否则将导致制冷不足。

如图 5-29 所示，低压侧加注制冷剂时不要打开高压侧的阀门，这将导致高压气体回流至加注罐，造成破裂。

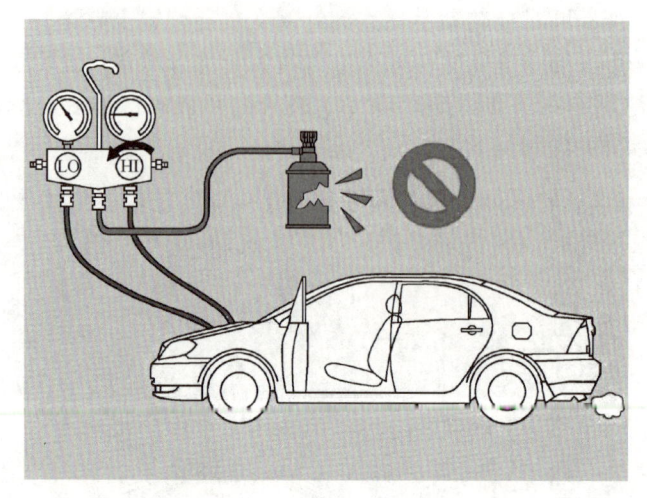

图 5-29 低压侧加注制冷剂时不要打开高压侧阀门

根据歧管压力表的压力显示检查制冷剂的加注量：在制冷剂加注量达到规定量时，歧管压力表的压力也应达到规定值，其规定的压力为：

低压侧：0.25~0.35MPa；高压侧：1.3~1.5MPa。

提示：歧管压力表所示压力随外部空气温度变化而有轻微的变化。

制冷剂加注量符合要求后，关闭低压侧阀门，把加注软管从车辆侧维修阀门和制冷剂罐阀门上拆掉。

4）使用空调一体化加注机回收和加注制冷剂。

① 加注机使用说明。各个厂家生产的汽车空调一体化加注机的使用方法不尽相同，为此应按照设备使用说明书进行操作。如图 5-30 所示，加注机的操作键盘上有制冷剂回收、制冷剂加注、抽真空、系统排气、数字等按钮。

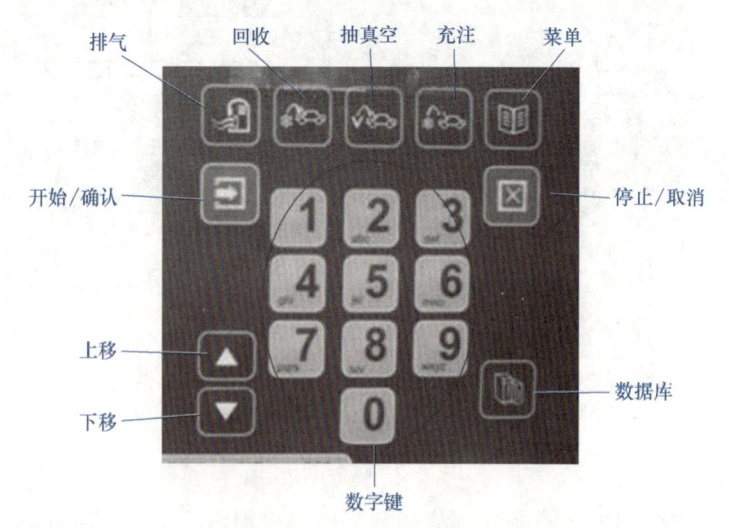

图 5-30 加注机操作键盘

② 一体化加注机操作基本流程。

a）开机：如图 5-31 所示，连接 220V 电源，转动电源开关，显示主菜单。

b）排气：

A. 按下排气键，设备进行排气，2s 后完成。

B. 按下确认键结束。

c）回收和加注。

A. 按下回收键，然后按界面提示接好管路及接头。

B. 设定制冷剂回收量：用数字键输入，然后按确认键。

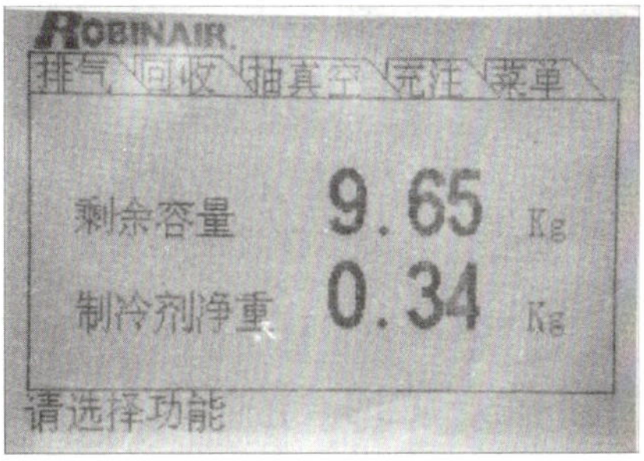

C. 界面显示"清理管路 1 分钟"。设备开始自动清理，然后打开高低压阀门进行回收。

D. 完成回收。当界面显示"回收完成"时，按下确认键。

E. 排油（制冷剂净化）。如图 5-32 所示，完成制冷剂回收后，按确认键，开始进行排油。约 10s 后完成，必要时记录排油量。

F. 抽真空。如图 5-33 所示，按下抽真空按钮，设定抽真空时间为 15min。

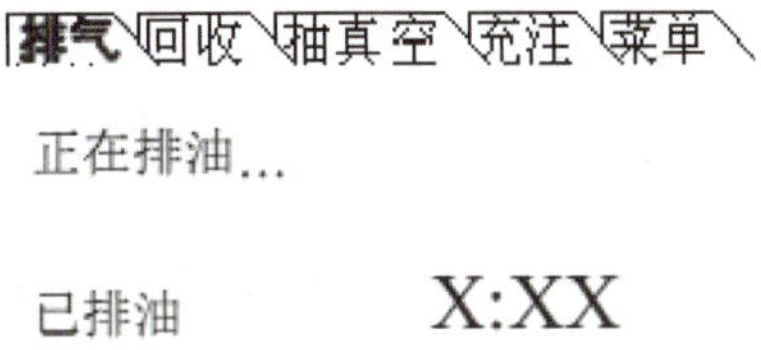

图 5-31　显示主菜单

图 5-32　系统排油

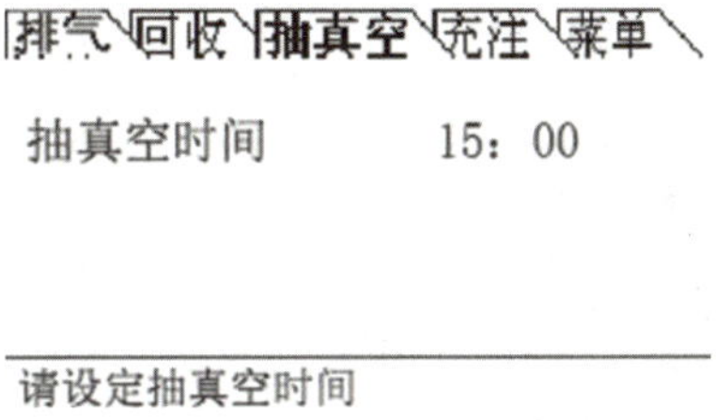

图 5-33　系统抽真空

G. 保压。如图 5-34 所示，抽真空结束后，确认系统保压，同时观察高低压力表压力是否有回升迹象。

H. 注油。保压后确认系统无泄漏，按照图 5-35 所示的系统提示完成冷冻机油加注程序。冷冻机油加注量需参考车型维修手册。

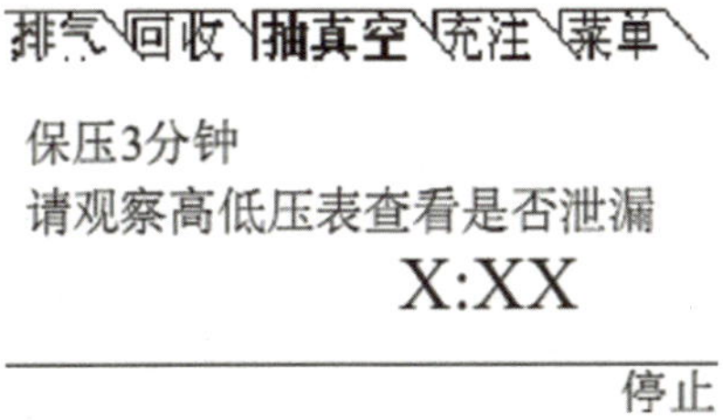

图 5-34　抽真空后保压

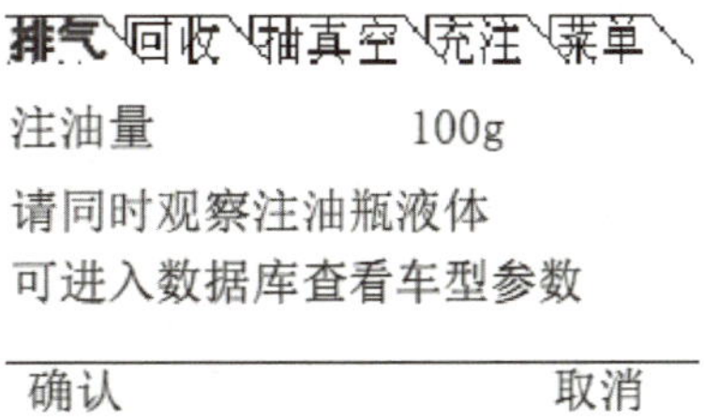

图 5-35　系统注油

I. 加注制冷剂。如图 5-36 所示，按照车型信息提示和维修手册说明，正确设定制冷剂加注量，关闭低压阀，从高压侧加注制冷剂。

J. 管路清理。加注完毕后，关闭阀门，取下蓝、红管。按照图 5-37 所示的系统提示完成管路清理。

所有操作完成后，拆下高低压管路，恢复车辆和设备，设备断电。

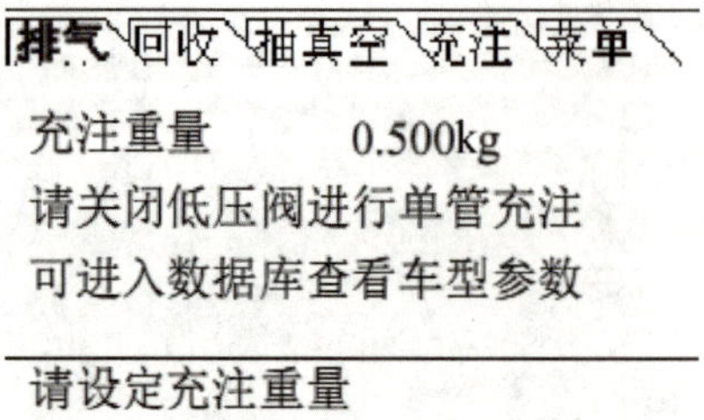

图 5-36　加注制冷剂

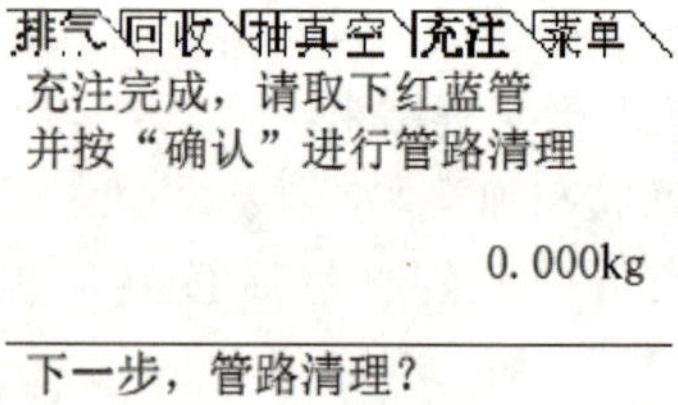

图 5-37　管路清理

➡ 小知识：

R134a 制冷剂不会破坏大气的臭氧层，但是直接排放到大气中会引起温室效应，基于环保的要求，更换制冷剂时必须要进行回收和专门化集中处理。在汽车空调维修过程中，大家一定要严格按照维修工艺规范回收制冷剂，为环境保护做出积极贡献。

➡ 课堂讨论：

"安全第一"绝不是一句口号，安全是汽车维修企业一切经营和生产活动的基础。为加强安全生产监督管理，防止和减少生产安全事故，保障人民群众生命和财产安全，促进经济发展，2002 年我国颁布了《中华人民共和国安全生产法》，并在 2009 年、2014 年和 2021 年进行了三次修订，这充分体现了安全生产的重要性。请你结合汽车空调系统的维护工作流程，说一说在此过程有哪些具体的安全注意事项。

竣工检验

完成任务后恢复车辆，整理工位，做好场地 5S 管理。

实训任务总结

汽车空调制冷系统制冷剂回收与加注	工 作 任 务 单	班级：
		姓名：

1. 车辆信息记录

品牌		整车型号		生产年月	
驱动电机型号		电池电量		行驶里程	
车辆识别码					

2. 作业场地准备

检查是否设置隔离栏	□是　□否
检查是否设置安全警示牌	□是　□否
检查灭火器压力、有效期是否符合要求	□是　□否
安装车辆挡块	□是　□否

3. 记录空调制冷剂回收过程

4. 记录空调制冷剂加注过程

汽车空调制冷系统制冷剂回收与加注		实习日期：	
姓名：	班级：	学号：	教师签名：
自评：□熟练□不熟练	互评：□熟练□不熟练	师评：□合格□不合格	
日期：	日期：	日期：	

汽车空调制冷系统制冷剂回收与加注【评分细则】

序号	评分项	得分条件	分值	评分要求	自评	互评	师评
1	安全/5S/态度	□1. 能进行工位 5S 操作 □2. 能进行设备和工具的安全检查 □3. 能进行车辆和个人安全防护 □4. 能进行工具的清洁、校准及存放操作 □5. 能进行"三不落地"操作	15	未完成1项扣3分，扣分不得超过15分	□熟练 □不熟练	□熟练 □不熟练	□合格 □不合格
2	专业技能	1. 部件检查 □冷凝器外观及管路连接 □压缩机外观及管路连接 □高低压加注口 □膨胀阀及管路连接处 □蒸发器及管路连接处 2. 制冷剂纯度检查 □制冷剂纯度鉴别仪检查 □制冷剂纯度鉴别仪管路连接 □制冷剂纯度鉴别仪设定与预热 □制冷剂纯度检测 □制冷剂纯度检测结果记录分析 □整理工位 3. 制冷剂泄漏检查 □电子检漏仪开机与设定 □制冷剂泄漏检测（所有管路接头） □检测结果记录分析 □车辆设备复位 4. 空调制冷系统性能检测 □正确连接高低压表组 □正确开启空调制冷系统 □正确设定空调制冷系统，包含 A/C 开关、温度最低、鼓风机风量最大、外循环 □正确测量出风口的温度 □正确测量环境温度 □记录各测量数据 □将测量数据在性能分析图中正确标注 □正确分析汽车空调系统性能并给出结论	70	未完成1项扣4分，扣分不得超过70分	□熟练 □不熟练	□熟练 □不熟练	□合格 □不合格
3	工具及设备的使用能力	□1. 目视检查到位、无缺项 □2. 能正确使用制冷剂鉴别仪 □3. 能正确使用电子卤素检漏仪 □4. 能正确连接空调高低压表组 □5. 能正确测量出风温度和环境温度	15	未完成1项扣3分	□熟练 □不熟练	□熟练 □不熟练	□合格 □不合格

总分：

实训任务 14-3　汽车空调制冷循环系统故障检修

实训场地与器材

新能源汽车整车、作业工位、工作灯、汽车空调高低压表组、汽车空调一体化加注机、汽车空调制冷剂、冷冻机油、卤素检漏仪。

作业准备

1）检查高低压表组或一体化加注机的管路、阀门、接头是否处于完好状态。
2）准备北汽新能源 EU5 整车和防护三件套等。
3）准备学习工作页和维修手册。
4）检查车辆的空调制冷系统是否能够运行制冷功能。

操作步骤

1）汽车空调制冷循环系统正常压力测试。汽车空调制冷循环出现故障会表现为不制冷或制冷不足，出现这些故障的可能原因有冷凝器散热不良、制冷剂不足或过量、制冷剂完全泄漏、压缩机故障、管路堵塞等。需要通过目视、检漏仪和系统压力测试进一步进行检查。以下主要说明借助压力表进行测试的方法。

图 5-38 所示为空调制冷循环的正常压力，当系统压力出现异常时，可以测量系统循环压力，结合实际检测的压力数值进行故障分析。

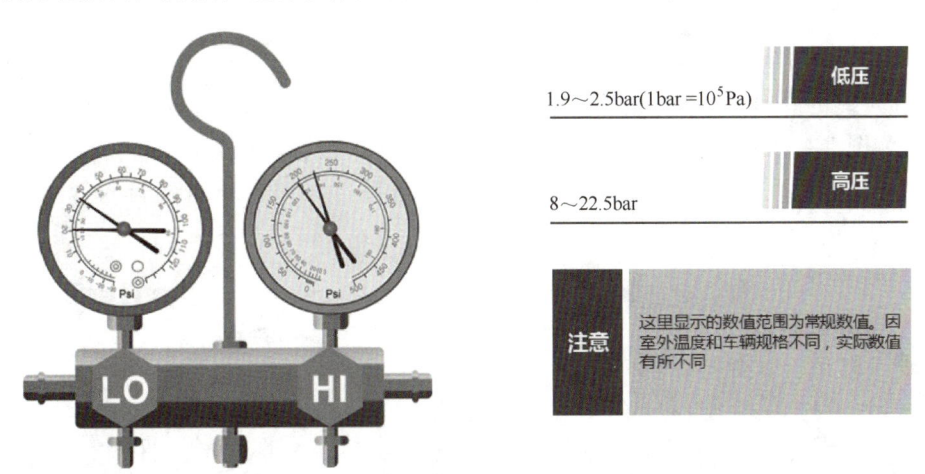

低压　1.9~2.5bar(1bar =10^5Pa)
高压　8~22.5bar
注意　这里显示的数值范围为常规数值。因室外温度和车辆规格不同，实际数值有所不同

图 5-38　空调制冷循环的正常压力

2）汽车空调制冷系统压力不正常故障。如图 5-39 所示，系统高压偏低，低压也偏低，故障现象通常为制冷不足。可能的原因是制冷剂不足或泄漏。

如果因压力低，压缩机停止运转，应重新填充部分制冷剂，并执行彻底的泄漏测试。如有必要从系统中排放制冷剂，以更换总成或管路。不要忘记检查压缩机润滑油量。当制冷剂泄漏时，可能会造成制冷系统润滑油的损失。

如图 5-40 所示，高、低压力指针摆动，故障现象为有时制冷良好，有时制冷不足（交替）。可能原因是制冷系统中存在湿气或储液干燥器处于过饱和状态。应更换储液干燥器，通过制冷系统抽真空清除系统中的湿气。

如图 5-41 所示，高压侧压力偏高，低压侧管路温度高，高压侧压力高于饱和压力。可能原因为制冷剂不足，应首先排空制冷系统并抽真空，检查是否泄漏并重新填充制冷剂。

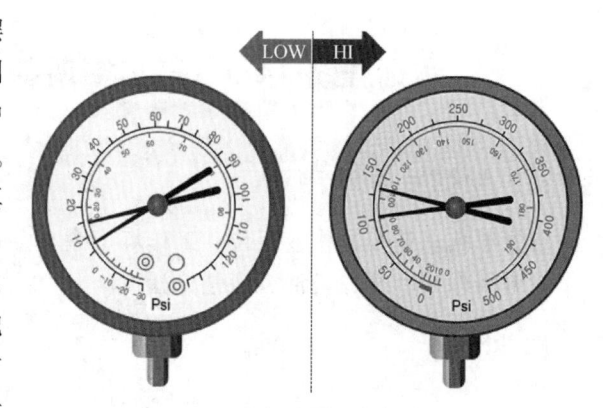

图 5-39 空调制冷循环高低压均偏低

图 5-40 空调制冷循环压力指针摆动

图 5-41 空调制冷循环压力分析示意图

如图 5-42 所示，两侧压力低，低压侧出现真空，储液干燥器排入/排出之间温度差高于 5℃。可能的原因是储液干燥器堵塞。

如图 5-43 所示，低压和高压压力偏高，制冷不足，高压管路过热。可能原因是系统制冷剂过多、冷凝器空气通道堵塞或冷却风扇故障等，如果压缩机吸入管结冰，系统可能超载。

图 5-42 空调制冷循环低压侧出现真空

图 5-43 空调制冷循环压力分析示意图

此时应将制冷剂量恢复到规定量，检查系统制冷剂是否超载并进行如下修正：

放出部分制冷剂，直到低压表和高压表读数降至标准以下为止。

重新填充制冷剂直至压力正常为止，额外填充 50~100g 制冷剂。

运转系统并检查性能。如果仪表读数仍然显示太高，排放制冷系统，拆卸并检查冷凝器中的制冷剂是否可以自由流通，或更换冷凝器、储液干燥器后运转制冷系统，重新检查性能。

如图 5-44 所示，低压压力高，高压压力低，制冷效果差，通常为压缩机故障。

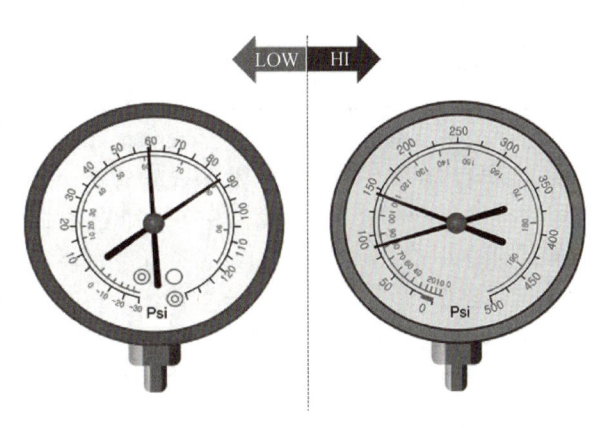

图 5-44 空调制冷循环低压高、高压低

综上所述，空调制冷循环系统的常见故障原因见表 5-1。

表 5-1 空调制冷循环系统常见故障原因

序号	高压	低压	问题可能原因	可能故障点
1	高	高	系统整体压力高	1. 制冷剂加注量过多 2. 系统内含空气（抽真空不良） 3. 冷冻机油过量 4. 冷凝器散热不良
2	高	正常	高压侧故障	1. 冷凝器散热不良 2. 冷凝器内部连通（内漏） 3. 冷冻机油过量
3	高	低	高低压分隔点堵塞	1. 膨胀阀堵塞 2. 蒸发器内部堵塞 3. 冰堵 4. 膨胀阀开度过小 5. 感温包泄漏
4	正常	高	低压侧故障	1. 膨胀阀开度过大 2. 制冷剂加注量偏多
5	正常	低	高低压分隔点问题	1. 膨胀阀开度偏小 2. 制冷剂加注量偏少 3. 感温包泄漏
6	低	高	压缩机压缩能力不足	1. 压缩机转速不足 2. 压缩机内部连通（内漏）
7	低	正常	高压侧故障	1. 制冷剂加注量偏少 2. 压缩机工作效率低
8	低	低	系统整体压力低	1. 制冷剂加注量过少 2. 冷凝器堵塞 3. 储液干燥器堵塞

> **课堂讨论：**
>
> 学以致用是教育的目标，要求我们把理论知识和实际应用结合起来，由浅入深地进行实践，达到熟能生巧的目的。就如我们前面所学的利用压力诊断汽车空调制冷循环系统的故障，每种故障的现象差异不大，但数据波动的范围大，故障范围也较大。这都要求我们在实践过程中充分利用理论知识加以细致分析，不放过细微的问题，在实践中逐步掌握专业知识的运用方法，这也是一名工匠成长的必然途径。通过互联网查询，你能给大家分享一下有关工匠成长的故事吗？

竣工检验

检测完毕后恢复车辆，整理工位，做好场地 5S 管理。

实训任务总结

1. 汽车空调系统部件的检查内容与注意事项。

2. 汽车空调系统性能检测流程与注意事项。

3. 利用压力测试的方法对汽车空调制冷循环系统进行故障诊断的方法。

项目五　新能源汽车空调系统检修

汽车空调制冷循环系统故障检修	工 作 任 务 单	班级：
		姓名：

1. 车辆信息记录

品牌		整车型号		生产年月	
驱动电机型号		动力蓄电池电量		行驶里程	
车辆识别码					

2. 作业场地准备

检查是否设置隔离栏	□是　□否
检查是否设置安全警示牌	□是　□否
检查灭火器压力、有效期是否符合要求	□是　□否
安装车辆挡块	□是　□否

3. 记录故障现象

4. 使用诊断仪读取故障码、数据流

故障码	
数据流	

5. 画出本车空调制冷循环系统示意图

6. 故障检测

检测对象	检测条件	检测值	标准值	结果判断

汽车空调制冷循环系统故障检修			实习日期：			
姓名：		班级：		学号：		教师签名：
自评：□熟练□不熟练		互评：□熟练□不熟练		师评：□合格□不合格		
日期：		日期：		日期：		

汽车空调制冷循环系统故障检修【评分细则】

序号	评分项	得分条件	分值	评分要求	自评	互评	师评
1	安全/5S/态度	□1. 能进行工位 5S 操作 □2. 能进行设备和工具的安全检查 □3. 能进行车辆安全防护操作 □4. 能进行工具的清洁、校准及仔放操作 □5. 能进行"三不落地"操作	15	未完成1项扣3分	□熟练 □不熟练	□熟练 □不熟练	□合格 □不合格
2	专业技能	□1. 能正确确认故障现象 □2. 能依据故障现象正确进行汽车空调外观检查 □3. 能正确连接空调压力表组 □4. 能正确起动并设置汽车空调制冷系统 □5. 能正确观察并记录汽车空调高低压压力表数值 □6. 能正确分析并判断系统压力是否正常 □7. 能正确给出维修方案并排除故障 □8. 能正确验证空调故障是否彻底排除	50	未完成1项扣7分，扣分不得超过50分	□熟练 □不熟练	□熟练 □不熟练	□合格 □不合格
3	工具及设备的使用能力	□1. 能正确使用高低压表组 □2. 能正确使用温湿计 □3. 能正确检测高低压管路温度变化	10	未完成1项扣4分，扣分不得超过10分	□熟练 □不熟练	□熟练 □不熟练	□合格 □不合格
4	资料、信息的查询能力	□1. 能正确查询本车空调制冷期间管路压力标准范围 □2. 能正确查询汽车空调循环系统故障诊断方法 □3. 能正确记录资料章节及页码 □4. 能正确记录维修信息	10	未完成1项扣3分，扣分不得超过10分	□熟练 □不熟练	□熟练 □不熟练	□合格 □不合格
5	判断和分析能力	□1. 能判断汽车空调出风温度是否正常 □2. 能判断汽车空调制冷系统高低压压力是否正常 □3. 能判断汽车空调制冷系统工作期间管路温度是否正常 □4. 能判断汽车空调系统数据流是否正常	10	未完成1项扣3分，扣分不得超过10分	□熟练 □不熟练	□熟练 □不熟练	□合格 □不合格
6	表单填写与报告的撰写能力	□1. 字迹清晰 □2. 语句通顺 □3. 无错别字 □4. 无涂改 □5. 无抄袭	5	未完成1项扣1分	□熟练 □不熟练	□熟练 □不熟练	□合格 □不合格

总分：

任务三　新能源汽车空调采暖系统维护与检修

【学习目标】

知识目标：
1) 掌握汽车空调采暖系统的组成和基本原理。
2) 掌握汽车空调采暖系统的部件结构及基本原理。
3) 掌握汽车空调采暖系统的检查和常见故障的检修方法。

技能目标：
1) 能够结合实车说明新能源汽车空调采暖系统的组成和工作过程。
2) 能够诊断排除汽车空调采暖系统中常见的故障。

素质目标：
1) 通过完成新能源汽车空调采暖系统检查和故障检修任务，培养严谨、规范的工作素养和安全意识。
2) 通过查阅维修资料、制订工作计划并执行工作任务，培养学生独立自主的学习能力和团队合作能力。

【任务描述】

一辆 2018 款北汽新能源 EU5 轿车，车主在冬季首次使用汽车空调暖风时，发现车辆无法吹出暖风，请你对车辆进行认真检查并排除此故障。

【相关知识】

一、汽车空调采暖系统的类型

1. 水暖式采暖系统

采用内燃机的车辆，可以利用发动机冷却液的热量采暖，把发动机的循环水引入热交换器，由风机将车内或车外空气吹过热交换器来加热空气，使得车厢内的温度升高。暖风系统主要由暖风散热器芯、风扇、电动机以及相应的管道组成，如图 5-45 所示。

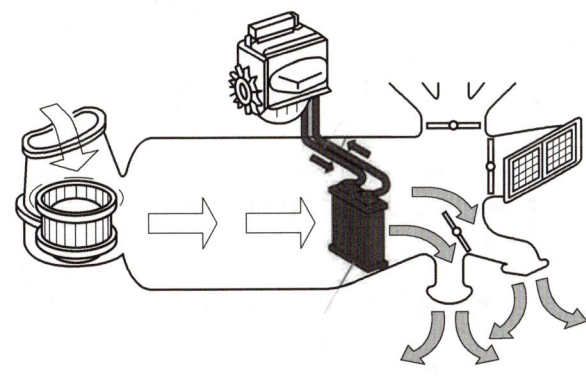

图 5-45　汽车空调暖风系统

2. PTC 采暖系统

新能源汽车的暖风系统与传统燃油汽车的暖风系统在构造上完全不同,新能源汽车空调暖风系统的热源,因为没有发动机的热量,所以采用 PTC 加热元件,也称为电热装置,如图 5-46 所示。

有些新能源汽车配备有动力蓄电池温度控制系统,在这类车型中空调的暖风系统热源采用了 WTC 形式,也就是电液加热型元件,如图 5-47 所示。

图 5-46 新能源汽车空调暖风 PTC 加热元件

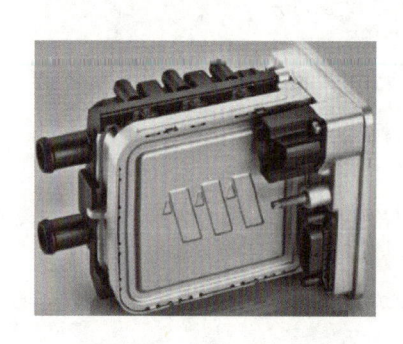

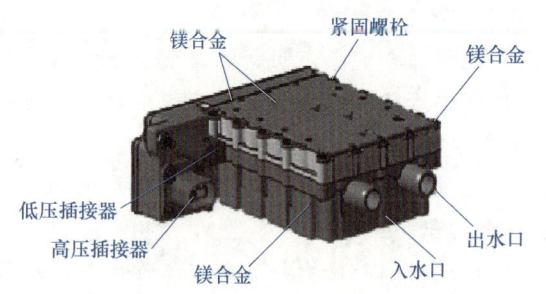

图 5-47 新能源汽车空调暖风 WTC 加热元件

配备 WTC 的空调暖风系统,其通风与空气分配装置同传统车基本相同,不同点在于,WTC 采用高压电对冷却液进行加热,受热后的冷却液在水泵作用下循环至车内的暖风水箱,如图 5-48 所示。

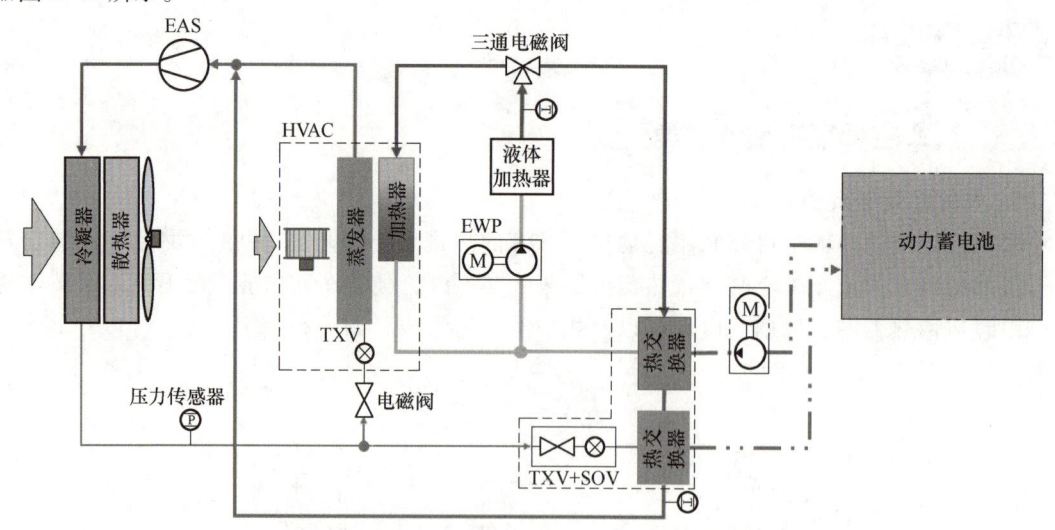

图 5-48 新能源汽车空调 WTC 暖风循环示意图

3. 热泵空调

目前,热泵式空调技术不断成熟,凭借其热效率优化、节能等优势,在汽车领域的应用不断扩大。

热泵是一种可以将低位热源的热能强制转移到高位热源的空调装置,类似可以将低处的水泵到高处的"水泵"。使用四通换向阀可以使热泵空调的蒸发器和冷凝器功能互相对换，改变热量转移方向，从而达到夏天制冷、冬天制热的效果，如图 5-49 所示。

图 5-49　新能源汽车空调热泵系统

这样相对宝贵的电能在制热的过程中可以仅作为热量的"搬运工"，而不是自身转换成低品位的热能，从而大大提升了电能向热能的转化效率，图 5-50 所示为热泵空调的基本工作原理。

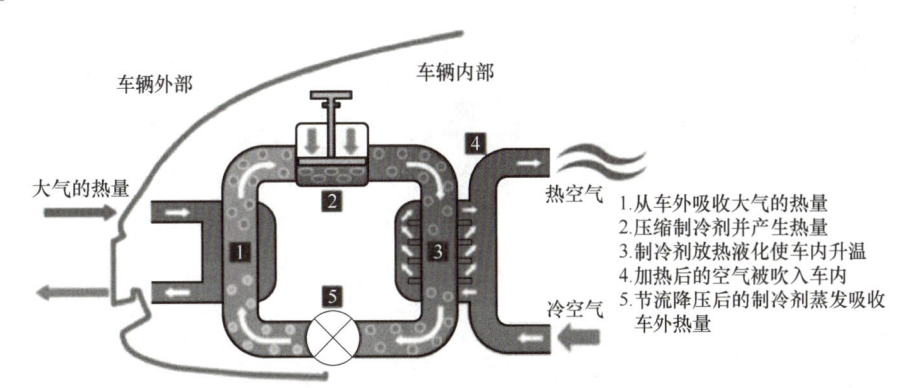

图 5-50　新能源汽车热泵空调系统示意图

热泵空调的工作原理基于"逆卡诺循环"，在制热模式下，原空调的制冷系统按照如下循环步骤工作。

1）蒸发器从环境中吸取热量进入热泵系统。
2）低压工质被压缩升温。
3）高温高压工质在冷凝器中与舱内空气换热。
4）加热后的空气被送入车厢内。
5）高压工质经膨胀阀成为低温低压气体完成循环。

二、新能源汽车空调采暖系统的结构和原理

当前新能源汽车取暖系统采用 PTC 加热器是主流，本书主要介绍 PTC 加热器的结构和工作原理。

1. PTC 加热器结构

图 5-51 所示为 PTC 加热器结构示意图，从图中可知，PTC 本体为电热元件（正温度系数元件），由 PTC 控制器控制是否加热和加热强度。使用动力蓄电池的高压直流电进行加热工作，其中安装有温度传感器。

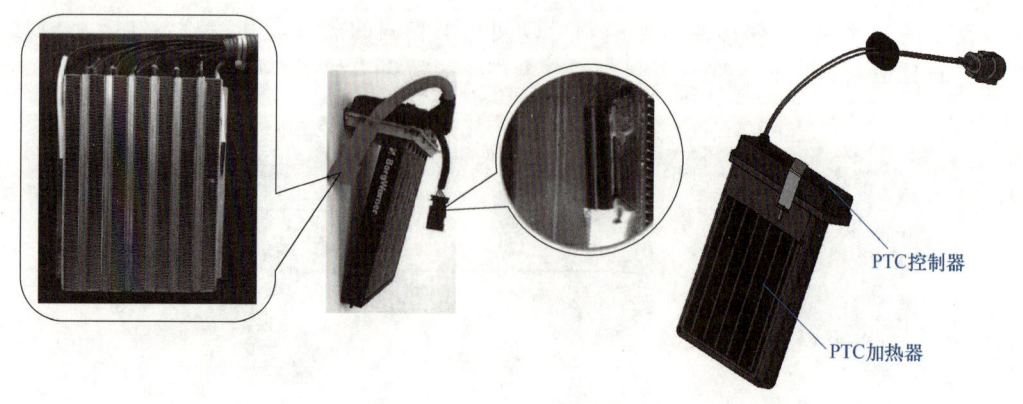

图 5-51 PTC 加热器结构

2. PTC 加热器工作原理

如图 5-52 所示，当驾驶人开启暖风系统时，空调控制系统（ECC）同样首先询问动力蓄电池系统，目前的能力是否满足 PTC 用电功率需求，当得到同意后驱动 PTC 工作加热。

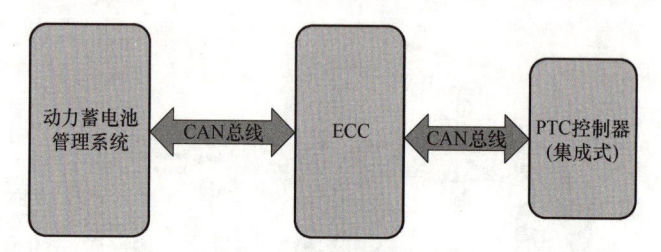

图 5-52 PTC 控制原理图

PTC 加热器的工作受如下条件的影响：

1）"空调暖风系统使能指令"正确。
2）环境温度传感器所测温度<40℃（若环境温度传感器故障，默认 25℃）。
3）温度设置在加热区间。
4）鼓风机正常，不在 OFF 档。
5）HEAT 按键开启，PTC 开启请求信号。

以上条件全部满足，发送 PTC 工作信号，使其起动加热。

如图 5-53 所示，配备有自动空调系统的车辆，整个空调系统会根据车辆内外温度状态与驾驶人需求对 PTC 加热器进行自动控制。

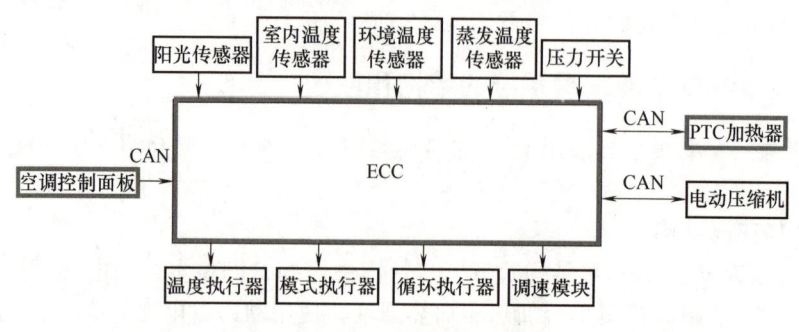

图 5-53 PTC 自动控制逻辑图

【实训任务十五】 汽车空调采暖系统检查与故障诊断

实训场地与器材

新能源汽车整车、作业工作台、工作灯、绝缘手套、绝缘拆装工具套装、万用表。

作业准备

1) 确认车辆空调系统处于正常状态。
2) 准备北汽新能源 EU5 整车和防护三件套等。
3) 准备学习工作页和维修手册。
4) 提前准备好实训相关的工具和设备。

操作步骤

1) 使用维修资料查询车辆维修信息。
2) 检查空调暖风系统工作状态。如图 5-54 所示，开启空调暖风，检查出风的温度变化情况是否正常。对于使用 PTC 加热冷却液的采暖系统，应检查冷却液的液位、冷却液的质量、管路及管路连接是否正常。
3) 检查 PTC 及其控制电路。图 5-55 所示为 PTC 加热器内部电路，其内部包括高压电热丝组件与温度传感器，检查时可使用万用表检查各个执行器电阻值与热敏式温度传感器的阻值，并与标准值进行对比，判断其是否正常，如图 5-56 所示。

图 5-54 检查暖风出风温度

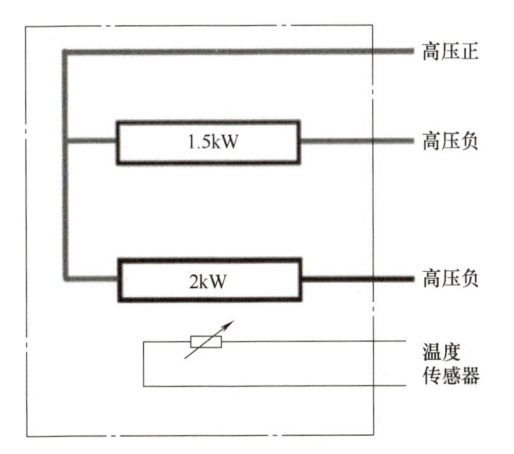

图 5-55 PTC 加热器内部电路

此外，可以使用示波器测量 PTC 控制 CAN 线的波形，判断其工作波形是否正常。图 5-57 所示为 PTC 加热器电路图和网络关系图。

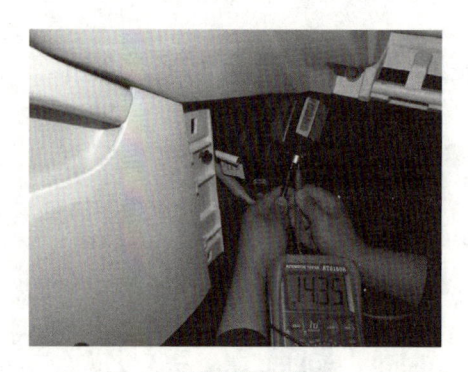

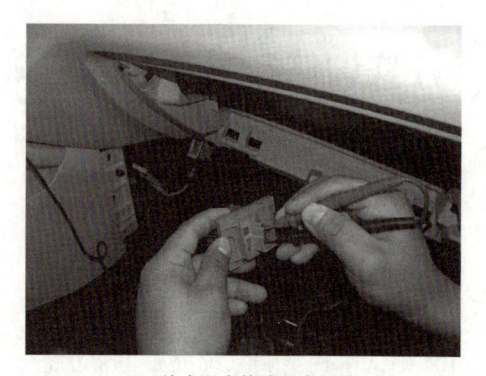

a) 检查加热丝电阻值　　　　　　　　　　　　　b) 检查温度传感器电阻值

图 5-56　检查加热丝和温度传感器电阻

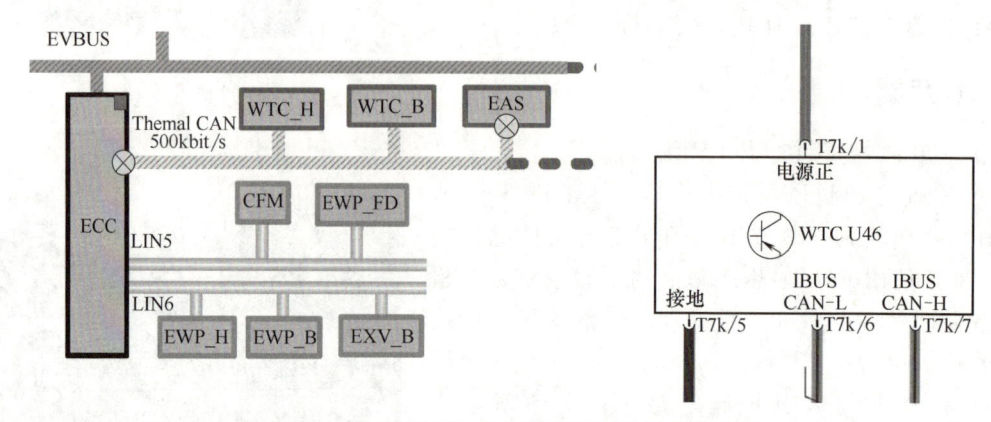

图 5-57　PTC（WTC）加热器电路图及网络关系图

有些 PTC 组件与控制模块集成在一起，自身也是 CAN 网络节点，在检查时也可使用诊断仪对 CAN 网络节点的通信状态进行检测，也有相应的故障码与数据流。

注意：PTC 与 WTC 元件属于高压用电器，检查时高压部件的绝缘检测也是必须检查的项目。

竣工检验

恢复车辆，整理工位，做好场地 5S 管理。

实训任务总结

1. 汽车空调采暖系统部件及操作检查。

2. 汽车空调暖风系统故障诊断。

项目五　新能源汽车空调系统检修

汽车空调采暖系统检查与故障诊断	工 作 任 务 单	班级：
		姓名：

1. 车辆信息记录

品牌		整车型号		生产年月	
驱动电机型号		动力蓄电池电量		行驶里程	
车辆识别码					
PTC 额定功率		PTC 工作电压			

2. 作业场地准备

检查是否设置隔离栏	□是	□否
检查是否设置安全警示牌	□是	□否
检查灭火器压力、有效期是否符合要求	□是	□否
安装车辆挡块	□是	□否

3. 记录故障现象

4. 使用诊断仪读取故障码、数据流

故障码	
数据流	

5. 画出本车空调采暖系统控制电路图

6. 故障检测

检测对象	检测条件	检测值	标准值	结果判断
PTC 电阻				
PTC 接地				
PTC 控制 CANL				
PTC 控制 CANH				
PTC 温度传感器				

201

汽车空调采暖系统检查与故障诊断		实习日期：	
姓名：	班级：	学号：	教师签名：
自评：□熟练□不熟练	互评：□熟练□不熟练	师评：□合格□不合格	
日期：	日期：	日期：	

汽车空调采暖系统检查与故障诊断【评分细则】

序号	评分项	得分条件	分值	评分要求	自评	互评	师评
1	安全/5S/态度	□1. 能进行工位5S操作 □2. 能进行设备和工具的安全检查 □3. 能进行车辆安全防护操作 □4. 能进行工具的清洁、校准及存放操作 □5. 能进行"三不落地"操作	15	未完成1项扣3分	□熟练 □不熟练	□熟练 □不熟练	□合格 □不合格
2	专业技能	□1. 能正确确认故障现象 □2. 能依据故障现象正确进行汽车空调暖风系统外观检查 □3. 能正确使用故障诊断仪读取故障码和数据流 □4. 能正确断开PTC控制电路插接器 □5. 能正确测量PTC加热丝电阻 □6. 能正确测量PTC供电及搭铁电路是否正常 □7. 能正确测量温度传感器是否正常 □8. 能正确测量PTC控制电路中CANH和CANL是否正常 □9. 能正确确认故障点并排除故障	50	未完成1项扣7分，扣分不得超过50分	□熟练 □不熟练	□熟练 □不熟练	□合格 □不合格
3	工具及设备的使用能力	□1. 能正确使用测试线 □2. 能正确使用万用表和绝缘表 □3. 能正确使用故障诊断仪读取故障码和数据流 □4. 能正确使用拆装工具完成部件拆卸和安装	10	未完成1项扣3分，扣分不得超过10分	□熟练 □不熟练	□熟练 □不熟练	□合格 □不合格
4	资料、信息的查询能力	□1. 能正确查询本车空调PTC或WTC的电路图 □2. 能正确查询PTC的拆卸和安装方法 □3. 能正确记录查询资料章节及页码 □4. 能正确记录维修信息	10	未完成1项扣3分，扣分不得超过10分	□熟练 □不熟练	□熟练 □不熟练	□合格 □不合格
5	判断和分析能力	□1. 能判断汽车空调出风温度是否正常 □2. 能判断汽车空调系统数据流是否正常 □3. 能判断PTC电阻是否正常 □4. 能判断汽车空调PTC温度传感器是否正常 □5. 能判断PTC加热器的CAN总线工作是否正常	10	未完成1项扣2分	□熟练 □不熟练	□熟练 □不熟练	□合格 □不合格
6	表单填写与报告的撰写能力	□1. 字迹清晰 □2. 语句通顺 □3. 无错别字 □4. 无涂改 □5. 无抄袭	5	未完成1项扣1分	□熟练 □不熟练	□熟练 □不熟练	□合格 □不合格

总分：

任务四　新能源汽车空调通风与空气净化系统检修

【学习目标】

知识目标：
1) 掌握新能源汽车空调通风与空气净化系统组成和基本原理。
2) 掌握新能源汽车空调通风与空气净化系统部件结构及基本原理。
3) 掌握新能源汽车空调通风与空气净化系统检查和常见故障的检修方法。

技能目标：
1) 能够结合实车说明新能源汽车空调通风与空气净化系统的组成和工作过程。
2) 能够对新能源汽车空调通风与空气净化系统进行维护保养。

素质目标：
1) 通过完成新能源汽车空调通风与空气净化系统检查和故障检修任务，培养严谨、规范的工作素养和安全意识。
2) 通过查阅维修资料、制订工作计划并执行工作任务，培养学生独立自主的学习能力和团队合作能力。

【任务描述】

一位车主抱怨他的车辆在使用空调时，出风总有发霉的气味，希望能够彻底解决此问题。请你查阅资料给出解决方案。

【相关知识】

一、新能源汽车空调通风与空气净化系统结构

1. 汽车通风系统的类型

汽车上的通风有两种基本的方式，一种是利用汽车行驶中产生的动压进行通风，另一种是利用车上的鼓风机进行强制通风。

（1）动压通风　动压通风是利用汽车行驶时在汽车的各个部位所产生的不同压力进行通风的，汽车在行驶时的压力分布如图 5-58 所示，在考虑通风时，只要将进风口设在正压

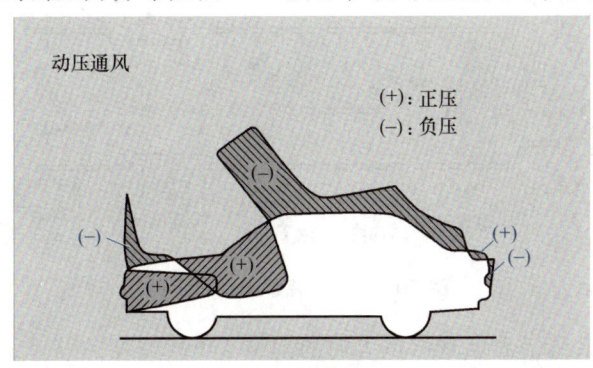

图 5-58　汽车动压通风示意图

区，排风口设在负压区即可。

(2) 强制通风　如图 5-59 所示，强制通风是利用鼓风机进行通风，这种通风方式不受车速的限制，通风效果好，目前汽车通常都是利用空调系统的鼓风机进行强制通风，同时辅以动压通风。

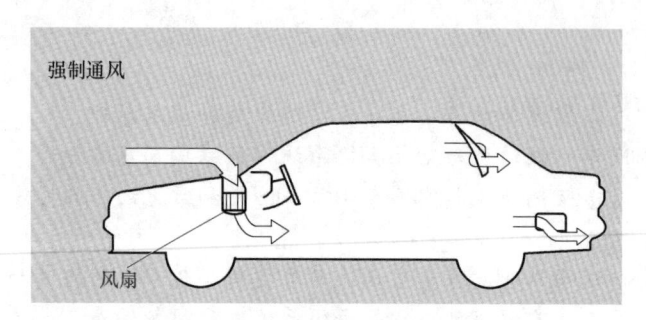

图 5-59　汽车强制通风示意图

2. 新能源汽车通风系统结构

如图 5-60 所示，新能源汽车空调系统的通风系统与传统燃油车的通风系统别无两样，不同点在于加热器更改为 PTC 元件（图中称加热器芯体）。配备有 WTC 的车辆，在图中所示加热器芯体位置仍然使用暖风水箱。采用热泵空调的车辆可能需要设置两个不同的蒸发器。

图 5-61 所示为空调系统通风装置结构示意图。通风装置一般由进气管道、空气混合管道、气体分配管道、带电动机的翻板风门等组成。从图中可知，该系统为自动空调控制系统，系统将根据驾驶人设定温度与车内、外空气温度自动调节混合风门位置，实现温度自动调节。

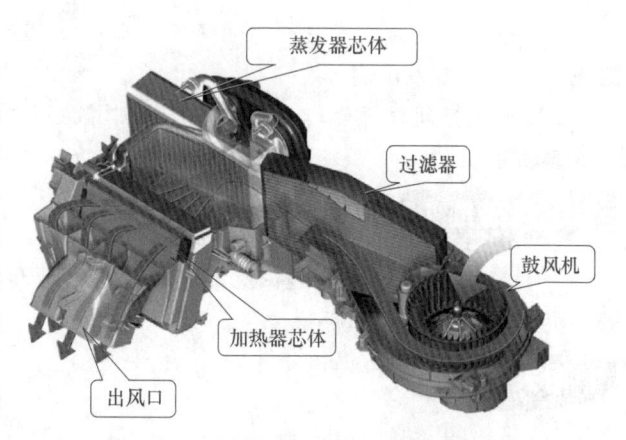

图 5-60　新能源汽车空调通风系统结构

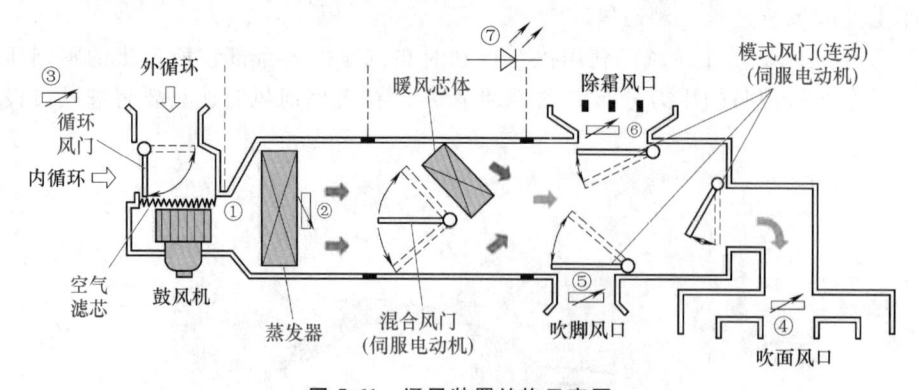

图 5-61　通风装置结构示意图

汽车空调的通风装置需要实现出风方向的调整、出风温度的调节、内外循环模式的调整等功能。通过风门调节电动机开启或关闭不同的模式风门可实现不同的送风方向，通过循风门可以实现空气内外循环的切换,通过混合风门可以调整冷暖空气的混合比例从而调节出风温度。

对于自动空调,空调控制单元可以根据光照传感器、蒸发器温度传感器、空调出风口温度传感器等信号,自动调整出风量与制冷制热功率;通过温度状态需求自动调节出风模式(吹脸、吹脚等);通过车内、外空气质量传感器(PM2.5、二氧化碳等传感器)自动选择内外循环设置。

3. 汽车空调空气净化系统的结构

汽车空调空气净化系统主要由空调滤清器、氧离子发生器(图 5-62)组成。空调滤清器主要用来去除进气中的灰尘、花粉、PM2.5 和其他微小颗粒等。氧离子发生器可以起到除尘杀菌、增加车内氧分子的作用,有效改善车内空气质量。

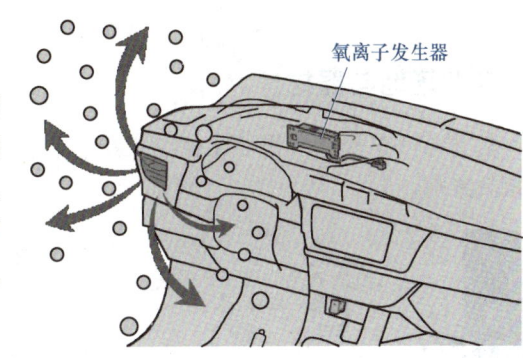

图 5-62　汽车空调氧离子发生器示意图

二、新能源汽车通风系统工作原理

当前中高级车上配备的双区独立自动控制系统,通过按键操纵,可对出风位置模式、左右制热/制冷模式、空气内/外循环模式及风速、温度等进行选择和调节,具备 AUTO 调节功能,如图 5-63 所示。ECU 具有先进的 CAN 通信和诊断功能,能够在总线上快速可靠地传输相关的数据,同时能以诊断故障码的形式在空调系统中存储任何操作故障。

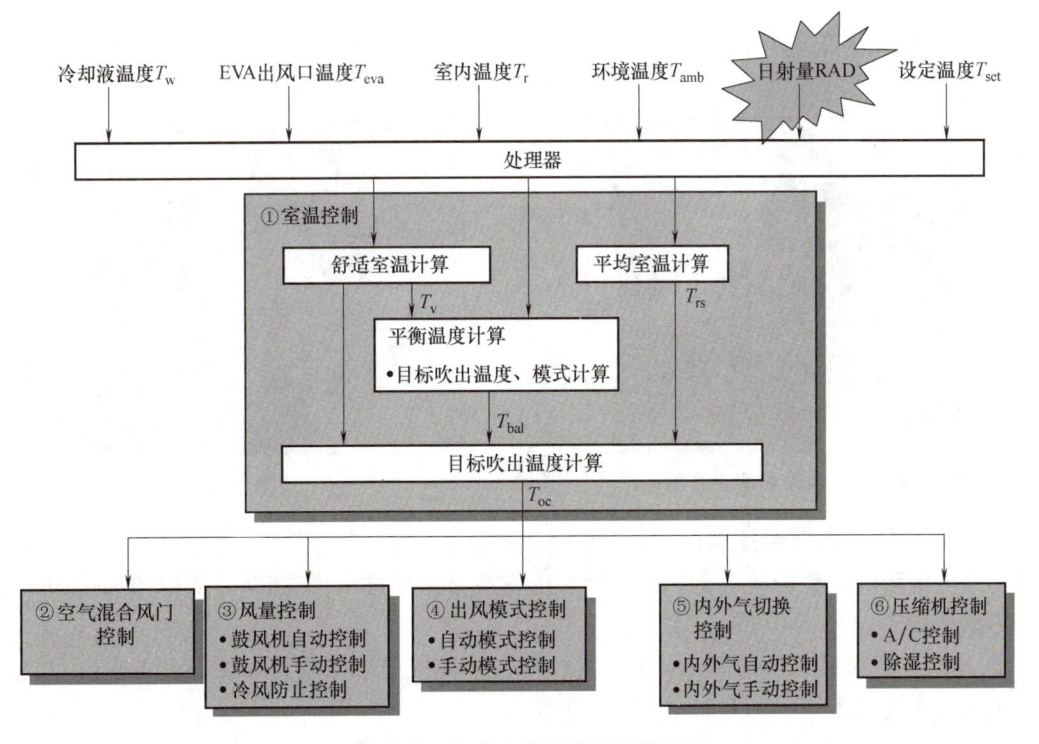

图 5-63　汽车自动空调工作原理

空调面板是驾驶人控制空调系统的窗口，通过空调面板可以控制压缩机的工作及 HVAC 的各项功能。空调及热管理逻辑集成于热管理控制器中，避免不同造型风格对空调系统硬件及物理结构的影响。

【实训任务十六】 新能源汽车去除空调系统异味

实训场地与器材

新能源汽车整车、作业工位、工作灯、常用拆装工具、汽车空调滤清器、汽车空调清洗剂和除味剂。

作业准备

1) 确认车辆空调系统处于正常状态。
2) 准备北汽新能源 EU5 整车和防护三件套等。
3) 准备学习工作页和维修手册。
4) 提前准备好实训相关的工具和设备。

操作步骤

1) 使用维修资料查询车辆维修信息。
2) 停车入位，按照以下内容和步骤开展汽车空调通风净化系统去除异味和空气滤清器更换。

① 拆卸前排乘客侧杂物箱，如图 5-64 所示。
② 开启空调滤芯安装外壳，取出旧空调滤清器，如图 5-65 所示。

图 5-64 拆卸前排乘客侧杂物箱

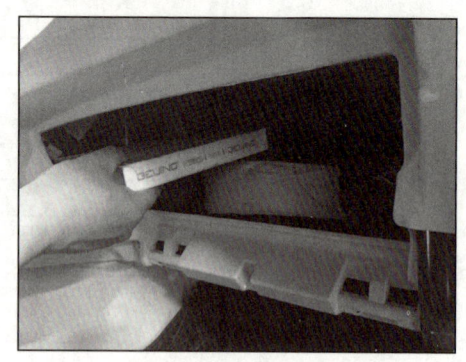

图 5-65 取出旧空调滤清器

③ 举升车辆，由空调排水口注入空调清洗剂，如图 5-66 所示，并等待 5~10min，使清洗剂充分分解清洗气道内的有害物质，然后由空调排水口排出清洗剂。注意对清洗剂进行回收和环保处理。

④ 开启空调鼓风机至外循环，由进气口喷入空调气道除味剂，如图 5-67 所示。也可在鼓风机吸入口处喷入。

⑤ 清洗完毕，更换新的空调滤清器后恢复杂物箱，完成空调除味和气道清洗。

图 5-66　注入空调清洗剂　　　　　　　　图 5-67　汽车空调除味剂的使用

小知识：

汽车空调清洗时重要注意事项：
1) 空调滤清器有安装方向，安装时要注意方向正确。
2) 喷入空调除味剂时不可一次性喷入过量，有可能损坏鼓风机电动机。
3) 清洗结束后要按照环保要求，对用过的清洗废液进行分类处理。

课堂讨论：

　　夏季来临之际，到汽车维修企业检修空调的车辆特别多，某品牌汽车4S店推出的99元汽车空调系统清洁除菌套餐十分受车主的欢迎。实习生李明发现，由于最近检修车辆多，有个别师傅在清洁汽车空调风道并进行杀菌处理时会缩短一些时间。但他的师傅要求他一定要按照工艺要求完成每一个环节，并嘱咐他诚信是一个企业生存的基础，时间紧张也要把服务做到位。请大家针对此问题思考并讨论一下，李明是否应该严格按照师傅的要求完成工作？

竣工检验

恢复车辆，整理工位，做好场地 5S 管理。

实训任务总结

新能源汽车去除空调系统异味	工作任务单	班级：
		姓名：

1. 车辆信息记录

品牌		整车型号		生产年月	
驱动电机型号		电池电量		行驶里程	
车辆识别码					

2. 作业场地准备

检查是否设置隔离栏	□是 □否
检查是否设置安全警示牌	□是 □否
检查灭火器压力、有效期是否符合要求	□是 □否
安装车辆挡块	□是 □否

3. 记录汽车空调系统去除异味的方法和流程

4. 记录更换汽车空调滤清器的方法和注意事项

新能源汽车去除空调系统异味			实习日期：	
姓名：	班级：		学号：	教师签名：
自评：□熟练□不熟练	互评：□熟练□不熟练		师评：□合格□不合格	
日期：	日期：		日期：	

新能源汽车去除空调系统异味【评分细则】

序号	评分项	得分条件	分值	评分要求	自评	互评	师评
1	安全/5S/态度	□1. 能进行工位5S操作 □2. 能进行设备和工具的安全检查 □3. 能进行车辆和个人安全防护 □4. 能进行工具的清洁、校准及存放操作 □5. 能进行"三不落地"操作	15	未完成1项扣3分，扣分不得超过15分	□熟练 □不熟练	□熟练 □不熟练	□合格 □不合格
2	专业技能	1. 拆卸空调滤清器 □拆卸杂物箱 □拆卸空调滤清器 □检查空调滤清器状况并分类废弃 2. 空调气道清洗和去除异味 □举升车辆 □由空调排水口处喷入空调清洗剂 □等待10min左右排出清洗剂 □开启空调鼓风机 □由进气口处喷入空调除味剂 □清洗完毕后关闭鼓风机 3. 更换新的空调滤清器 □更换新的空调滤清器，注意安装方向 □安装空调滤清器外壳 □安装杂物箱	70	未完成1项扣5分，扣分不得超过70分	□熟练 □不熟练	□熟练 □不熟练	□合格 □不合格
3	工具及设备的使用能力	□1. 目视检查到位、无缺项 □2. 能正确使用拆装工具 □3. 能正确使用和处理空调清洗剂 □4. 能正确使用和处理空调除味剂	15	未完成1项扣3分，扣分不得超过15分	□熟练 □不熟练	□熟练 □不熟练	□合格 □不合格

总分：

任务五　新能源汽车空调控制系统电路及检修

【学习目标】

知识目标：
1) 掌握新能源汽车空调控制系统的功能和原理。
2) 掌握新能源汽车空调控制系统电路的分析方法。
3) 掌握新能源汽车空调控制系统常见故障的检修方法。

技能目标：
1) 能够结合实车说明新能源汽车空调控制系统的控制过程。
2) 能够诊断排除新能源汽车空调控制系统中常见的故障。

素质目标：
1) 通过完成新能源汽车空调控制系统故障检修任务，培养学生良好的逻辑分析能力和严谨、规范的工作素养。
2) 通过整理汽车空调控制系统维修案例，培养学生对专业知识的综合运用能力、案例整理和书写能力。
3) 通过实施具体的任务，培养学生敢于面对困难、能够独立思考并给出解决方案的能力。

【任务描述】

一辆 2017 款的纯电动汽车，近期出现鼓风机无法出风的故障，需要通过检修后解决此问题。

【相关知识】

一、新能源汽车空调压缩机的结构和工作原理

1. 电动压缩机的结构

新能源汽车空调压缩机输入电压为高压直流电，通过集成了逆变器的控制模块将直流电转化为三相交流电，用来驱动压缩机的三相交流电动机。以北汽新能源 EU5 为例，其额定输入电压为 336V，工作电压范围为 220~420V。图 5-68 所示为典型的新能源汽车用电动压缩机结构图。其中电源插头输入的是高压直流电，DC-3 相交流变频器集成了电动机的控制器，对电动机输出三相交流电。之后电动机旋转，带动压缩机工作。

2. 电动压缩机的工作原理

图 5-69 所示为新能源汽车空调的网络拓扑结构，该车型使用自动空调。开启空调制冷系统以后，空调 ECU 会根据空调制冷开关、鼓风机开关、温度调节开关和相关传感器信号判断是否符合起动压缩机的条件，若符合起动条件，则通过 CAN 总线向电动压缩机（EAS）发送起动信号，由压缩机控制模块对电动机的转速、转矩进行调节，从而实现空调压缩机的变频控制。

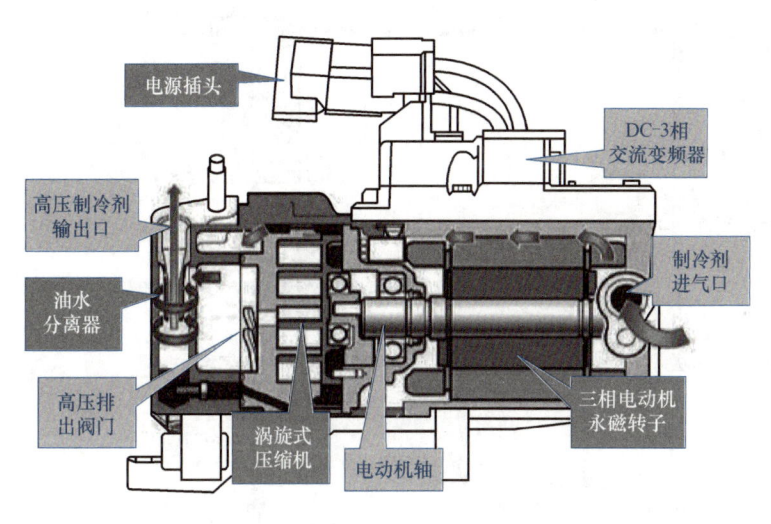

图 5-68 典型的新能源汽车用电动压缩机结构

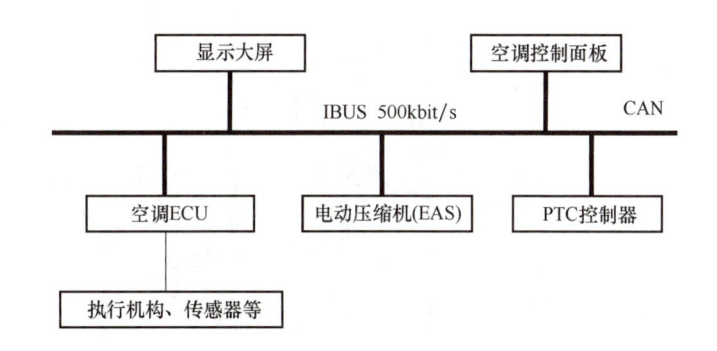

图 5-69 新能源汽车空调的网络拓扑结构

图 5-70 所示为北汽新能源 EU5 的电动压缩机控制电路图，开启空调制冷后，BMS 控制空调压缩机继电器线圈通电，继电器触点闭合，从而为空调压缩机控制器提供 12V 电源，使控制器处于工作状态。压缩机控制器根据 CAN 总线信号来控制压缩机的起停、转速和转矩。

3. WTC 水暖高压系统的工作原理

WTC 电路由高压和低压两个部分组成。图 5-70 所示的 WTC U46 为其低压控制电路，与压缩机低压控制器使用相同的低压电源，空调控制模块通过 CAN 总线控制其加热强度。

二、鼓风机和模式电动机控制电路

图 5-71 所示为新能源汽车的鼓风机控制电路图，鼓风机由 12V 低压直流电驱动。

开启鼓风机开关后，空调控制器控制鼓风机继电器线圈的搭铁，使继电器触点闭合，电流经过 EF04 熔丝为鼓风机供电。空调控制器"鼓风机模块控制"端子 T40c/A30 将鼓风机转速信号输入给鼓风机调速器，由调速器控制鼓风机电动机搭铁电路的占空比，从而实现鼓风机转速调节。同时将鼓风机转速的反馈信号提供给空调控制器。

211

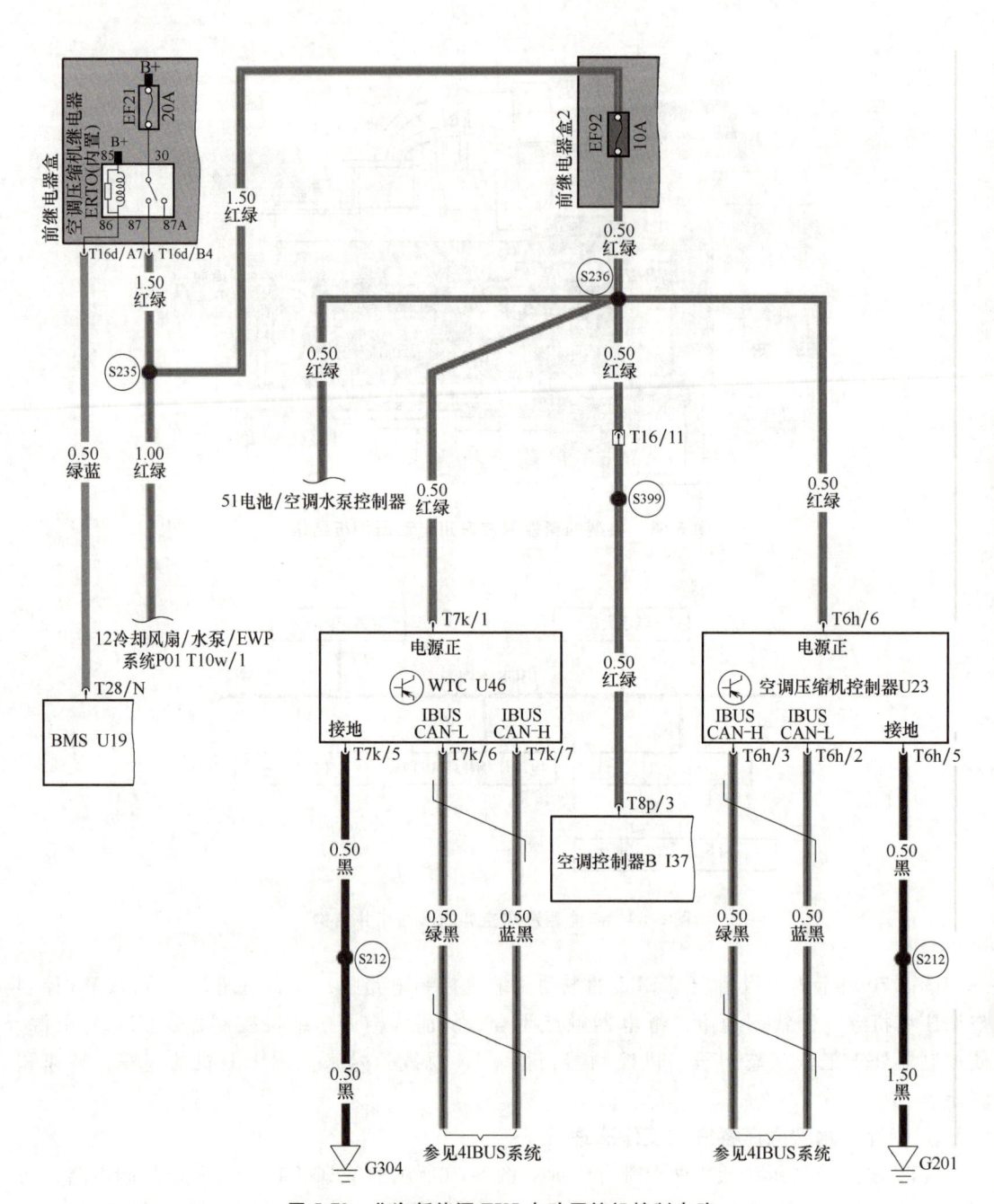

图 5-70 北汽新能源 EU5 电动压缩机控制电路

操作空调控制面板的模式按键时，空调控制器对电动机进行控制，从而切换出风方向，切换顺序在正面出风、正面和脚下出风、脚下出风、脚下出风和除霜、正面出风之间循环切换，由空调控制器控制模式电动机，带动风门调节不同的出风方向。

三、温度混合电动机和内外循环控制电动机电路

图 5-72 所示为温度混合电动机和内外循环控制电动机工作电路图，通过空调按键调节温度或由空调自动调节温度时，空调控制器调节混合电动机的转动方向和转动量，带动温度

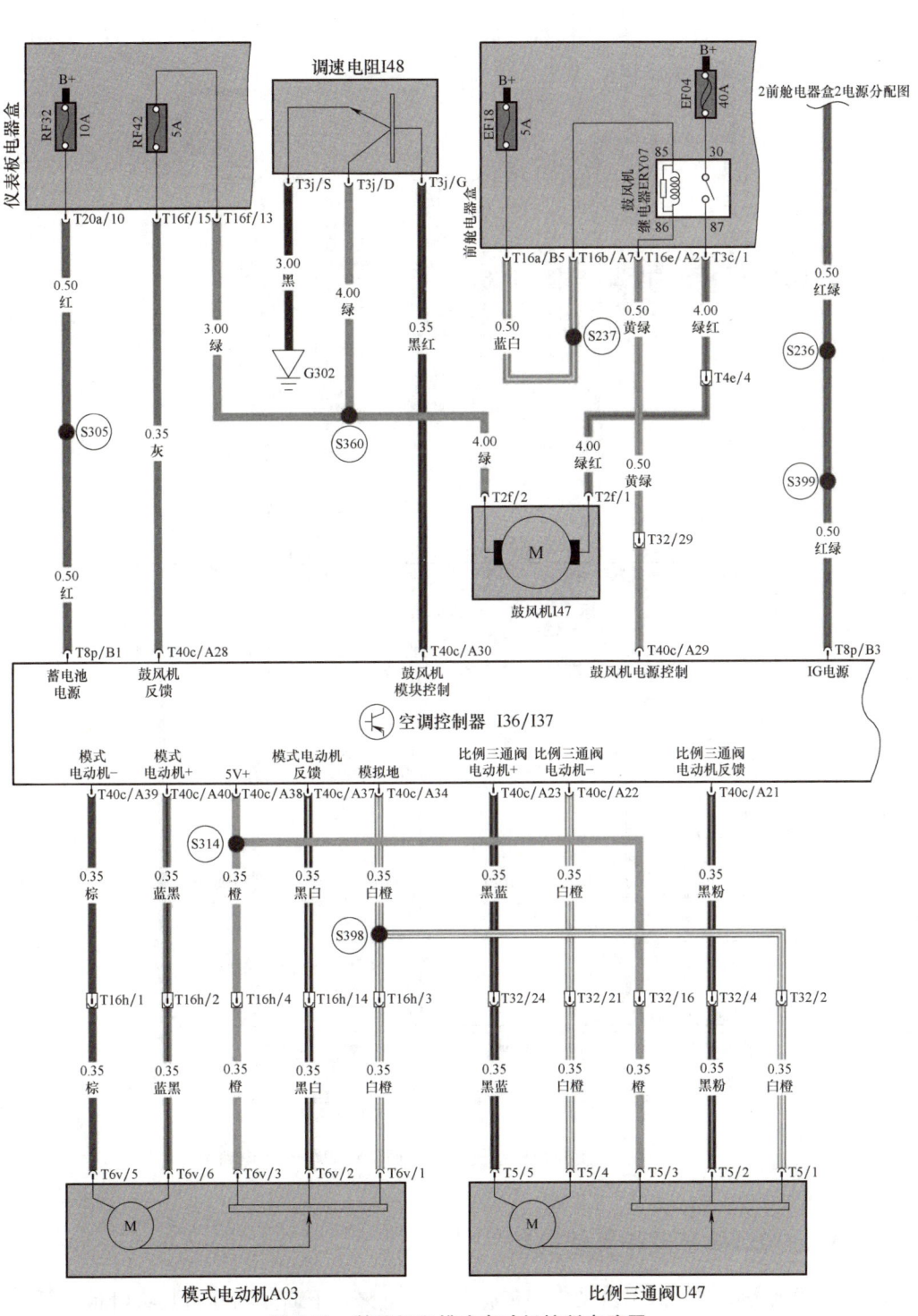

图 5-71 鼓风机和模式电动机控制电路图

风门调节冷暖空气的混合比例从而调节温度。其中端子 IEC-B I03 为来自仪表熔丝盒的电源，通过"混合电动机 A、混合电动机 B、混合电动机 C、混合电动机 D"四个端子控制混合电动机转动方向和转动量。内外循环电动机为直流双向电动机，改变电流的方向即可改变其旋转方向。

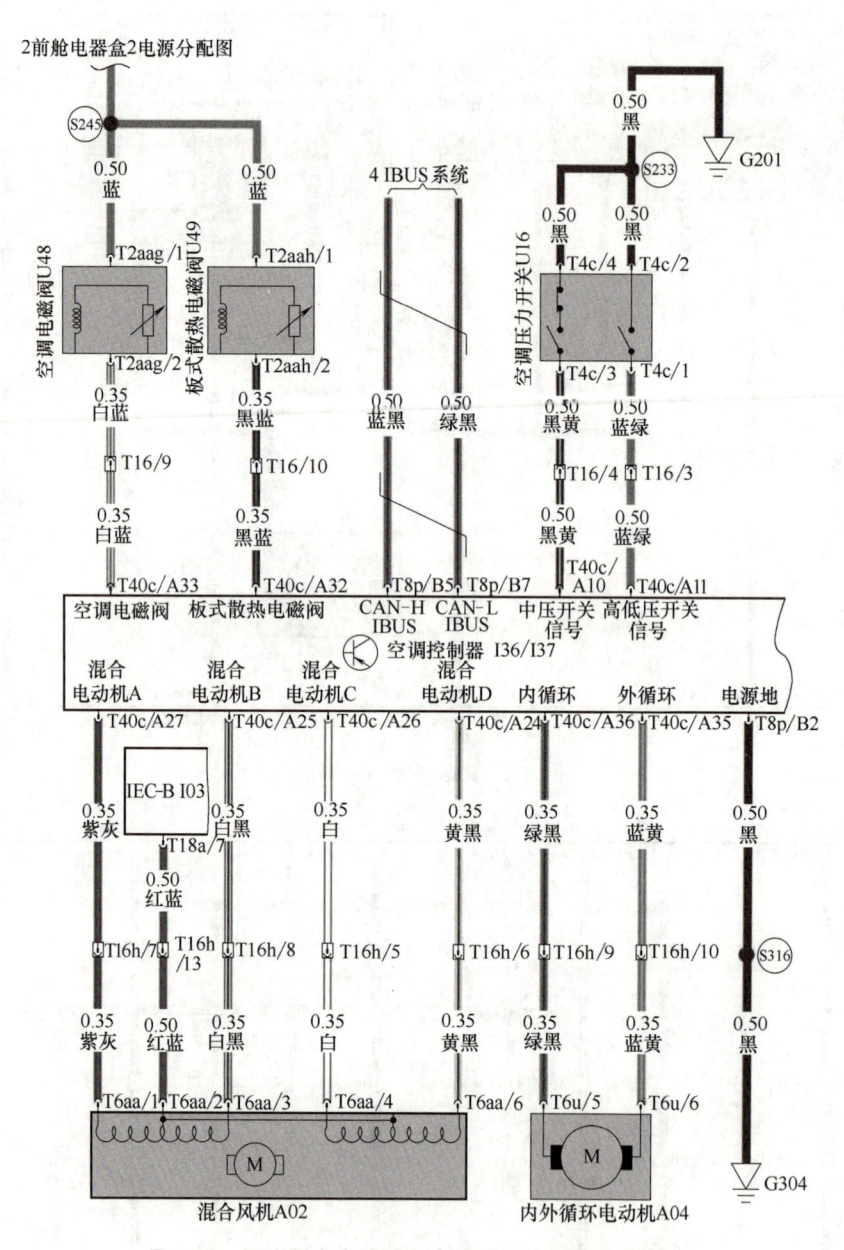

图 5-72 温度混合电动机和内外循环控制电动机电路

四、自动空调传感器和其他控制

图 5-73 所示为新能源汽车自动空调传感器工作电路，下面分别介绍其功用和原理。

1. 温度传感器

温度传感器包括蒸发器温度传感器、阳光温度传感器、板换温度传感器、除霜风口温度传感器、吹脚风口温度传感器、吹脸风口温度传感器等，该传感器使用负温度系数热敏电阻，温度升高时阻值增加，从而改变输入到空调控制器的电压信号。温度传感器的工作原理如图 5-74 所示。

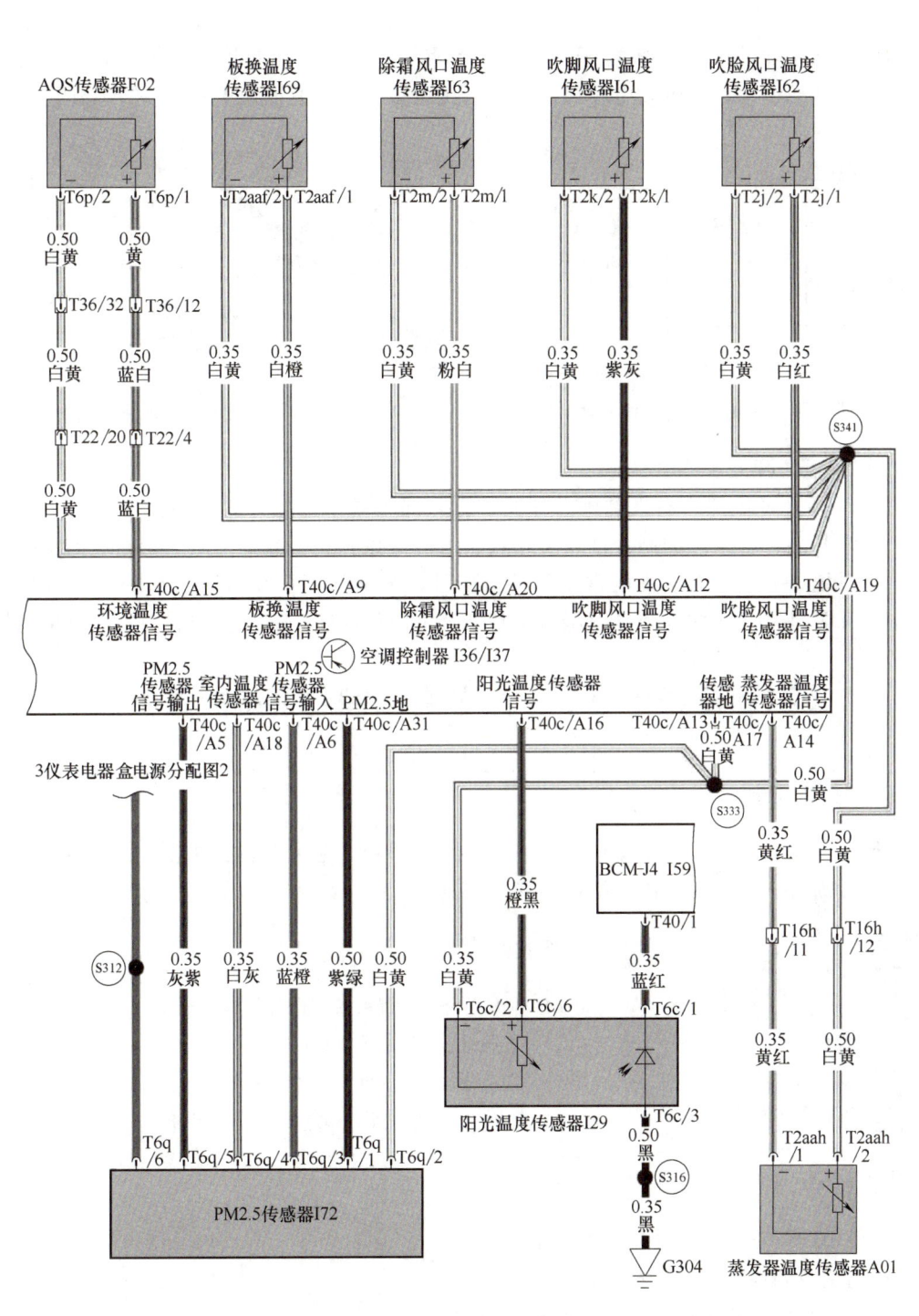

图 5-73 自动空调传感器工作电路

2. 空气质量传感器（AQS）和 PM2.5 传感器

空气质量传感器主要用来检测车外空气的质量，当检测到车外有浑浊有害的气体时，会发送信号给空调控制器，从而将外循环切换为内循环。

PM2.5 传感器可以对车内空气中的颗粒物量进行检测。该传感器集成了车内温度传感器，利用光学原理工作。其基本原理如图 5-75 所示，当空气中的颗粒物较多时，会使更多的光线反射到光电管，通过光电转换后信号电压增强，从而判断出 PM2.5 颗粒物的含量。

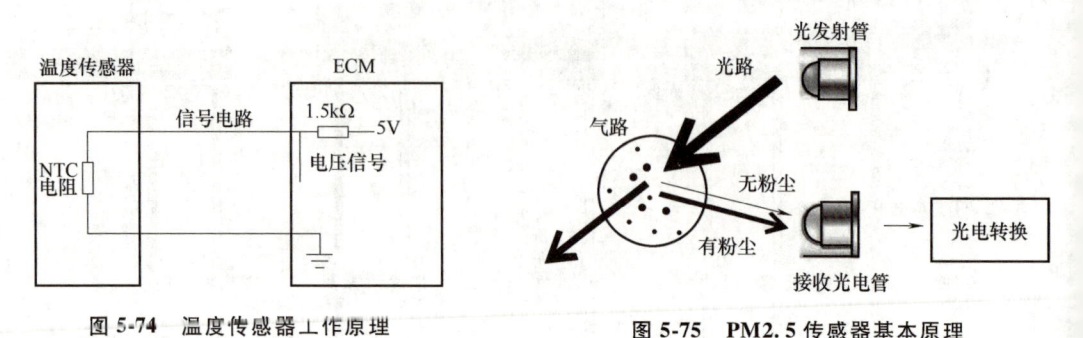

图 5-74　温度传感器工作原理

图 5-75　PM2.5 传感器基本原理

3. 空调压力开关

图 5-72 所示的电路中有空调压力开关，其内部集成了中压开关和高低压开关。其中低压开关为常开型，若系统因制冷剂缺失导致压力过低该开关会断开，从而切断压缩机防止其空转，当系统压力过高时，高压常闭开关会断开，从而切断压缩机防止系统压力过高而损坏。中压开关是常开开关，当系统压力达到某个中间值时闭合，从而控制冷凝器风扇运转。

【实训任务十七】 汽车空调控制系统故障检修

实训场地与器材

新能源汽车整车、作业工作台、工作灯、绝缘手套、绝缘拆装工具套装、万用表、示波器、故障诊断仪、测试线、内饰板拆卸安装工具。

作业准备

1）确认车辆空调系统处于正常状态。
2）准备北汽新能源 EU5 整车和防护三件套等。
3）准备学习工作页、维修手册、电路图。
4）提前准备好实训相关的工具和设备。

操作步骤

1）使用维修资料查询车辆维修信息。
2）确认空调控制系统的故障现象。
3）查阅维修资料和电路图，制订维修计划。
4）按照以下步骤实施空调控制系统相关故障的检修。

① 空调压缩机无法运转故障检修。造成空调压缩机无法运转的故障原因较多，首先应仔细确认故障现象。之后使用故障诊断仪读取故障码和数据流，根据故障码和不正常的数据流对故障原因进行分析，从而缩小故障范围。常见的压缩机故障及原因分析见表 5-2。

注意：电动压缩机涉及高压电，务必遵循高压电安全操作规程。

表 5-2　电动压缩机常见的故障及原因分析

故障	现象	原因及判断	检测及排除措施
驱动控制器不工作,压缩机不工作	压缩机无起动声音,电源电流无变化	①DC12V（或 DC24V）控制电源或搭铁未通入驱动控制器;②控制电源电压不足或超压;③插接件端子接触不良或松脱	①检查驱动控制器控制电源和搭铁插头端子是否松脱;②检查控制电源和搭铁到驱动控制器之间的导线是否有断路;③测量控制电源电压是否达到要求（对于 DC12V 控制电源驱动控制器,控制电源至少大于 DC9V,不得高于 DC15V）
驱动控制器工作正常,压缩机不正常工作	压缩机发出异常声音	①电动机缺相;②冷凝器风机未正常工作,系统压差过大,电动机负载过大	①检查驱动控制器与电动机连接的三相插头及相关导线,保证其接触良好及导通;②保证冷凝器风机正常工作,待系统压力平衡后再次起动
驱动控制器工作正常,压缩机不工作	压缩机无起动声音,电源电流无变化,各端口电压正常	驱动控制器未接收到空调系统的 A/C 开关信号	①检查 A/C 开关是否有故障;②检查与 A/C 开关相连的导线是否断路;③A/C 开关连接方式是否正确（接地端子和高电平端子连接是否正确）
驱动控制器工作正常,压缩机不工作	压缩机无起动声音,电源电流无变化,高压端口电压不足或无供电	欠电压保护启动	关闭整车主电源。①检查驱动控制器主电源输入接口处的插接件端子是否有松脱;②主电源到驱动控制器之间的导线是否断路;③控制主电源输入的继电器是否正常动作
驱动控制器自检正常,压缩机不工作	压缩机起动时有轻微抖动,电源电流有变化随后降为 0	①冷凝器风机未正常工作,系统压差过大,电动机负载过大导致过电流保护启动;②电动机缺相导致过电流保护启动	①保证冷凝器风机正常工作,待系统压力平衡后再次起动;②检查驱动控制器与电动机连接的三相插头及相关导线,保证其接触良好及导通

若压缩机驱动控制器不能正常工作,查阅维修手册,按照低压插接器含义进行线路测量,如图 5-76 所示。

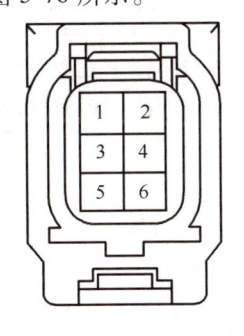

序号	定义
1	—
2	—
3	IBUS CAN-L
4	接地
5	IBUS CAN-H
6	电源

图 5-76　北汽新能源 EU5 电动压缩机低压插接器端子图及含义

第 1 步：检查前舱电器盒熔丝 EF21（20A）是否熔断。是,更换熔丝;否,进行第 2 步。

第 2 步：检查前舱电器盒 2 熔丝 EF92（10A）是否熔断。是,更换熔丝;否,进行第 3 步。

第 3 步：检查前舱电器盒熔丝 PF01（175A）是否熔断。是,更换熔丝;否,进行第 4 步。

第 4 步：起动/停止按键处于 OFF 状态时，断开电动压缩机控制器连接插头（U23）T6h，检查电动压缩机控制器插头（U23）T6h 是否有裂痕和异常，针脚是否腐蚀、生锈。是，清洁插头及针脚；否，进行第 5 步。

第 5 步：起动/停止按键处于 RUN 状态时，测量电动压缩机控制器插头（U23）T6h/6 针脚与车身接地之间电压是否为蓄电池电压。是，进行第 6 步；否，维修故障导线。

第 6 步：起动/停止按键处于 OFF 状态时，测量电动压缩机控制器插头（U23）T6h/5 针脚与车身接地之间导线是否导通。是，进行第 7 步；否，维修故障导线。

第 7 步：断开蓄电池负极电缆，测量电动压缩机控制器插头（U23）T6h/3 与 T6h/5 针脚之间电阻是否正常。参考阻值：约 60Ω。是，进行第 8 步；否，进行第 9 步。

第 8 步：测量电动压缩机控制器插头（U23）T6h/3、T6h/5 针脚与车身接地之间是否出现短路情况。是，维修故障导线；否，进行第 9 步。

第 9 步：如图 5-77 所示，断开空调控制器插头（I37）T8p，测量电动压缩机控制器插头（U23）T6h/3、T6h/5 针脚与空调控制器插头（I37）T8p/B5、T8p/B7 针脚之间导线是否导通。是，进行第 10 步；否，维修故障导线。

第 10 步：更换电动压缩机，重新进行诊断，读取故障码，确认故障码及症状是否存在。是，进行第 11 步；否，故障排除。

第 11 步：更换空调控制器，重新读取故障码，确认故障码及症状是否存在。是，从其他症状查找原因；否，故障排除。

② 鼓风机不运转故障检查。首先通过空调面板调节鼓风机转速，若鼓风机一直无法运转，使用故障诊断仪检查是否存在与鼓风机控制电路相关的故障码。再分别检查鼓风机熔丝、继电器、线路、鼓风机调速器、鼓风机本身和空调控制器。

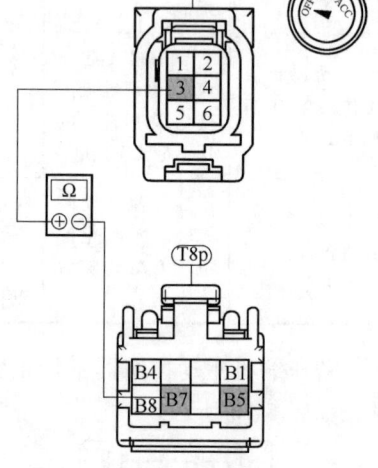

图 5-77 测量电动压缩机控制器与空调控制器之间的通信线路

第 1 步：开启鼓风机，检查鼓风机继电器是否有吸合声音，若无吸合声音，按照如下步骤进行下一步检验。

第 2 步：检查前舱电器盒熔丝 EF18（5A）、EF04（40A）是否熔断。是，更换熔丝；否，进行第 3 步。

第 3 步：拔出鼓风机继电器 ERY07，检查鼓风机继电器 ERY07 是否有裂痕和异常，端子是否腐蚀、生锈。是，更换鼓风机继电器 ERY07，清洁端子；否，进行第 4 步。

第 4 步：检查鼓风机继电器 ERY07 是否正常。不通电时，测量继电器 85/86 端子之间的电阻，应在 70~90Ω 之间；给端子 30/87 之间通电后测量 85/86 端子，之间应导通。是，进行第 5 步；否，更换鼓风机继电器 ERY07。

第 5 步：起动/停止按键处于 OFF 状态时，断开鼓风电动机连接插头（I47）T2f、前舱电器盒连接插头（U28）T3c，检查鼓风电动机插头（I47）T2f、前舱电器盒插头（U28）T3c 是否有裂痕和异常，针脚是否腐蚀、生锈。是，清洁插头及针脚；否，进行第 6 步。

第 6 步：如图 5-78 所示，起动/停止按键处于 OFF 状态，测量鼓风电动机插头（I47）

T2f/1 针脚与前舱电器盒插头（U28）T3c/1 针脚之间导线是否出现断路情况。是，维修故障导线；否，进行第 7 步。

第 7 步：断开调速模块插头（I48）T3j，检查调速模块插头（I48）T3j 是否有裂痕和异常，针脚是否腐蚀、生锈。是，清洁插头及针脚；否，进行第 8 步。

第 8 步：测量调速模块插头（I48）T3j/D 针脚与鼓风电动机插头（I47）T2f/2 针脚之间导线是否出现断路情况，如图 5-79 所示。是，维修故障导线；否，进行第 8 步。

第 9 步：测量鼓风电动机插头（I47）T2f/1 与 T2f/2 针脚之间导线是否出现短路情况，如图 5-80 所示。是，维修故障导线；否，进行第 10 步。

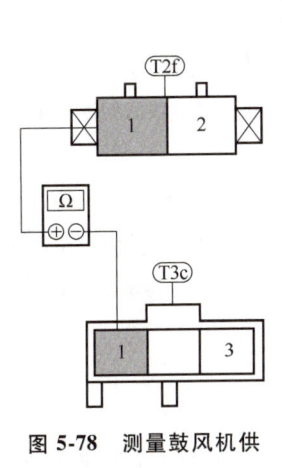

图 5-78 测量鼓风机供电电路是否断路

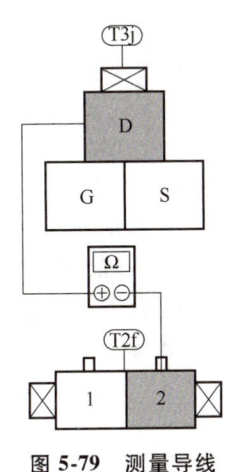

图 5-79 测量导线间是否断路

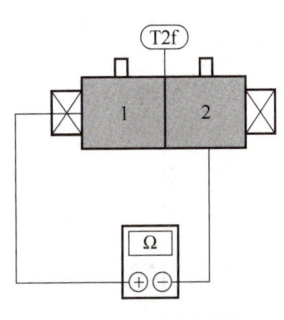

图 5-80 测量鼓风机导线间是否短路

第 10 步：检查空调控制器供电及接地是否正常。是，进行第 11 步；否，维修故障导线。

第 11 步：断开鼓风机插接器后，直接给鼓风机通电，看鼓风机是否运转。是，更换调速器；否，更换鼓风机总成。

③ 空调模式风门失效故障检修。首先确认调节空调出风模式时，出风方向是否无法切换。若确实无法切换，使用故障诊断仪读取空调系统故障码，根据故障码的提示进行相关检查，基本的检查内容和流程如下。

第 1 步：起动/停止按键处于 OFF 状态时，断开空调控制器插头（I36）T40c、模式电动机插头（A03）T6v，检查空调控制器插头（I36）T40c、模式电动机插头（A03）T6v 是否有裂痕和异常，针脚是否腐蚀、生锈。是，清洁插头及针脚；否，进行第 2 步。

第 2 步：测量空调控制器插头（I36）T40c/A40、T40c/A39 针脚与模式电动机插头（A03）T6v/6、T6v/5 针脚之间导线是否出现断路情况，如图 5-81 所示。是，维修故障导线；否，进行第 3 步。

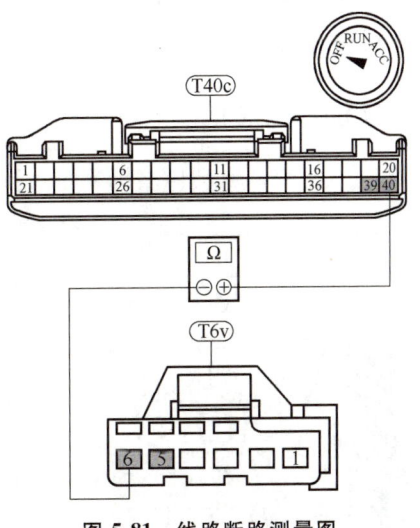

图 5-81 线路断路测量图

第3步：断开蓄电池负极电缆。测量模式电动机插头（A03）T6v/6、T6v/5 针脚与蓄电池正极之间是否出现短路，如图 5-82 所示。是，维修故障导线；否，进行第 4 步。

第4步：测量模式电动机插头（A03）T6v/6、T6v/5 针脚与车身接地之间是否出现短路。是，维修故障导线；否，进行第 5 步。

第5步：检查空调控制器供电及接地是否正常。是，进行第 6 步；否，维修故障导线。

第6步：更换模式电动机，重新进行诊断，读取故障码，确认故障码及症状是否存在。是，进行第 7 步；否，故障排除。

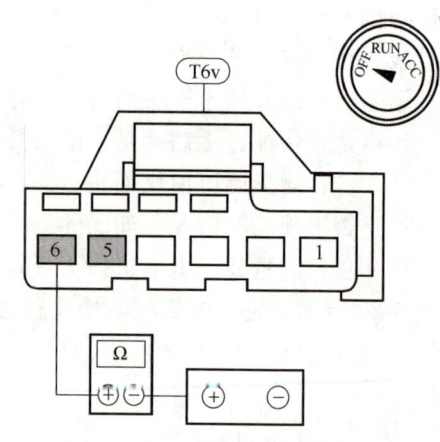

图 5-82 模式电动机线间短路测量

第7步：更换空调控制器，重新读取故障码并检查，确认故障码及症状是否存在。是，从其他症状查找原因；否，故障排除。

④ 新能源汽车空调控制系统其他故障。新能源汽车空调控制系统中其他执行器和传感器的故障诊断方法与上述典型故障的诊断思路基本相同，借助诊断仪、电路图和维修手册，按照由简到繁、由外到内的步骤进行诊断排除。

你知道吗？

学习是一种能力，这种能力是可以学习的。学会学习比学习本身更为重要，只有学会了学习，才能让学习走上良性循环，突破学习本身，增长智慧。就比如我们本次课所学的汽车空调控制系统电路检修，汽车技术总是在进步的，我们不可能把所有的内容都在学校学完，这就需要我们掌握学习方法，基于现有知识和能力不断学习新知识、新技能，使自己能跟上技术的进步。这也是我们经常说的：活到老，学到老。

竣工检验

确认故障彻底排除后恢复车辆，整理工位，做好场地 5S 管理。

实训任务总结

1. 汽车空调电动压缩机无法运行故障分类和基本诊断流程。

2. 汽车空调鼓风机无法运转的原因分析。

扫一扫 项目五习题

项目五　新能源汽车空调系统检修

汽车空调控制系统故障检修	工 作 任 务 单	班级： 姓名：

1. 车辆信息记录

品牌		整车型号		生产年月	
驱动电机型号		电池电量		行驶里程	
车辆识别码					

2. 作业场地准备

检查是否设置隔离栏	□是　□否
检查是否设置安全警示牌	□是　□否
检查灭火器压力、有效期是否符合要求	□是　□否
安装车辆挡块	□是　□否

3. 记录故障现象

4. 使用诊断仪读取故障码、数据流

故障码	
数据流	

5. 画出与故障相关电动压缩机控制电路图

6. 故障检测

检测对象	检测条件	检测值	标准值	结果判断
电动压缩机低压电源				
电动压缩机低压搭铁				
压缩机 CANH				
压缩机 CANL				
高压供电				

汽车空调控制系统故障检修		实习日期：	
姓名：	班级：	学号：	教师签名：
自评：□熟练□不熟练	互评：□熟练□不熟练	师评：□合格□不合格	
日期：	日期：	日期：	

汽车空调控制系统故障检修【评分细则】

序号	评分项	得分条件	分值	评分要求	自评	互评	师评
1	安全/5S/态度	□1. 能进行工位5S操作 □2. 能进行设备和工具的安全检查 □3. 能进行车辆安全防护操作 □4. 能进行工具的清洁、校准及存放操作 □5. 能进行"三不落地"操作	15	未完成1项扣3分	□熟练 □不熟练	□熟练 □不熟练	□合格 □不合格
2	专业技能	□1. 能正确确认故障现象 □2. 能正确进行汽车空调电动压缩机及插接器外观检查 □3. 能正确使用故障诊断仪读取故障码和数据流 □4. 能正确断开高压检修塞，确认高压系统下电 □5. 能正确断开压缩机低压插头 □6. 能正确测量电动压缩机低压供电和搭铁线路 □7. 能正确测量电动压缩机控制线路是否正常 □8. 能正确判断电动压缩机控制器是否正常 □9. 能正确检测电动压缩机高压供电是否正常 □10. 能正确确认故障点并排除	50	未完成1项扣5分	□熟练 □不熟练	□熟练 □不熟练	□合格 □不合格
3	工具及设备的使用能力	□1. 能正确使用测试线 □2. 能正确使用万用表和绝缘表 □3. 能正确使用故障诊断仪读取故障码和数据流 □4. 能正确使用拆装工具完成部件拆卸和安装	10	未完成1项扣3分，扣分不得超过10分	□熟练 □不熟练	□熟练 □不熟练	□合格 □不合格
4	资料、信息的查询能力	□1. 能正确查询本车空调电动压缩机控制电路图 □2. 能正确查询压缩机的拆卸和安装方法 □3. 能正确记录查询资料章节及页码 □4. 能正确记录维修信息	10	未完成1项扣3分，扣分不得超过10分	□熟练 □不熟练	□熟练 □不熟练	□合格 □不合格
5	判断和分析能力	□1. 能判断汽车空调电动压缩机低压供电电源和搭铁是否正常 □2. 能判断汽车空调系统数据流是否正常 □3. 能判断电动压缩机通信线路是否正常 □4. 能判断汽车空调电动压缩机控制器是否正常 □5. 能判断电动压缩机高压供电是否正常	10	未完成1项扣2分	□熟练 □不熟练	□熟练 □不熟练	□合格 □不合格
6	表单填写与报告的撰写能力	□1. 字迹清晰 □2. 语句通顺 □3. 无错别字 □4. 无涂改 □5. 无抄袭	5	未完成1项扣1分	□熟练 □不熟练	□熟练 □不熟练	□合格 □不合格

总分：

参 考 文 献

[1] 栾琪文,于京诺,申宇. 汽车底盘及车身电控系统维修[M]. 2版. 北京:机械工业出版社,2019.
[2] 李佳音. 新能源汽车构造原理与检测维修[M]. 北京:机械工业出版社,2018.
[3] 敖东光,宫英伟,陈荣梅. 电动汽车结构原理与检修[M]. 北京:机械工业出版社,2017.
[4] 李伟. 新能源汽车构造原理与故障检修[M]. 北京:化学工业出版社,2015.